碑别字字典

楊作龍　牛紅廣　毛陽光　編著

國家圖書館出版社

圖書在版編目（CIP）數據

碑别字字典 / 楊作龍，牛紅廣，毛陽光編著 .—北京：國家圖書館出版社，2022.10

ISBN 978－7－5013－6674－3

Ⅰ.①碑… Ⅱ.①楊… ②牛… ③毛… Ⅲ.①碑刻－漢字－异體字－字典 Ⅳ.① H124.1-61

中國版本圖書館 CIP 數據核字（2019）第 043821 號

書　　名　碑别字字典（全一册）
著　　者　楊作龍 牛紅廣 毛陽光　編著
責任編輯　史百艷
封面設計　程言工作室

出版發行　國家圖書館出版社（北京市西城區文津街 7 號 100034）
（原書目文獻出版社　北京圖書館出版社）
010-66114536 63802249 nlcpress@nlc.cn（郵購）
網　　址　http://www.nlcpress.com
排　　版　凡華（北京）文化傳媒有限公司
印　　裝　北京金康利印刷有限公司
版次印次　2022 年 10 月第 1 版　2022 年 10 月第 1 次印刷

開　　本　787 × 1092　1/16
印　　張　36.25
字　　數　433 千字
印　　數　1－1000 册
書　　號　ISBN 978－7－5013－6674－3
定　　價　300 圓

全國高等院校古籍整理研究工作委員會規劃項目成果（0746）
河南省高等學校哲學社會科學創新團隊支持計劃資助（2020-CXTD-04）

出版説明

這部《碑别字字典》是歷史文化、書法藝術研究的資料書和工具書，便於人們識讀楷書石刻碑誌和規範用字。

本書收録歷代碑刻所見楷書碑别字一六〇五八個，係采取圖像形式，從碑刻拓本高清大圖截取清晰字形而成。所收資料上起東漢，下訖民國，計有碑、墓誌、造像、石經等石刻碑誌近一二〇〇種。楷書由隸書演變而來，萌芽於秦漢，發展於魏晋南北朝，故不排除個别字形或筆畫存在隸意或篆意現象。原則上收録與字頭存在以下差异的别字：結構布局不同，使用部首不同，部首有增減，部首筆畫組合方式不同，筆畫有增減，使用筆畫類型不同，筆畫變化造成部首或字形不同。通假字、避諱字、專用字（地名、人名、官職名）等不予收録。

本書字頭選取依據《GB13000.1 字符集》，以現行楷書繁體字爲主，兼收部分通用規範漢字、异體字、俗體字、訛體字等，共三六五〇個。字頭次序根據《GB13000.1 字符集漢字部首歸部規範》編排，表中的字頭互爲正字、繁體字、异體字、俗體字、訛體字等的，在該字頭旁以小字互見。别字圖像按照年代先後順序排列在所屬字頭之下，年代不詳者置於同一朝代别字最後。圖像統一大小，標明出處，爲避免出處名稱冗長，一般采用簡稱，如『唐故工部尚書贈太子太師郭公（虚己）墓誌銘并序』簡稱『唐郭虚己墓誌』，另出處名稱中人名涉及的簡體字、繁體字、异體字仍依其舊。

本書附有兩個索引：

一是《部首檢字表》，用於檢索筆畫及部首在《字頭筆畫檢字表》中的頁碼。本書依據《漢字部首表》選取部首。

二是《字頭筆畫檢字表》，用於檢索正文中筆畫部首及字頭的具體頁碼。本書依據《GB13000.1 字符集漢字字序（筆畫序）

規範》編排次序。

由於我們水平有限，資料積纍不多，缺點和錯誤一定不少，敬請各位專家和廣大讀者批評指正。

編者

二〇二二年八月

部首檢字表

字頭筆畫檢字表

一畫

二畫

十部

厂（𠂆）部

匚部

卜（⺊）部

冂（⺆）部

八（丷）部

人（亻入）部

畝……六〇
亰……六〇
衮……六一
孰……六一
烹……六一
袠（袟）……六一
衮……六一
商……六一
旅……六一
率……六一
就……六二
棄（乘）……六二
棄……六二
裏（里）……六二
禀……六二
亶……六三
稟……六三
雍（雝）……六四
豪……六四
膏……六四
亵……六四
褒……六四
褱……六四
襄……六五
亹（亹）……六五

冫部

冰（氷）……六五
次……六五
決（决）……六五
冷……六五
冶……六五
涼（凉）……六六
馮……六六
凜……六六
凝……六六

冖部

冝……六六
冠……六六
軍……六七
冦（寇）……六七
冢……六八
冥（寘）……六八
冨（富）……六八
冩（寫）……六八

凵部

凶……六八
凷（塊）……六八
函……六八

卩（㔾）部

印……六八
卯（戼丣）……六九
危……六九
却……六九
即……六九
卷……六九
卺……六九
卸……六九
卿……七〇

刀（刂⺈）部

刃……七〇
切……七〇
刈……七〇
刊……七〇
召……七〇
争（爭）……七〇
別……七一
免……七一
删……七一
判……七一
刼……七一
刺（刾）……七一
刢……七一

三畫

干部

工部

土（士）部

堅……八八
堂……八八
逕……八八
堯……八八
堪……八八
塔……八八
堰……八九
堺……八九
喜……八九
塊（凷）……八九
報……八九
壺……八九
填……八九
塤……八九
堙……八九
塩（鹽）……九〇
墎……九〇
壸……九〇
坐……九〇
塗……九〇
塼……九〇
塸……九一
墟……九一
嘉……九一

臺……九一
塲……九一
墉……九一
境……九一
墊……九二
增（增）……九二
壽……九二
塹……九二
墅……九二
墮……九二
墜……九三
墳……九三
墣……九三
増（增）……九三
墀……九三
墥……九三
墻（牆）……九三
壃（疆）……九三
憙……九三
壇……九四
壁……九四
壙……九四
壓……九四
壑……九四

壚……九四
壞……九四
壤……九五
懿……九五
囍（艱）……九五

艹（艸）部

艸（草）……九五
艾……九五
芒……九五
芝……九六
芸……九六
芟……九六
芷……九六
芮……九六
花（蘤）……九六
芥……九六
芬……九六
芰……九七
芳……九七
芭……九七
苦……九七
若……九七
茂……九七
苫……九八

囗部

山部

峙……一三七
炭……一三七
峥（崢）……一三七
幽……一三七
崋（華）……一三八
豈……一三八
峭……一三八
峩……一三八
峪……一三八
峰（峯）……一三八
峯（峰）……一三八
峻……一三九
崚……一三九
崧……一三九
崖……一三九
崎……一三九
崐（崑）……一三九
崑（崐）……一三九
崗……一四〇
崔……一四〇
崘……一四〇
崤……一四〇
崢（峥）……一四〇
崩……一四〇
崇……一四〇
嵗（歲）……一四一
崿……一四一
嵯……一四一
嵫……一四一
嵆（嵇）……一四二
嵠……一四二
嵩……一四二
㠊……一四二
嶠……一四二
嶓……一四二
嶮……一四二
豳……一四二
嶺……一四二
嶷……一四二
嶽……一四三
嶸……一四三
巉……一四三
巔……一四三
巖（巗）……一四三
巗（巖）……一四三

巾部

巾……一四三
布……一四三
帆……一四四
希……一四四
帥……一四四
帝……一四四
帨……一四四
帶……一四四
常……一四四
帷……一四四
幄……一四四
幃……一四五
㡛……一四五
㡘……一四五
幠……一四五
幢……一四五

彳部

行……一四五
役（伇）……一四五
征……一四五
徂……一四六
往……一四六
彼……一四六
待……一四六
徇（狥）……一四六
衍……一四六

门（門）部

宀部

辶（辵）部

彐(彑)部

尸部

飞（飛）部

马（馬）部

四畫

无（旡）部

韦（韋）部

木（朩）部

日（月曰）部

贝（貝）部

水（氵氺）部

见（見）部

牛（牜）部

手（扌手）部

氏部

欠部

风（風）部

毋（母）部

五畫

示（礻）部

甘部

石部

龙（龍）部

业部

目部

田部

臣部

襾（西）部

而部

页（頁）部

至部

虍（虎）部

臼部

自部

血部

舟部

色部

齐（齊）部

衣（衤）部

糸（纟糹）部

七畫

麦（麥）部

走部

赤部

豆部

酉部

辰部

唇（脣）……四四三
脣（唇）……四四三
農……四四三

豕部

豢……四四四

里部

里（裏）……四四四
野……四四四

足（⻊）部

足……四四四
距……四四四
趾……四四四
跋……四四四
跌……四四四
跎……四四五
跱……四四五
跨……四四五
跳……四四五
路……四四五
跡（迹）……四四五
踈……四四五
跼（局）……四四六
踐……四四六
踋……四四六
踪（蹤）……四四六
踠……四四六
蹀……四四六
踵……四四六
踰（逾）……四四六
踴……四四六
蹈……四四六
蹌……四四七
蹔……四四七
蹟（迹）……四四七
蹤（踪）……四四七
蹏……四四七
蹶……四四七
蹻……四四七
蹯……四四七
躁……四四七
躅……四四七
躃……四四七
躊……四四八
躌……四四八
躋……四四八
躍……四四八
躓……四四八
躔……四四八
躐……四四八
躡……四四八

邑（⻏右）部

邑……四四八
邛……四四九
邦（邫）……四四九
邢……四四九
邠……四四九
那……四四九
邫（邦）……四四九
邸……四五〇
邵……四五〇
郄……四五〇
郊……四五〇
郎（郒）……四五〇
郒（郎）……四五〇
郢……四五〇
郡……四五一
都……四五一
都……四五一
郵……四五一
郭……四五一
鄉（鄕）……四五一
鄂……四五二

辛部

八畫

金部

十畫

十一畫

十二畫

十三畫

十四畫

鼻部

一畫

一部

三

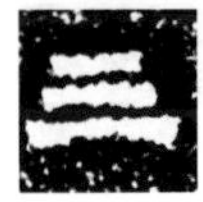

鞏義北魏石窟寺題記

于 (亐 於)

唐李誠墓誌

亏 (于)

北魏寇憑墓誌

才 (纔)

東晉爨寶子碑

北魏李瑮蘭墓誌

北魏元暉墓誌

東魏姬静墓誌

東魏張瓊墓誌

丈

北魏寇憑墓誌

唐李衛公獻西岳書

宋樓异三十六觀峰賦

明新修河東鹽池禁門垣隍記

与 (與)

東晉爨寶子碑

唐執失善光墓誌

万 (萬)

南朝宋爨龍顔碑

北魏叔孫協墓誌

東魏杜文雍等十四人造四面佛記

天

北魏楊順墓誌

元師弼墓誌

夫

北魏封君妻長孫氏墓誌

元

北魏元簡墓誌
北魏楊範墓誌
北魏丘哲墓誌
東魏姬静墓誌
隋蘇慈墓誌

云（雲）

北魏吊比干文
北周寇胤哲墓誌

廿

北魏張元祖造像記
北魏元過仁墓誌
北齊高善德墓誌
隋劉世恭墓誌

五

北魏始平公造像記
北魏寇臻墓誌
北魏寇演墓誌
北魏李淑真墓誌
北魏胡明相墓誌
唐張慶則墓誌

卅

北魏元羽墓誌
北魏高樹、解伯都等造像記
北魏王彤墓誌
北魏元倪墓誌
北魏劉根等造像記
北魏李頤墓誌
北魏元珽墓誌
東魏崔混墓誌
東魏姬静墓誌
唐李昂墓誌

不

北魏寇臻墓誌
北魏冠軍將軍妻劉氏墓誌
北魏高道悅墓誌
北魏寇演墓誌
北魏孟元華墓誌
北魏李媛華墓誌
北魏高猛妻元瑛墓誌
北魏李頤墓誌
北魏于仙姬墓誌
北魏于仙姬墓誌
北魏世宗宣武皇帝嬪李氏墓誌
北魏薛慧命墓誌

互		屯			
北魏元徽墓誌	唐楊君墓誌	北魏吊比干文	唐鄭炅墓誌	東魏張略墓誌	北魏寇慰墓誌
北魏張太和墓誌		北魏山暉墓誌		隋孫高墓誌	北魏爾朱紹墓誌
北齊高善德墓誌		北魏司馬昞墓誌		唐封泰墓誌	東魏崔鴻妻張玉憐墓誌
		隋元叡墓誌		唐陽玄基墓誌	東魏崔混墓誌

		世		正	未
東魏姬静墓誌	北魏元悌墓誌	北魏何伯超墓誌	北魏李媛華墓誌	北魏元始和墓誌	北魏寇演墓誌
東魏閭詳墓誌	北魏李略墓誌	北魏元颺妻王氏墓誌	唐桓思貞墓誌	北魏寇臻墓誌	北魏李淑真墓誌
東魏閭詳墓誌	東魏寇永墓誌	北魏楊璉墓誌		北魏穆纂墓誌	北魏李頤墓誌
隋陳暉墓誌	東魏崔混墓誌	北魏穆景胄墓誌		北魏張安姬墓誌	北周武氏皇帝阿史那氏墓誌

丕	丙	本		冊	
 北魏王紹墓誌	 東晉王建之墓誌	 北魏張猛龍碑	 北魏元悛墓誌	 北魏元思墓誌	 隋張通墓誌
 北魏元昭墓誌		 東魏崔混墓誌	 北魏元愔墓誌	 魏孟敬訓墓誌	 唐楊行表墓誌
		 唐康昭墓誌	 東魏高湛墓誌	 北魏趙盛暨妻索始姜墓誌	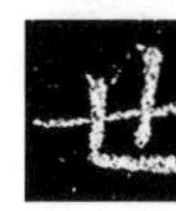 武周李知本墓誌
			 唐郭虛己墓誌	 北魏崔鴻墓誌	
夷	**百**			**再**	**吏**
 北魏吊比干文	 東魏姬静墓誌	 唐周胡仁墓誌	 東魏高湛墓誌	 北魏寇演墓誌	 武周李准墓誌
 北魏王理奴墓誌		 北宋王守恩墓誌	 隋裴覬墓誌	 北魏李超墓誌	
 北魏高猛墓誌		 北宋劉再思墓誌	 唐路通墓誌	 北魏元子正墓誌	
 北魏于纂墓誌		 明郭文光墓誌	 唐王君妻獨孤氏墓誌	 東魏姬静墓誌	

求

北魏吊比干文

北魏比丘惠感造像記

北魏元龍墓誌

北魏元謐墓誌

唐常君墓誌

丞

北魏元暉墓誌

北魏元維墓誌

東魏姬静墓誌

隋元叡墓誌

唐等慈寺碑

唐張運才墓誌

清張丙震暨妻紀氏墓誌

北周拓拔昇墓誌

隋梁坦墓誌

隋楊景墓誌

隋楊休墓誌

北魏于神恩墓誌

東魏崔混墓誌

東魏敬使君碑

東魏張瓊墓誌

表

北魏韓顯宗墓誌

北魏元始和墓誌

北魏元懌墓誌

北魏元子正墓誌

奉

北魏寇臻墓誌

東魏寇永墓誌

来

北魏楊璉墓誌

北魏李頤墓誌

更

北魏高道悦墓誌

隋元叡妻張摩子墓誌

甫

北魏鄭長猷造像記

唐唐河上墓誌

北魏元誘妻薛伯徽墓誌

東魏成休祖造像記

兩		事	東	亞	
 北魏元詳造像記	 北魏元懌墓誌	 東晉爨寶子碑	 北魏李伯欽墓誌	 唐李珪墓誌	 隋張通墓誌
 北魏元詮墓誌	 北魏寇慰墓誌	 北魏楊璉墓誌	 北魏高道悅墓誌		
 北魏高道悅墓誌	 東魏張瓊墓誌	 北魏元暉墓誌	 隋高潭墓誌		
 北魏楊乾墓誌		 北魏封君妻長孫氏墓誌			

焉	或	甚		亟	
 北魏張正子父母鎮墓石	 北魏李媛華墓誌	 北魏于纂墓誌	 唐王琳墓誌	 北魏元舉（長融）墓誌	 北魏元廞墓誌
 北魏嵩高靈廟碑		 隋吴素暨妻樊氏墓誌	 唐陶貢妻裴氏墓誌	 隋張濤妻李氏墓誌	 東魏高湛墓誌
 南朝宋爨龍顏碑				 唐等慈寺碑	 東魏張略墓誌
 北魏吊比干文				 武周崔安敬墓誌	 清王璹墓誌

東魏張略墓誌	北魏元悛墓誌	北魏元暐墓誌	北魏穆亮妻尉太妃墓誌	北魏楊範墓誌	北魏韓顯宗墓誌
隋淳于儉墓誌	北魏元文墓誌	北魏昝雙仁墓誌	北魏王遺女墓誌	北魏趙盛暨妻索始姜墓誌	北魏元弘嬪侯氏墓誌
隋李景亮墓誌	東魏姬静墓誌	北魏崔鴻墓誌	北魏元焕墓誌	北魏寇演墓誌	北魏元思墓誌
隋張業墓誌	西魏宇文測墓誌	北魏楊仲彦墓誌	北魏元誘妻薛伯徽墓誌	北魏元暉墓誌	北魏元緒墓誌

棘		棗			
北魏韓顯宗墓誌	唐何昌浩墓誌	北周元壽安妃盧蘭墓誌	唐王稷妻史氏墓誌	唐陽君妻盧氏墓誌	隋宋文成墓誌
北魏元泰安墓誌	唐崔翰墓誌	隋王君妻成公氏墓誌	後唐張文寶墓誌	唐沈全交墓誌	武周趙行本墓誌
北魏元誘妻馮氏墓誌	唐李宙妻盧氏墓誌	唐崔日新墓誌	明孔彰妻丘氏墓誌	唐崔君妻盧氏墓誌	武周殷平墓誌
北魏寇臻墓誌		唐王琳墓誌		唐元德秀墓誌	唐石奬墓誌

且	内		尒 尔 爾		
 北魏元謐墓誌  隋宋文成墓誌  北宋王守恩墓誌	 北魏司馬紹墓誌	**丨（亅）部**	 北魏吊比干文  隋橋紹墓誌  唐伊阙佛龛碑	 北魏元宥墓誌  北魏羅宗妻陸蒺藜墓誌  北魏韓震墓誌  隋橋紹墓誌	 北魏元謐墓誌  北魏甄凱墓誌  北魏元固墓誌  北魏元略墓誌

	冊	冉	央	史	申
 北魏王悅墓誌  隋張通墓誌  隋楊休墓誌 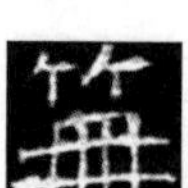 隋李世洛墓誌	 北魏元萇墓誌  北魏元新成妃李氏墓誌  魏元延明墓誌  北魏元恭墓誌	 北魏染華墓誌  隋李和墓誌  隋蘇慈墓誌	 北魏李媛華墓誌  北魏于景墓誌  東魏崔混墓誌	 北魏寇治墓誌  魏王悅暨妻郭氏墓誌  隋高緊墓誌  隋元惠墓誌	 東魏高歸彥造像記

隋高緊墓誌

唐睿宗妃王芳媚墓誌

明馬杲妻趙氏墓誌

曳

北魏吊比干文

北魏公孫猗墓誌

北魏賈祥墓誌

北魏王翊墓誌

北魏元誨墓誌

隋董美人墓誌

唐陽君妻盧氏墓誌

曲 麴

唐裴思乂墓誌

畢

魏安樂王第三子給事君妻韓氏墓誌

北魏元光墓誌

北魏封君妻長孫氏墓誌

北周叱羅招男墓誌

隋梁坦墓誌

隋韋壽墓誌

丿部

川

北魏元龍墓誌

北魏赫連悅墓誌

北魏張玄墓誌

東魏高湛墓誌

几 凡

唐王濟墓誌

唐圓濟塔銘

久

北魏楊璉墓誌

魏賈使君（思伯）碑（陰）

北魏侯剛墓誌

北魏源模墓誌

元龍川和尚舍利塔誌

丸

北齊穆延和等題記

及

東魏崔混墓誌

壬

北魏元彬墓誌

北魏元固墓誌

升 陞 昇

東晉爨寶子碑

北魏吊比干文

北魏元彬墓誌

北魏封君妻長孫氏墓誌

天

北魏元義華墓誌

北魏元舉(長融)墓誌

唐裴君妻元氏墓記

乏

北周拓拔昇墓誌

隋賀若嵩墓誌

丹

北魏長孫盛墓誌

東魏郭肇墓誌

失

東魏張略墓誌

北齊王憐妻趙氏墓誌

隋張受暨妻李氏墓誌

乍

北齊高建妻王氏墓誌

丘

北魏王皓墓誌

北魏比丘尼慈香慧政造窟記

北魏元昭墓誌

北魏元懌墓誌

北魏高樹生墓誌

東魏崔混墓誌

東魏高湛墓誌

北周元壽安妃盧蘭墓誌

乎 虖

東晉爨寶子碑

北魏鄭文公碑

北魏元昭墓誌

北魏賈祥墓誌

北魏羅宗妻陸蒺藜墓誌

隋宋胡墓誌

唐常宗元墓誌

年 秊

北魏元彬墓誌

北魏解伯達造彌勒像記

北魏元澄妃李氏墓誌

北魏元誘妻馮氏墓誌

北魏寇臻墓誌

北魏元壽妃麴氏墓誌

北魏元演墓誌

北魏王皓墓誌

北魏王紹墓誌

北魏孟元華墓誌

北魏李頤墓誌

北魏尹祥墓誌

北魏于纂墓誌

北魏高樹生妻韓期頤墓誌

東魏長孫冏墓碑

東魏成休祖造像記

隋元仁宗墓誌

隋禽昌伯妻宇文氏墓誌

隋張衡墓誌

唐董士墓誌

唐鄭炅墓誌

北宋魏陽君申氏墓誌

朱

北魏元謐墓誌

我

北魏寇憑墓誌

北魏張猛龍碑

北魏元謐墓誌

北魏世宗宣武皇帝嬪李氏墓誌

北魏王馥墓誌

北周張子開造像記

隋楊寬妻韋始華墓誌

隋楊休墓誌

唐崔君妻盧氏墓誌

唐王全素墓誌

兎

北魏張正子父母鎮墓石

唐裴君妻柳氏墓誌

唐李阜墓誌

北宋武珣墓誌

卯

北魏元暐墓誌

系

北魏寧陵公主墓誌

北魏元洛神墓誌

唐盧處約墓誌

垂

北魏元龍墓誌

北魏寇臻墓誌

北魏石婉墓誌

北魏司馬顯姿墓誌

北魏元隱墓誌

北魏李媛華墓誌

北魏元寧墓誌

北魏李頤墓誌

北魏秦洪墓誌

北魏元鑒妃吐谷渾氏墓誌

北魏源模墓誌

東魏崔混墓誌

東魏高湛墓誌

隋張怦墓誌

唐伊闕佛龕碑

唐張采墓誌

唐郎官石柱記

乖

北魏太妃侯造像記

北魏元詳墓誌

北魏劉阿素墓誌

秉

北魏吊比干文

北魏元龍墓誌

北魏元始和墓誌

北魏元萇墓誌

北魏程暐墓誌

北魏元誘妻薛伯徽墓誌

北魏王悅墓誌

東魏杜文雍等十四人造四面佛記

北周韋彪墓誌

隋楊异墓誌

隋夏侯遷墓誌

唐李仁墓誌

臾

唐徐嶠墓誌

乘 椉

北魏吊比干文

北魏元懷墓誌

北魏楊璉墓誌

北魏于仙姬墓誌

北魏姬静墓誌

東魏郭肇墓誌

北周元壽安妃盧蘭墓誌

武周郭蕩墓誌

重

北魏寇演墓誌

北魏于神恩墓誌

禹

北魏吊比干文

北魏元引墓誌

隋蘇慈墓誌

胤

南朝宋爨龍顏碑

北魏王遇墓誌

北魏寇臻墓誌

北魏元演墓誌

北魏馮會墓誌

北魏趙盛暨妻索始姜墓誌

北魏堯遵墓誌

北魏寇憑墓誌

北魏元壽安墓誌

北魏寇偘墓誌

北魏元鑒妃吐谷渾氏墓誌

北周寇嶠妻薛氏墓誌

北周寇胤哲墓誌

隋楊孝偡墓誌

唐魚本墓誌

武周董弘墓誌

唐石獎墓誌

唐曹萬頤妻張氏墓誌

清侯光岳暨妻孟氏墓誌

烏

北魏元詮墓誌

北魏程暐墓誌

西魏宇文測墓誌

北齊穆延和等題記

隋橋紹墓誌

唐淳于武斌暨妻左氏墓誌

武周張思賓墓誌

師

北魏嵩高靈廟碑

北魏李璨蘭墓誌

北魏寇憑墓誌

北魏寇演墓誌

北魏李媛華墓誌

北魏世宗宣武皇帝嬪李氏墓誌

西魏元欽墓誌

北魏丘哲墓誌

東魏王僧墓誌

東魏崔混墓誌

東魏高妻斤墓誌

隋蔡君妻張貴男墓誌

唐第五玄昱墓誌

喬

隋楊景墓誌

唐王行通墓誌

粵

北魏元弼墓誌

北魏李伯欽墓誌

北魏元融妃穆氏墓誌

北魏元顯平妻王氏墓誌

魏安樂王第三子給事君妻韓氏墓誌

北魏堯遵墓誌

北魏趙光墓誌

北魏程暐墓誌

北魏元暐墓誌

北魏元誘妻薛伯徽墓誌

北魏崔鴻墓誌

北魏蘇屯墓誌

北魏楊仲彥墓誌

北魏元子正墓誌

北魏爾朱紹墓誌

北魏穆紹墓誌

東魏崔鴻妻張玉憐墓誌

東魏高湛墓誌

東魏張略墓誌

隋蘇慈墓誌

唐呂君妻吳氏墓誌

睪（皋 罜）

東晉爨寶子碑

北魏張問墓誌

武周李師墓誌

舉

北魏寇憑墓誌

北魏寇演墓誌

北魏元暉墓誌

北魏程暐墓誌

北魏元昭墓誌

北魏賈祥墓誌

北魏元固墓誌

北魏元恭墓誌

北周寇嶠妻薛氏墓誌

北周元壽安妃盧蘭墓誌

隋蘇慈墓誌

隋張喬墓誌

隋元公墓誌

唐桓思貞墓誌

疊

北魏吊比干文

北魏元愔墓誌

北魏元纂墓誌

武周張思寶墓誌

唐来景暉墓誌

、部

之

北魏韓顯宗墓誌

北魏何伯超墓誌

北魏羅宗墓誌

北魏李媛華墓誌

北魏元義華墓誌

北魏高猛妻元瑛墓誌

北魏于景墓誌

北魏羅宗妻陸蒺藜墓誌

北魏元誨墓誌

北齊河清三年造像記

北周寇嶠妻薛氏墓誌

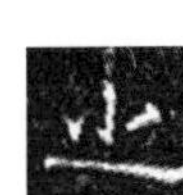
北周元壽安妃盧蘭墓誌

氺 冰

北魏元緒墓誌

北魏王紹墓誌

隋董美人墓誌

必

北魏李伯欽墓誌

北魏比丘法生造像記

北魏王紹墓誌

北魏寇演墓誌

北魏元引墓誌

北魏高猛墓誌

北魏丘哲妻鮮于仲兒墓誌

北魏丘哲墓誌

永

東漢永建五年食堂刻石

東晋爨寶子碑

北魏吊比干文

北魏牛橛造像記

永

北魏元澄妃李氏墓誌
北魏元融妃穆氏墓誌
北魏冠軍將軍妻劉氏墓誌
魏孟敬訓墓誌
北魏寇憑墓誌
北魏元暉墓誌
北魏程暐墓誌
北魏高猛墓誌
北魏元懌墓誌
北魏昝雙仁墓誌
北魏元珽墓誌
北魏元洛神墓誌
北魏丘哲墓誌
北魏元文墓誌
北魏張寧墓誌
北齊逢哲墓誌
隋張通墓誌
隋劉淵墓誌
隋薛保興墓誌
隋秦僧迦墓誌
唐李頫墓誌

州

北魏司馬悅墓誌
北魏寇憑墓誌
北魏寇演墓誌
北魏李頤墓誌
北魏于神恩墓誌
東魏高湛墓誌
隋吳素暨妻樊氏墓誌
唐樊師墓誌

良

北魏吊比干文
北魏寇憑墓誌
北魏高猛妻元瑛墓誌
北魏元子正墓誌
北魏張玄墓誌
東魏張略墓誌
北周比丘惠瓖等造像記
唐郭虛己墓誌
唐八关齋會報德記

叛

東魏王僧墓誌
唐等慈寺碑

為 爲

北魏張元祖造像記

北魏比丘惠感造像記

北魏元緒墓誌

北魏穆景胄墓誌

北魏劉賢墓誌

東魏姬静墓誌

東魏郭肇墓誌

東魏杜文雍等十四人造四面佛記

北齊河清三年造像記

北齊淳于元皓造像記

北周寇熾墓誌

隋賀若嵩墓誌

隋禽昌伯妻宇文氏墓誌

隋皇甫紘墓誌

隋劉淵墓誌

隋宋文成墓誌

後唐張文寶墓誌

卷 卷

北魏趙謐墓誌

北魏元勰墓誌

北魏李媛華墓誌

乛部

乙

東晋好大王碑

北魏趙謐墓誌

北魏李瞻墓誌

北魏元光墓誌

北魏劉華仁墓誌

北齊王惠顒廿人等造像記

了

北齊文殊般若經碑

乃 廼

北魏元悅妻馮氏墓誌

隋陳常墓誌

隋張達墓誌

乞

北魏楊璉墓誌

北魏源延伯墓誌

北魏丘哲墓誌

北齊乞伏保達墓誌

吊 弔	尹		也	亡 亾	
 東晉爨寶子碑	 北魏元暉墓誌	 北魏尹祥墓誌	 北魏元羽墓誌	 北魏元理墓誌	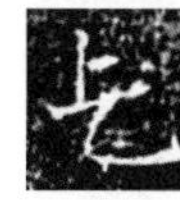 唐思恒律師誌銘
 北魏元理墓誌	 北魏元懌墓誌	 北魏王馥墓誌	 北魏寇臻墓誌		
 北魏吊比干文	 東魏崔混墓誌	 北魏元文墓誌	 北魏寇憑墓誌		
 北魏韓顯宗墓誌	 明李世熙墓誌		 北魏楊璉墓誌		

司		醜 丑			
 北魏寇治墓誌	 明鄧鶴母王氏墓誌	 北魏元弘嬪侯氏墓誌	 武周裴敬道墓誌	 北魏趙光墓誌	 北魏元弘嬪侯氏墓誌
		 北魏元融妃穆氏墓誌	 唐陶貢妻裴氏墓誌	 北魏任榮墓誌	 北魏元顯儁墓誌
		 北魏程暐墓誌		 北魏李頤墓誌	 北魏寇演墓誌
		 武周宋智亮墓誌		 北魏源模墓誌	 北魏楊璉墓誌

民

- 北魏塔基石函銘刻
- 北魏元緒墓誌
- 北魏元緒墓誌
- 北魏元詳墓誌
- 北魏何伯超墓誌
- 北魏元勰墓誌
- 北魏元謐墓誌
- 北魏李頤墓誌
- 北魏路敬賓造像記
- 北魏崔鴻墓誌
- 東魏元玕墓誌
- 東魏郭肇墓誌
- 隋楊紀墓誌
- 明杜俊妻尹氏墓誌

弗

- 北魏元詳墓誌

丱

- 西魏元欽墓誌
- 隋田德墓誌

丣 卯

- 北魏何伯超墓誌
- 東魏高歸彥造像記

承

- 北魏崔承宗等造像記
- 北魏元弼墓誌
- 北魏元彬墓誌
- 北魏元弘嬪侯氏墓誌
- 北魏寇臻墓誌
- 北魏元演墓誌
- 北魏長孫瑱墓誌
- 北魏元勰墓誌
- 北魏元纂墓誌
- 北魏世宗宣武皇帝嬪李氏墓誌
- 北魏元洛神墓誌
- 東魏張略墓誌
- 東魏張瓊墓誌
- 隋賀若嵩墓誌
- 隋陳暉墓誌
- 隋宋文成墓誌
- 隋長孫汪墓誌
- 唐陽玄基墓誌
- 唐申屠元禮墓誌
- 唐蘇君妻裴氏墓誌

虱

北魏韓震墓誌

亂 乱

北魏嵩高靈廟碑

南朝宋爨龍顔碑

北魏元演墓誌

北魏王誦墓誌

北魏苟景墓誌

北魏爾朱紹墓誌

北魏穆紹墓誌

隋梁坦墓誌

隋龍山公墓誌

隋李世洛墓誌

唐李昂墓誌

民國韓復榘母李氏墓誌

二畫

十部

克　剋　尅

北魏李伯欽墓誌

北魏程暐墓誌

北魏高貞墓碑

北魏高貞墓碑

北周元壽安妃盧蘭墓誌

唐韋鉉妻張氏墓誌

直

南朝宋爨龍顔碑

北魏張元祖造像記

北魏元彬墓誌

北魏楊大眼造像記

北魏奚智墓誌

北魏山暉墓誌

北魏吐谷渾璣墓誌

北魏高道悦墓誌

北魏元引墓誌

北魏崔鴻墓誌

北魏于神恩墓誌

北魏李彰墓誌

隋蘇慈墓誌

唐秦懷道墓誌

唐牛子珍妻趙氏墓誌

遼韓君墓誌

協　恊

北魏元弘嬪侯氏墓誌

唐崔鏞墓誌

卑

北魏元彥墓誌

北魏元萇墓誌

隋蔡君妻張貴男墓誌

隋田德墓誌

唐王琳墓誌

唐韋微妻裴氏墓誌

唐李玄就墓誌

南

北魏元簡墓誌

北魏李伯欽墓誌

北魏元始和墓誌

北魏寇臻墓誌

南

北魏楊範墓誌
北魏何伯超墓誌
北魏寇演墓誌
北魏寇演墓誌

北魏寇演墓誌
北魏穆纂墓誌
北魏程暐墓誌
北魏元倪墓誌

北魏李頤墓誌
北魏李頤墓誌
北魏元悛墓誌
北魏丘哲墓誌

東魏元朗墓誌
唐八关齋會報德記
唐韓肅妻崔嫚墓誌
唐魏處厚墓誌

桒

北魏劉滋墓誌
北魏元纂墓誌
北魏韓震墓誌
隋宫人元氏墓誌

武周郭蕩墓誌
唐盧俉妻鄭氏墓誌

真

北魏元保洛墓誌
北魏楊範墓誌
北魏趙盛暨妻索始姜墓誌
北魏寇演墓誌

北魏比丘尼慈香慧政造窟記
北魏李淑真墓誌
北魏丘哲墓誌
北魏爾朱紹墓誌

東魏杜文雍等十四人造四面佛記
隋董穆墓誌
唐来景暉妻蕭大通墓誌
唐王琳墓誌

賁

北魏元引墓誌
北魏元子正墓誌

博 愽

北魏李頤墓誌
北魏崔鴻墓誌

喪

北魏張元祖造像記
北魏韓顯宗墓誌
北魏元思墓誌
北魏元演墓誌

北魏王昌墓誌

北魏程暐墓誌

北魏元引墓誌

北魏元謐墓誌

北魏丘哲妻鮮于仲兒墓誌

北魏張玄墓誌

北魏元顥墓誌

東魏張略墓誌

隋來和墓誌

隋李世洛墓誌

隋口徹墓誌

唐張敦墓誌

唐馮勝墓誌

武周屈突季札墓誌

唐陳尚仙墓誌

唐王琳墓誌

唐張具瞻妻韋氏墓誌

唐韋微妻裴氏墓誌

唐第五玄昱墓誌

唐張媛墓誌

唐鄭高暨妻崔氏墓誌

唐齊鄱墓誌

唐楊乘墓誌

後唐王禹墓誌

準

唐王全素墓誌

準

北魏李媛華墓誌

兢

唐樊驤墓誌

嘏

北魏元楨墓誌

北魏高貞墓碑

戴

唐史承式墓誌

厂（厂）部

仄

北魏元昭墓誌

厄 阨

東魏姬静墓誌

反

北魏嵩高靈廟碑

北魏高猛妻元瑛墓誌

東魏郭肇墓誌

隋張子明墓誌

后

南朝宋爨龍顔碑

北魏寇臻墓誌

北魏何伯超墓誌

北魏高照容墓誌

東魏崔混墓誌

厚

北魏元緒墓誌

北魏王紹墓誌

北魏李璞蘭墓誌

北魏内司楊氏墓誌

北魏張孃墓誌

唐辛謙墓誌

唐鄭炅墓誌

盾

唐蕭元禮墓誌

厝

北魏寇臻墓誌

北魏高道悦墓誌

原

北魏李伯欽墓誌

北魏王彤墓誌

北魏元引墓誌

北魏高猛妻元瑛墓誌

北魏李頤墓誌

北魏元固墓誌

北魏于神恩墓誌

北魏元悛墓誌

北魏李略墓誌
魏佚名墓誌
東魏崔混墓誌
東魏張瓊墓誌

魏王鈞墓誌
隋孟孝敏妻劉氏墓誌
唐鄭高暨妻崔氏墓誌
唐裴君妻盧氏墓誌

厦

唐周孟瑶墓誌

厥

北魏元鑒妃吐谷渾墓誌
北魏吊比干文
北魏元澄妃李氏墓誌
北魏楊大眼造像記

北魏元緒墓誌
北魏鄯乾墓誌
北魏何伯超墓誌
北魏王普賢墓誌

北魏王紹墓誌
北魏元暉墓誌
北魏高貞墓碑
北魏高猛墓誌

北魏唐耀墓誌
東魏元玕墓誌
東魏閭伯生暨妻元仲英墓誌
北齊河清三年造像記

北周宇文業暨妻周氏墓誌
隋蘇慈墓誌
隋史射勿墓誌
隋□徹墓誌

隋夏侯還墓誌
唐孫藏墓誌
武周崔嘉墓誌
唐何彥則墓誌

唐嚴仁墓誌
唐韋微妻裴氏墓誌

厲

北魏王理奴墓誌
北魏王馥墓誌
北魏元恭墓誌
東魏敬使君碑

北周拓拔昇墓誌

歷

北魏元思墓誌

北魏王紹墓誌

北魏崔敬邕墓誌

北魏李頤墓誌

隋李世洛墓誌

曆

北魏元緒墓誌

北魏高猛妻元瑛墓誌

北魏赫連悅墓誌

東魏姬靜墓誌

厭

北魏元賄墓誌

隋淳于儉墓誌

唐等慈寺碑

鴈

南朝宋爨龍顏碑

魏安樂王第三子給事君妻韓氏墓誌

北魏元信墓誌

隋裴覬墓誌

唐馬湛墓誌

唐宋祐墓誌

明孔彰墓誌

歷

隋鞏賓墓誌

曆

北魏崔鴻墓誌

北魏元子正墓誌

北魏元子正墓誌

匚部

匹 疋

北魏高道悅墓誌

北魏趙光墓誌

北魏高猛妻元瑛墓誌

北魏高猛妻元瑛墓誌

北魏崔鴻墓誌

北魏元邵墓誌

北魏韓震墓誌

東魏杜文雍等十四人造四面佛記

隋元叡妻張摩子墓誌

隋李椿妻劉琬華墓誌

隋張喬墓誌

唐尉遲敬德墓誌

匪

南朝宋爨龍顏碑

北魏始平公造像記

北魏元暉墓誌

匿

隋元公墓誌

唐李收墓誌

匣

隋董美人墓誌

唐来景暉妻蕭大通墓誌

匠

南朝宋爨龍顏碑

匡

北魏皮演墓誌

北魏元祐墓誌

巨 鉅

北魏元暉墓誌

北魏張玄墓誌

區

北魏趙阿歡等造像記

北魏路敬賓造像記

北魏元恭墓誌

匱

東晉爨寶子碑

北魏公孫猗墓誌

武周李知本墓誌

卜（⺊）部

卜

東魏元鷙妃公孫甑生墓誌

東魏元澄妃馮令華墓誌

唐桓歸泰墓誌

唐衡公妻盧氏墓誌

占

唐魚本墓誌

武周王神静墓誌

卓

北魏寇憑墓誌

北魏元璨墓誌

北魏元誘墓誌

北魏元舉（景昇）墓誌

	貞			用	冏
 唐孟買墓誌	 北魏元進墓誌  北魏劉阿素墓誌  北魏司馬顯姿墓誌  北魏王遺女墓誌	 東魏崔混墓誌  隋劉淵墓誌  唐崔凝墓誌	**冂（⺆）部**	 北齊裴良墓誌  唐李昂墓誌	 唐魏悌墓誌

岡	罔		周		兮
 東魏公孫略墓誌	 北魏魏靈藏等造像記  北魏元緒墓誌  北魏山暉墓誌  東魏趙君妻姜氏墓誌	 唐褚庭詢墓誌  明許室人李氏墓誌	 北魏劉根等造像記  東魏元朗墓誌  北齊高建妻王氏墓誌  北周寇嶠妻薛氏墓誌	**八（丷）部**	 北魏元澄妃李氏墓誌  北魏元固墓誌

分

北魏牛概造像記

北魏元詳造像記

北魏元彬墓誌

北魏元緒墓誌

北魏何伯超墓誌

北魏元彦墓誌

北魏元暉墓誌

北魏昝雙仁墓誌

北魏崔鴻墓誌

北魏楊乾墓誌

北魏元固墓誌

北齊高建妻王氏墓誌

北周寇嶠妻薛氏墓誌

公

北魏元偃墓誌

北魏楊仲彦墓誌

唐臧懷亮墓誌

共

北周寇嶠妻薛氏墓誌

隋蘇慈墓誌

并 並竝

北魏李媛華墓誌

武周李知本墓誌

唐王琳墓誌

兵

東晉司馬芳殘碑

東魏郭肇墓誌

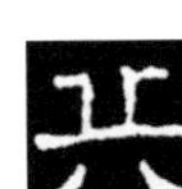
隋高潭墓誌

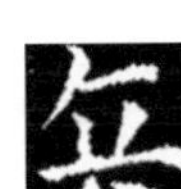
明李權暨妻劉氏墓誌

兌

北齊高善德墓誌

弟

北魏元鑒妃吐谷渾墓誌

南朝宋爨龍顏碑

北魏高慧造彌勒像銘

北魏王彤墓誌

北魏元詳墓誌

北魏刁遵墓誌

北魏崔鴻墓誌

北魏元瞻墓誌

隋張怦墓誌

唐李潛墓誌

唐盧重墓誌

明王齊墓誌

其

北魏張正子父母鎮墓石

北魏元詳造像記

北魏元澄妃李氏墓誌

北魏比丘尼慈香慧政造窟記

北魏楊乾墓誌

北魏寇治墓誌

東魏公孫略墓誌

東魏張略墓誌

東魏李挺命婦元季聰墓誌

北周寇嶠妻薛氏墓誌

隋來和墓誌

隋張通墓誌

唐魚本墓誌

具

北魏劉華仁墓誌

典

北魏劉阿素墓誌

北魏馮迎男墓誌

北魏崔鴻墓誌

北魏長孫季墓誌

東魏崔混墓誌

東魏張略墓誌

唐孟買墓誌

武周李知本墓誌

粢

北魏寇慰墓誌

並（并 竝）

北魏李瞻墓誌

北魏皮演墓誌

東魏崔混墓誌

盆

唐王琳墓誌

前

隋橋紹墓誌

唐封泰墓誌

武周崔嘉墓誌

酉

北魏于神恩墓誌

隋李和墓誌

兹（兹）

隋史射勿墓誌

翁

北魏元昭墓誌

拗（創）

北魏元天穆墓誌

唐桓思貞墓誌

兼

北魏韓顯宗墓誌

北魏元詳墓誌

北魏王蕃墓誌

北魏王紹墓誌

北魏元新成妃李氏墓誌

北魏寇憑墓誌

北魏寇憑墓誌

北魏元暉墓誌

北魏封君妻長孫氏墓誌

北魏元隱墓誌

北魏元固墓誌

北魏于神恩墓誌

北魏元醜仁墓誌

東魏高湛墓誌

北周叱羅招男墓誌

北周拓拔昇墓誌

隋宋胡墓誌

隋李和墓誌

武周崔玄泰墓誌

唐八关齋會報德記

唐陶貢妻裴氏墓誌

唐鄭高暨妻崔氏墓誌

北宋安崇禮墓誌

貧

北魏楊乾墓誌

北魏宋虎墓誌

唐鄭忠佐墓誌

與（与）

北魏趙謐墓誌

北魏石婉墓誌

北魏元詮墓誌

魏孟敬訓墓誌

北魏元諰墓誌

北魏高貞墓碑

北魏楊乾墓誌

北魏長孫盛墓銘

巽 冀

- 北魏韓震墓誌
- 東魏張略墓誌
- 北周韋彪墓誌
- 北周寇嶠妻薛氏墓誌
- 隋蘇慈墓誌
- 隋張喬墓誌
- 隋宋文成墓誌
- 北魏元羽墓誌
- 北魏王皓墓誌
- 北魏元光墓誌
- 北魏元暉墓誌
- 北魏元緦墓誌
- 北魏封君妻長孫氏墓誌
- 北魏常襲妻崔氏墓誌
- 北魏元悛墓誌
- 北魏元悛墓誌
- 北魏元悛墓誌
- 隋高潭墓誌
- 北齊高善德墓誌
- 武周裴敬道墓誌

養 養

- 北宋張曙墓誌

興

- 北魏吊比干文
- 北魏趙謐墓誌
- 北魏元龍墓誌
- 北魏何伯超墓誌
- 魏孟敬訓墓誌
- 北魏元光墓誌
- 北魏元光墓誌
- 北魏元萇墓誌
- 北魏司馬昞墓誌
- 北魏張猛龍碑
- 北魏韓玫墓誌
- 北魏公孫猗墓誌
- 北魏高猛妻元瑛墓誌
- 北魏世宗宣武皇帝嬪李氏墓誌
- 北魏元瞻墓誌
- 北魏元廞墓誌
- 北魏元維墓誌
- 北魏長孫盛墓誌
- 東魏元玕墓誌
- 東魏成休祖造像記

輿 舉

北周寇嶠妻薛氏墓誌

隋田悅墓誌

隋元仁宗墓誌

隋劉世恭墓誌

唐魚本墓誌

唐李行淹墓誌

北魏元懷墓誌

北魏元固墓誌

人（亻入）部

人

北魏楊璉墓誌

化

北魏元祥造像記

北魏元始和墓誌

仇

北魏元颺妻王氏墓誌

仍

北魏元萇墓誌

東魏崔混墓誌

介

北魏弔比干文

東魏崔混墓誌

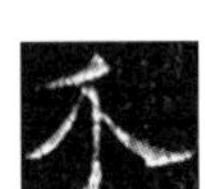
隋史崇基墓誌

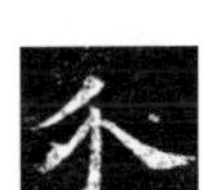
唐化度寺塔銘

唐李春墓誌

今

北魏元緒墓誌

北魏封君妻長孫氏墓誌

北魏李媛華墓誌

以 叺

北魏元偃墓誌

北魏韓顯宗墓誌

北魏元弘嬪侯氏墓誌

北魏元保洛墓誌

北魏元詮墓誌

北魏元譿墓誌

北魏孟元華墓誌

北魏李頤墓誌

隋高潭墓誌

隋秦僧迦墓誌

仕

隋張通墓誌

代

北魏張正子父母鎮墓石

北魏元演墓誌

北魏元萇墓誌

仙　僊 僊

魏楊順妻呂法勝墓誌

東魏元湛墓誌

隋王紹先墓誌

隋王香仁墓誌

他

北魏寇臻墓誌

仞

唐魏基妻王淑墓誌

尒　爾 尔

北魏元彥墓誌

唐崔安儼墓誌

令

北魏張元祖造像記

北魏李頤墓誌

休　烋

北魏趙盛暨妻索始姜墓誌

北魏司馬顯姿墓誌

伏

北魏元洛神墓誌

北魏源延伯墓誌

東魏張瓊墓誌

北周寇熾墓誌

伍

北魏楊璉墓誌

東魏崔混墓誌

隋元叡墓誌

隋楊异墓誌

		仰	佛 伕	任	
北魏封君妻長孫氏墓誌	北魏崔敬邕墓誌	南朝宋爨龍顏碑	北魏尹祥墓誌	北魏元光墓誌	隋元公墓誌
北魏元醜仁墓誌	北魏高道悅墓誌	南朝宋爨龍顏碑		唐李君妻裴氏墓誌	武周殷平墓誌
唐等慈寺碑	北魏寇憑墓誌	北魏吊比干文			
武周崔嘉墓誌	北魏比丘尼慈香慧政造窟記	北魏山暉墓誌			

伊		伉		役 役	
北魏元羽墓誌	唐孫藏墓誌	北魏李元姜墓誌	唐崔渙墓誌	北魏元瞻墓誌	唐陶貢妻裴氏墓誌
北魏王遇墓誌		北魏元誘妻薛伯徽墓誌	唐李君妻張氏墓誌	隋元公墓誌	
北魏元暉墓誌		北魏宋靈妃墓誌	唐宋伯康墓誌	唐邠王細人高淑儉墓誌	
北魏元譓墓誌		隋張濤妻李氏墓誌		唐郭虛己墓誌	

北魏程暐墓誌

北魏元引墓誌

北魏元憚墓誌

北魏丘哲墓誌

東魏元朗墓誌

似

北魏元彦墓誌

明張美含暨妻楊氏墓誌

全

北魏元思墓誌

北魏王壽德墓誌

北魏元固墓誌

合

北魏元騰墓誌

企

北魏于景墓誌

佞

唐馬浩墓誌

何

北魏元暉墓誌

佐

北魏李伯欽墓誌

北魏崔敬邕墓誌

北魏寇憑墓誌

北魏元璨墓誌

東魏敬使君碑

攸

北魏元楨墓誌

北魏元演墓誌

北魏穆纂墓誌

北魏崔鴻墓誌

北魏蘇屯墓誌

北魏元悛墓誌

北魏穆紹墓誌

隋蘇慈墓誌

唐盧克乂墓誌

但

北魏石婉墓誌

北魏高道悅墓誌

唐崔蘇五墓誌

唐崔凝墓誌

作

北魏元飂妻王氏墓誌

北魏司馬顯姿墓誌

北魏李淑真墓誌

北魏元引墓誌

北魏李頤墓誌

北魏元斑墓誌

北魏慕容纂墓誌

東魏長孫冏墓碑

伯

北魏元龍墓誌

隋禽昌伯妻宇文氏墓誌

住

北魏封君妻長孫氏墓誌

佇

東魏敬使君碑

武周崔嘉墓誌

佛 伕

北魏牛橛造像記

北魏張元祖造像記

北周建德二年造像題記

北齊文殊般若經碑

唐多寶塔碑

後梁山可球造像記

余

北魏吊比干文

含

北魏吊比干文

北魏元弘嬪侯氏墓誌

北魏元騰墓誌

北魏元緦墓誌

北魏楊乾墓誌

北魏元文墓誌

唐崔沉墓誌

唐八关齋會報德記

唐盧士玫墓誌

後漢張逢墓誌

明張美含暨妻楊氏墓誌

佳

隋元惠墓誌

侍

北魏元定君墓誌

北魏元萇墓誌

北魏崔鴻墓誌

北魏元斑墓誌

北魏染華墓誌

北周拓拔昇墓誌

武周崔嘉墓誌

使

北魏元偃墓誌

北魏元緒墓誌

北魏寇演墓誌

北魏元天穆墓誌

唐張慶則墓誌

例

北魏乞伏寶墓誌

佪

北魏昝雙仁墓誌

東魏高湛墓誌

佩

北魏元纂墓誌

東魏敬使君碑

唐楊容微墓誌

依

北魏元演墓誌

北魏楊仲彥墓誌

侘

北魏吊比干文

侔

北魏元始和墓誌

北魏元祐墓誌

舍

東晋王建之墓誌

北魏李媛華墓誌

北魏元固墓誌

唐裴聞一墓誌

命

北魏元萇墓誌

北魏寇憑墓誌

北魏于仙姬墓誌

東魏崔鶺墓誌

東魏姬静墓誌

隋裴遺業墓誌

念

北魏韓顯宗墓誌

北魏元龍墓誌

北魏孫遼浮圖銘記

便

北魏宋虎墓誌

俓

北魏元倪墓誌

東魏崔混墓誌

東魏張略墓誌

唐李貞庶墓誌

修 脩

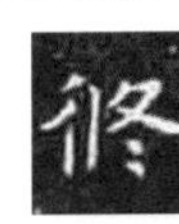
北魏元弼墓誌

北魏元羽墓誌

北魏昝雙仁墓誌

北魏崔鴻墓誌

東魏高湛墓誌

東魏張略墓誌

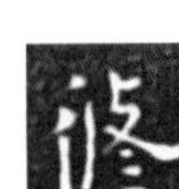
北齊高善德墓誌

唐郎官石柱記

唐陽君妻盧氏墓誌

唐崔君妻盧氏墓誌

唐齊鄱墓誌

俔

北魏高猛妻元瑛墓誌

保

東晋爨寶子碑

北魏趙光墓誌

北魏元固墓誌

東魏高湛墓誌

俜

北魏封魔奴墓誌

促	俄		侮	俆（徐）	俗
 北魏元龍墓誌	 北魏王紹墓誌	 隋宋胡墓誌	 北魏元固墓誌	 北魏山徽墓誌	 北魏元彥墓誌
 北魏元顯平妻王氏墓誌	 北魏楊璉墓誌	 隋蔡君妻張貴男墓誌	 唐陽玄基墓誌	 北魏元恭墓誌	 北魏穆亮妻尉太妃墓誌
 北周拓拔昇墓誌	 北魏元昭墓誌			 東魏崔鶣墓誌	 北魏元賄墓誌
	 北魏元固墓誌			 北周叱羅招男墓誌	 北魏元暐墓誌

	俛	侵		侯	
 北魏楊乾墓誌	 北魏張嬢墓誌	 北魏元詮墓誌	 隋王善來墓誌	 北魏元偃墓誌	 北魏寇臻墓誌
 明何際可墓誌	 唐崔涣墓誌	 北魏元懷墓誌	 北齊高善德墓誌	 北魏韓顯宗墓誌	 北魏高道悅墓誌
		 北魏元遥墓誌		 北魏高樹、解伯都等造像記	 北魏封君妻長孫氏墓誌
		 北魏元子永墓誌		 北魏元弘嬪侯氏墓誌	 北魏李媛華墓誌

俊（㑺）		俟			
北魏穆景胄墓誌	唐王琳墓誌	北魏元萇墓誌	唐崔弘載墓誌	隋鞏賓墓誌	北魏元誘妻薛伯徽墓誌
北魏元周安墓誌		北魏元暉墓誌	北宋郭朝威墓誌	隋宋文成墓誌	北魏元悌墓誌
隋高潭墓誌		北齊高建妻王氏墓誌	北宋趙仲伋墓誌	唐孫藏墓誌	北魏源延伯墓誌
隋寇遵考墓誌		隋楊紀墓誌		唐趙信福墓誌	北魏元恩墓誌

值	倩	俎	弇	俞	
北魏弔比干文	隋張業墓誌	北魏寇臻墓誌	隋賀拔毗沙墓誌	東魏崔鶣墓誌	隋張受暨妻李氏墓誌
北魏程暐墓誌		北魏王皓墓誌		隋楊紀墓誌	唐李景由墓誌
北魏王鍾兒墓誌		北魏程暐墓誌			唐張希進暨妻申屠氏墓誌
北魏劉根等造像記		唐李行止墓誌			唐齊鄶墓誌

（值）

東魏崔混墓誌

東魏姬静墓誌

北周王令猥造像碑

隋楊休墓誌

倚

北魏元祐墓誌

俳

北魏高猛墓誌

北魏昝雙仁墓誌

北魏崔鴻墓誌

東魏高湛墓誌

俶

北魏馮會墓誌

隋董美人墓誌

隋元統師墓誌

條

北魏吊比干文

北魏王紹墓誌

北魏元悛妻高英墓誌

北魏高道悅墓誌

北魏元暉墓誌

北魏王馥墓誌

東魏高婁斤墓誌

隋鄭譯墓誌

唐趙仁本墓誌

唐馬湛墓誌

唐裴向墓誌

倏

北魏于神恩墓誌

武周張思寶墓誌

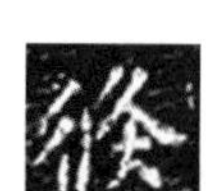
唐李珪墓誌

唐王全素妻李氏墓誌

脩 修

南朝宋爨龍顔碑

北魏吊比干文

北魏元定君墓誌

北魏元勰墓誌

北魏元倪墓誌

北魏李媛華墓誌

東魏閭詳墓誌

隋宋胡墓誌

隋蔡君妻張貴男墓誌

唐高力牧墓誌

唐崔立方妻李氏墓誌

唐李誠墓誌

元萬榮縣太趙村稷王廟舞廳石

俱

- 北魏元壽妃麴氏墓誌
- 北魏高道悦墓誌
- 北魏元舉（長融）墓誌

倮

- 北魏賀收墓誌

候

- 北魏元緒墓誌
- 北魏王壽德墓誌
- 北魏于纂墓誌
- 北魏元鑽遠墓誌
- 隋封子繪妻王楚英墓誌
- 隋于緯墓誌
- 武周屈突季札墓誌
- 唐豆盧軌墓誌
- 唐王端墓誌
- 唐吳璘墓誌
- 明孔彰墓誌
- 清王璹墓誌

倪

- 北魏元倪墓誌
- 北魏趙億墓誌
- 北齊穆延和等題記
- 隋張濤妻李氏墓誌

俾

- 北魏元彬墓誌
- 北魏封魔奴墓誌
- 北魏高猛妻元瑛墓誌
- 隋夏侯遷墓誌
- 唐崔涣墓誌
- 唐裴君妻盧氏墓誌
- 北宋龔德方墓誌

倫

- 北魏楊璉墓誌
- 北魏王馥墓誌
- 隋蘇慈墓誌

俻 備

- 北魏楊乾墓誌
- 北魏于神恩墓誌
- 北周拓拔昇墓誌
- 隋梁暄墓誌
- 隋張伏敬墓誌
- 唐陽君妻盧氏墓誌
- 唐李公素妻王氏墓誌

倅

- 唐李昂妻韋氏墓誌

倦 勌

隋蘇慈墓誌

健

明鄧益謙墓誌

倉

南朝宋爨龍顏碑

北魏元詳墓誌

北魏寇憑墓誌

北魏賀收墓誌

隋鞏賓墓誌

唐裴謂妻盧華墓誌

唐陳燭墓誌

北宋焦宗説墓誌

衾

北魏元鑒妃吐谷渾氏墓誌

偃

北魏元偃墓誌

北魏元羽墓誌

北魏崔敬邕墓誌

北魏侯剛墓誌

北魏王誦墓誌

隋李景亮墓誌

隋元公墓誌

武周崔玄泰墓誌

武周馬神威墓誌

唐崔紹妻盧氏墓誌

唐田進墓誌

偕

隋陳暉墓誌

偶

北魏王馥墓誌

唐封泰墓誌

倆

唐第五玄昱墓誌

偽

東魏高湛墓誌

偏 (徧)

武周裴敬道墓誌

唐陽君妻盧氏墓誌

假

北魏吊比干文

北魏元龍墓誌

北魏寇臻墓誌

北魏寇臻墓誌

北魏元緒墓誌

北魏元萇墓誌

北魏寇憑墓誌

北魏寇演墓誌

北魏元勰墓誌

北魏元譿墓誌

北魏任榮墓誌

北魏程暐墓誌

北魏李媛華墓誌

北魏公孫猗墓誌

北魏元愷墓誌

北魏崔鴻墓誌

北魏張玄墓誌

北魏元文墓誌

東魏高湛墓誌

東魏高湛墓誌

東魏高婁斤墓誌

偉

北魏元思墓誌

悆

北魏劉阿素墓誌

北魏元珽墓誌

貪

西魏劉阿倪提墓誌

北宋赫連瑨墓誌

傲

北魏元緒墓誌

唐梁式墓誌

唐王端墓誌

備 (俻)

北魏寇臻墓誌

北魏寇猛墓誌

北魏耿壽姬墓誌

北魏馮迎男墓誌

				傳	儁 俊
 北魏元謐墓誌	 隋賀若嵩墓誌	 唐辛謙墓誌	 唐蜀縣令崔君妻盧氏墓誌	 北魏元珽墓誌	 北魏寇憑墓誌
 北魏于神恩墓誌	 北齊高善德墓誌	 唐崔沉墓誌	 明金諒墓誌	 北魏元洛神墓誌	 北魏司馬顯姿墓誌
 北魏元周安墓誌	 隋陳遵墓誌	 唐姚彝墓誌	 明李順墓誌		 北魏李超墓誌
 隋安備墓誌	 唐伊闕佛龕碑	 唐嚴仁墓誌	 明王彧墓誌		

傒	傑				傍
 隋元公墓誌	 北魏寇憑墓誌	 隋源剛墓誌	 武周宋智亮墓誌	 唐薛鄭賓墓誌	 北魏趙光墓誌
	 北魏元謐墓誌	 隋鞏賓墓誌	 武周崔釋墓誌	 唐嚴觀墓誌	 唐王琳墓誌
	 北魏高猛妻元瑛墓誌	 隋李肅墓誌	 唐徐嶠墓誌	 唐八关齋會報德記	
	 北魏于神恩墓誌	 唐李譽墓誌	 唐陳晃墓誌	 北宋郭朝威墓誌	

舒

北魏吊比干文

北魏元緒墓誌

北魏元新成妃李氏墓誌

北魏源模墓誌

隋董美人墓誌

禽

東魏高婁斤墓誌

東魏元湛墓誌

隋禽昌伯妻宇文氏墓誌

隋元統師墓誌

唐等慈寺碑

唐裴君妻柳氏墓誌

僅

隋楊孝偡墓誌

隋張怦墓誌

唐牛公浦妻陳氏墓誌

唐楊乘墓誌

唐樊驤墓誌

傳

北魏塔基石函銘刻

北魏吊比干文

北魏趙謐墓誌

北魏元顯平妻王氏墓誌

北魏元廣墓誌

北魏李頤墓誌

隋裴覬墓誌

北宋錢譖妻向氏墓誌

傮

北魏元緒墓誌

傶

北魏元思墓誌

北魏元融妃穆氏墓誌

北魏司馬悅墓誌

北魏馮迎男墓誌

北魏高貞墓碑

北魏王誦墓誌

北魏元泰墓誌

北魏元文墓誌

北魏張寧墓誌

東魏元朗墓誌

隋梁瓌墓誌

傾

北魏寇臻墓誌
北魏元緒墓誌
北魏元演墓誌
北魏劉華仁墓誌
北魏穆景胄墓誌
隋董美人墓誌

傷

北魏吊比干文
北魏元始和墓誌
北魏元倂墓誌
北魏元光墓誌
北魏元祐墓誌
北魏李頣墓誌
北魏世宗宣武皇帝嬪李氏墓誌
北魏張玄墓誌
東魏崔混墓誌
北周寇嶠妻薛氏墓誌
隋董美人墓誌

像

北魏牛橛造像記
北魏始平公造像記
北魏鄭長猷造像記
北魏比丘惠感造像記
北魏比丘尼慈香慧政造窟記
北魏劉阿素墓誌
北魏劉華仁墓誌
北魏張猛龍碑
南朝梁陶遷造四面像
東魏杜文雍等十四人造四面佛記
隋高緊墓誌
唐超寂墓誌

傺

北魏吊比干文

傭

唐吕建墓誌

僇

北宋龔德方墓誌

傪

唐王端墓誌

愈

唐李毅墓誌

僉

北魏于神恩墓誌

北魏元泰墓誌

明郭文光墓誌

會

北魏吊比干文

北魏韓顯宗墓誌

北魏寇猛墓誌

北魏馮會墓誌

北魏元暉墓誌

北魏崔鴻墓誌

隋陳叔興墓誌

僰

唐蕭齡之墓誌

儆

唐崔蘇五墓誌

僊 仙

北魏楊範墓誌

僚

北魏寇憑墓誌

北魏寇演墓誌

北魏高貞墓碑

北魏緱光姬墓誌

北魏于神恩墓誌

北魏元信墓誌

東魏姬靜墓誌

隋蘇慈墓誌

僕

東晉王建之墓誌

北魏元弼墓誌

北魏奚智墓誌

北魏元詮墓誌

北魏元暉墓誌

北魏昝雙仁墓誌

西魏劉阿倪提墓誌

北周李稚華墓誌

隋韋君妻元咳女墓誌

唐趙爽墓誌

武周崔嘉墓誌

唐蕭君妻李氏墓誌

	僑	僧		價	仙 僊
 唐殷善徵墓誌	 隋楊孝偡墓誌	 北魏比丘惠感造像記	 北齊穆延和等題記	 北魏緱光姬墓誌	 北魏宋靈妃墓誌
 唐崔涣墓誌		 北魏楊範墓誌			 隋龍藏寺碑
 唐程綱墓誌		 北魏尹祥墓誌			 北齊高善德墓誌
		 東魏法儀六十人等造像記			 唐李貞庶墓誌

僶	儌	儉	儋	億	儀
 隋楊紀墓誌	 北魏比丘法生造像記	 北魏元新成妃李氏墓誌	 隋田保洛墓誌	 隋梁瓌墓誌	 東晉爨寶子碑
 唐徐浚墓誌		 北魏李淑真墓誌			 東晉爨寶子碑
		 明方母王氏墓誌			 北魏嵩高靈廟碑
		 明李權暨妻劉氏墓誌			 北魏塔基石函銘刻

東魏元玕墓誌

北魏于神恩墓誌

北魏高猛妻元瑛墓誌

北魏封君妻長孫氏墓誌

北魏元緒墓誌

北魏吊比干文

東魏法儀六十人等造像記

北魏王馥墓誌

北魏世宗宣武皇帝嬪李氏墓誌

北魏劉根等造像記

北魏元顯平妻王氏墓誌

北魏元楨墓誌

東魏元湛墓誌

北魏元子正墓誌

北魏崔鴻墓誌

北魏元義華墓誌

北魏李元姜墓誌

北魏趙謐墓誌

東魏閭詳墓誌

北魏源延伯墓誌

北魏元過仁墓誌

北魏元誘妻薛伯徽墓誌

北魏羅宗墓誌

北魏李伯欽墓誌

儒

北魏張猛龍碑

北魏張問墓誌

東魏高湛墓誌

武周殷平墓誌

北魏韓顯宗墓誌

北魏元顯儁墓誌

北魏楊璉墓誌

北魏劉阿素墓誌

儔

唐嚴仁墓誌

唐王端墓誌

北魏昝雙仁墓誌

隋張喬墓誌

隋元公墓誌

唐魚本墓誌

隋董美人墓誌

隋禽昌伯妻宇文氏墓誌

隋楊紀墓誌

東魏元澄妃馮令華墓誌

北齊河清三年造像記

北齊王惠顒廿人等造像記

隋李君妻祖氏墓誌

唐孫欽墓誌

僢 舛

北魏元新成妃李氏墓誌

儕

北魏張猛龍碑

舘

唐盧季方妻鄭氏墓誌

北宋焦宗説墓誌

明牛世威墓誌

劒

北魏元緒墓誌

北魏高道悦墓誌

北魏楊璉墓誌

北魏元子正墓誌

北魏乞伏寶墓誌

隋宋文成墓誌

武周殷平墓誌

唐陳阿胡墓誌

唐韋豫墓誌

優

北魏緱光姬墓誌

隋姚太暨妻袁氏墓誌

儢

北魏吊比干文

儲

北魏高道悦墓誌

東魏間詳墓誌

儦

北魏元思墓誌

北魏元瑛墓誌

北魏劉根等造像記

北魏高猛妻元瑛墓誌

隋銜聞墓誌

隋獨孤儉墓誌

儻		儼	儷	⿰亻蹇	儭
 隋董美人墓誌	 唐陳尚仙墓誌  北宋張曙墓誌	 北魏吊比干文  北魏公孫猗墓誌  東魏元湛墓誌  隋蔡君妻張貴男墓誌	 北魏元誘妻薛伯徽墓誌  隋鞏賓墓誌	 隋張芳墓誌	 北魏馮迎男墓誌

匈	句	匆		⿰糸翟	龕
 東魏崔混墓誌	 北魏王馥墓誌	 東晉爨寶子碑	**勹部**	 唐崔日新墓誌	 北魏韓曳雲等造像記  隋鞏賓墓誌

甸

北魏侯掌墓誌

芻

唐宋伯康墓誌

儿部

先

北魏崔承宗等造像記

北魏元彬墓誌

北魏李淑真墓誌

東魏成休祖造像記

東魏王偃墓誌

唐李行淹墓誌

兆

北魏元定君墓誌

北魏楊恩墓誌

北魏何伯超墓誌

北魏寇演墓誌

北魏寇演墓誌

北魏楊胤季女墓誌

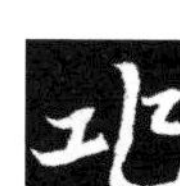
北魏元遥妻梁氏墓誌

北魏胡明相墓誌

北魏丘哲墓誌

北魏張玄墓誌

東魏敬使君碑

隋王昌暨妻薛氏墓誌

隋楊紀墓誌

隋李静訓墓誌

隋劉世恭墓誌

隋高瞿墓誌

唐等慈寺碑

唐崔涣墓誌

唐陶貢妻裴氏墓誌

唐王全素妻李氏墓誌

兜

北魏元昭墓誌

匕部

匕

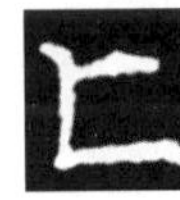
隋蔡君妻張貴男墓誌

北

北魏吊比干文

北魏吊比干文

北魏元詮墓誌

北魏寇憑墓誌

北魏寇演墓誌

北魏元勰墓誌

北魏李頤墓誌

東魏姬静墓誌

隋蕭球墓誌

旨

北魏太妃侯造像記

北魏耿壽姬墓誌

北魏于仙姬墓誌

東魏元湛墓誌

東魏杜文雍等十四人造四面佛記

明趙珙暨妻甄氏墓誌

皀

北魏元懌墓誌

北魏元暐墓誌

唐等慈寺碑

頃

北魏王皓墓誌

北魏元昭墓誌

北魏高猛妻元瑛墓誌

北魏元恭墓誌

北宋姚奭妻米氏墓誌

疑

北魏吊比干文

北魏元弼墓誌

北魏王壽德墓誌

唐徐浚墓誌

唐韋微妻裴氏墓誌

明郭文光墓誌

冀 (兾)

北魏韓顯宗墓誌

東魏元湛墓誌

几（几）部

凡 (九)

北魏魏靈藏等造像記

北魏寇臻墓誌

北魏王誦墓誌

唐張具瞻妻韋氏墓誌

夙

北魏元思墓誌

北魏元緒墓誌

北魏司馬紹墓誌

北魏元演墓誌

北魏元彥墓誌

北魏元萇墓誌

北魏高道悅墓誌

北魏寇演墓誌

北魏元暉墓誌

北魏元緦墓誌

北魏穆景冑墓誌

北魏元子永墓誌

北魏元禮之墓誌

北周寇嶠妻薛氏墓誌

隋李叔蘭墓誌

隋宫人何氏墓誌

唐等慈寺碑

唐董禮墓誌

唐崔弘載墓誌

咒

唐等慈寺碑

凭 (凴)

北魏張正子父母鎮墓石

凱

北魏秦洪墓誌

鳳

東晉爨寶子碑

北魏元羽墓誌

北魏元緒墓誌

隋董美人墓誌

隋張子明墓誌

隋元公墓誌

唐魏基妻王淑墓誌

武周崔嘉墓誌

唐郎官石柱記

亠部

亡 亾

北魏吊比干文

北魏比丘惠感造像記

北魏高貞墓碑

北魏鞠彥雲墓誌

北魏路敬賓造像記

北魏路敬賓造像記

北周邵道生造像記

隋秦僧迦墓誌

唐泉男生墓誌

武周裴敬道墓誌

唐宋祐墓誌

唐執失善光墓誌

唐何彥則妻劉五兒墓誌

唐薛鄭賓墓誌

卞

北魏元舉（長融）墓誌

六

隋陳暉墓誌

亢

北魏司馬悅墓誌

北魏程暐墓誌

北魏于神恩墓誌

隋封子繪妻王楚英墓誌

唐桓思貞墓誌

主

北周建德二年造像題記

隋楊紀墓誌

市

北魏元懷墓誌

北魏高廣墓誌

玄

東晉爨寶子碑

北魏李瞻墓誌

北魏程暐墓誌

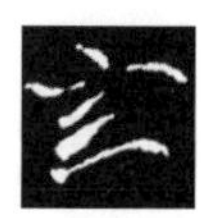
東魏崔鶣墓誌

亦

北魏韓顯宗墓誌

北魏元龍墓誌

北魏元鑒墓誌

北魏元顯儁墓誌

北魏何伯超墓誌

北魏寇演墓誌

北魏封君妻長孫氏墓誌

北魏元謐墓誌

北魏元誘妻薛伯徽墓誌

北魏元洛神墓誌

東魏崔混墓誌

隋楊异墓誌

隋楊孝偡墓誌

隋李叔蘭墓誌

唐袁齊墓誌

唐袁齊墓誌

交

隋蕭妙瑜墓誌

唐房承先妻吴氏墓誌

亥

東晉王建之墓誌

北魏元偃墓誌

北魏元思墓誌

北魏昝雙仁墓誌

隋蘇慈墓誌

北宋苻彥琳墓誌

明鄧益謙墓誌

充

北魏世宗宣武皇帝嬪李氏墓誌

唐麻氏墓誌

唐李睿墓誌

唐封泰墓誌

唐鄭魴墓誌

北宋孫漢筠墓誌

亨

北魏元暉墓誌

北魏王悦墓誌

享

北魏寇演墓誌

北魏李頤墓誌

東魏姬静墓誌

唐周孟瑶墓誌

夜

北魏吊比干文

北魏楊大眼造像記

北魏楊璉墓誌

北魏李淑真墓誌

北魏王壽德墓誌

北魏于仙姬墓誌

北魏元玘墓誌

唐嚴觀墓誌

卒

北魏吊比干文

北魏李伯欽墓誌

北魏元誘妻馮氏墓誌

北魏辛祥妻李慶容墓誌

魏安樂王第三子給事君妻韓氏墓誌

北魏王皓墓誌

北魏于神恩墓誌

北魏元愔墓誌

東魏張略墓誌

北周寇嶠妻薛氏墓誌

隋宫人李氏墓誌

武周李知本墓誌

究

唐劉略墓誌

北魏奚智墓誌

北魏李瞻墓誌

北魏寇演墓誌

北魏于纂墓誌

東魏元鷙妃公孫甑生墓誌

東魏閭詳墓誌

泯

東晉爨寶子碑

北魏元楨墓誌

北魏刁遵墓誌

北魏元謐墓誌

北魏于纂（岐州刺史）墓誌

唐吕建墓誌

京

北魏韓顯宗墓誌

北魏元緒墓誌

北魏高道悦墓誌

東魏高湛墓誌

哀

唐睿宗妃王芳媚墓誌

北魏吊比干文

北魏元澄妃李氏墓誌

北魏元始和墓誌

北魏元嵩墓誌

北魏元詮墓誌

北魏元演墓誌

北魏寇憑墓誌

北魏元暐墓誌

北魏元舉（景昇）墓誌

北魏陸紹墓誌

東魏崔混墓誌

東魏元湛墓誌

東魏杜文雍等十四人造四面佛記

亭

北魏元崇業墓誌

亮

北魏元壽妃麴氏墓誌

北魏高道悅墓誌

北魏和邃墓誌

衰

北魏李伯欽墓誌

北魏丘哲墓誌

唐蕭知義墓誌

唐康昭墓誌

唐崔林妻李氏墓誌

北宋張子立妻楊氏墓誌

明魏妙玉墓誌

畝

北魏王皓墓誌

唐鄭魴墓誌

明張美含暨妻楊氏墓誌

衷

北魏元楨墓誌

北魏趙光墓誌

北魏元懌墓誌

西魏元欽墓誌

唐吴璘墓誌

衮

北魏元弼墓誌

北魏元羽墓誌

北魏元詳墓誌

北魏元廣墓誌

北魏元勰墓誌

北魏侯愔墓誌

北魏元誨墓誌

北魏穆紹墓誌

東魏崔鴻妻張玉憐墓誌

東魏崔混墓誌

隋楊异墓誌

隋韋君妻元咳女墓誌

孰

北魏李淑真墓誌

烹

唐常君墓誌

衺 袟

北魏元子正墓誌

西魏元欽墓誌

北魏元鑽遠墓誌

袞

北魏崔鴻墓誌

商

北魏吊比干文

北魏趙謐墓誌

北魏高道悅墓誌

北魏韓玫墓誌

北齊裴良墓誌

隋宋胡墓誌

北宋舒氏冢婦李氏墓誌

旇

唐孟買墓誌

率

北魏程暐墓誌

北魏元暐墓誌

北魏韓顯祖等造像記

東魏閭詳墓誌

唐董收墓誌

就

- 東漢蒼山畫像石題記
- 東晉司馬芳殘碑
- 南朝宋爨龍顏碑
- 北魏吊比干文
- 北魏元祥造像記
- 北魏元緒墓誌
- 北魏劉華仁墓誌
- 北魏崔鴻墓誌
- 北魏元文墓誌
- 北魏韓顯祖等造像記
- 東魏郭肇墓誌
- 隋龍藏寺碑
- 隋張子明墓誌
- 武周李准墓誌
- 唐田思順妻李氏墓誌
- 唐張具瞻墓誌
- 唐李再誠墓誌
- 北宋王彭墓誌
- 明張美含暨妻楊氏墓誌

棄 乘

- 東魏公孫略墓誌

棄

- 北魏吊比干文
- 北魏楊恩墓誌
- 北魏高照容墓誌
- 北魏馮迎男墓誌
- 北魏陸紹墓誌
- 東魏元寶建墓誌
- 北周乙弗紹墓誌
- 隋安備墓誌
- 隋張芳墓誌
- 唐邠王細人高淑儉墓誌
- 唐張涓妻李氏墓誌

裹 里

- 隋張伏敬墓誌
- 唐王全素墓誌

稟

- 東晉爨寶子碑
- 北魏元簡墓誌
- 北魏元彬墓誌
- 北魏元弘嬪侯氏墓誌
- 北魏元龍墓誌
- 北魏石婉墓誌
- 北魏李元姜墓誌
- 北魏元演墓誌

東魏高湛墓誌	北魏元泰墓誌	北魏劉華仁墓誌	北魏楊璉墓誌	北魏元新成妃李氏墓誌	北魏王普賢墓誌
東魏敬使君碑	北魏張玄墓誌	北魏韓玫墓誌	北魏元暉墓誌	北魏高道悅墓誌	北魏馮會墓誌
東魏張略墓誌	北魏韓震墓誌	北魏元誘妻薛伯徽墓誌	北魏趙光墓誌	北魏寇憑墓誌	北魏吴光墓誌
東魏元湛墓誌	北魏元恭墓誌	北魏元昉墓誌	北魏封君妻長孫氏墓誌	北魏寇演墓誌	北魏吐谷渾璣墓誌

稟	亶				
北魏李媛華墓誌	北魏弔比干文	唐化度寺塔銘	隋段摸墓誌	隋田保洛墓誌	隋孫高墓誌
北魏元暐墓誌	隋元統師墓誌	唐李景由墓誌	隋高緊墓誌	隋蘇慈墓誌	隋寇熾妻姜敬親墓誌
東魏元玕墓誌	唐盧克乂墓誌	唐牛子珍妻趙氏墓誌	隋張子明墓誌	隋楊孝偡墓誌	隋吴素暨妻樊氏墓誌
隋鞏賓墓誌		唐八关齋會報德記	隋裴通墓誌	隋張芳墓誌	隋楊景墓誌

隋張通墓誌

唐孟買墓誌

唐徐師墓誌

雍 雝

東晉爨寶子碑

北魏元定君墓誌

北魏元澄妃李氏墓誌

北魏寇臻墓誌

北魏高宗嬪耿氏墓誌

北魏高道悅墓誌

北魏寇憑墓誌

北魏寇演墓誌

東魏李玄墓誌

東魏杜文雍等十四人造四面佛記

隋李叔蘭墓誌

隋張業墓誌

唐董收墓誌

武周裴敬道墓誌

北宋龔德方墓誌

豪

北魏魏靈藏等造像記

東魏崔鷫墓誌

唐李員墓誌

唐朱令節墓誌

膏

北魏元昭墓誌

北魏元洛神墓誌

北魏元悌墓誌

北魏元項墓誌

唐吕建墓誌

褎

北魏楊璉墓誌

北魏元隱墓誌

北魏元舉（長融）墓誌

北魏宋靈妃墓誌

隋宋文成墓誌

褒

東魏元朗墓誌

唐盧季方妻鄭氏墓誌

褭

北魏韓玫墓誌

襄

北魏辛祥妻李慶容墓誌

北魏王昌墓誌

北魏元萇墓誌

北魏尹祥墓誌

北魏乞伏寶墓誌

東魏崔混墓誌

東魏高湛墓誌

北周寇熾墓誌

唐李君妻張氏墓誌

北宋張氏墓誌

亹 亹

北魏元暉墓誌

唐等慈寺碑

武周崔嘉墓誌

冫部

冰 氷

北魏楊乾墓誌

次

北魏李瞻墓誌

北魏王皓墓誌

北魏寇演墓誌

北魏程暐墓誌

北魏韓震墓誌

東魏法儀六十人等造像記

北齊王惠顒廿人等造像記

北齊逢哲墓誌

唐雁塔圣教序

唐開成石經

決 决

北魏元邵墓誌

冷

北魏寇憑墓誌

唐樊驤墓誌

治

隋董美人墓誌

涼

涼

唐来景暉妻蕭大通墓誌

馮

北魏寇演墓誌

北魏寇憑墓誌

北魏李媛華墓誌

北魏元憙墓誌

北魏寇治墓誌

凜

北魏李淑真墓誌

北宋舒氏冢婦李氏墓誌

凝

北魏吊比干文

北魏元楨墓誌

北魏元始和墓誌

魏安樂王第三子給事君妻韓氏墓誌

北魏王皓墓誌

北魏元新成妃李氏墓誌

北魏寇演墓誌

北魏程暐墓誌

北魏元纂墓誌

北魏元子正墓誌

北魏源模墓誌

東魏高湛墓誌

東魏間詳墓誌

隋楊异墓誌

隋田保洛墓誌

唐董士墓誌

唐韋某妻賈氏玄堂誌

冖部

宜

北魏元弘嬪侯氏墓誌

北魏石婉墓誌

北魏司馬昞墓誌

冠

北魏韓顯宗墓誌

北魏元始和墓誌

北魏寇臻墓誌

北魏元思墓誌

軍

南朝宋爨龍顏碑	唐李貞庶墓誌	隋皇甫忍墓誌	西魏元欽墓誌	北魏緱光姬墓誌	北魏李瞻墓誌
北魏楊恩墓誌	唐李收墓誌	隋韋壽墓誌	北魏長孫季墓誌	北魏楊乾墓誌	北魏元緦墓誌
北魏王皓墓誌	唐裴向墓誌	隋解方保墓誌	東魏姬静墓誌	北魏寇偘墓誌	北魏鞠彦雲墓誌
北魏寇演墓誌		唐牛藝墓誌	東魏郭肇墓誌	北魏元略墓誌	北魏李媛華墓誌

冦 寇

北周梁嗣鼎墓誌	北魏赫連悦墓誌	北魏寇演墓誌	北魏元龍墓誌	北周李雄墓誌	北魏封君妻長孫氏墓誌
北宋孫漢筠墓誌	北魏元天穆墓誌	北魏程暐墓誌	北魏寇猛墓誌		北魏孟元華墓誌
明孔彰墓誌	東魏張略墓誌	北魏元隱墓誌	北魏元詮墓誌		北魏李媛華墓誌
	北周寇熾墓誌	北魏元懌墓誌	北魏寇憑墓誌		北魏崔鴻墓誌

冢

北魏李璨蘭墓誌

武周高足酋墓誌

北宋舒氏冢婦李氏墓誌

冥 （寘）

北魏崔鴻墓誌

唐嚴觀墓誌

冨 （富）

北魏何伯超墓誌

北魏元瓚墓誌

隋賀若嵩墓誌

唐陽君妻盧氏墓誌

冩 （寫）

北魏吊比干文

北魏李瞻墓誌

北魏王紹墓誌

北魏鞠彦雲墓誌

北魏楊乾墓誌

北魏元略墓誌

東魏敬使君碑

東魏張瓊墓誌

唐封泰墓誌

唐裴向墓誌

凵部

凶

唐邠王細人高淑儉墓誌

凷 （塊）

唐崔涣墓誌

唐宋伯康墓誌

函

隋寇奉叔墓誌

明張調元墓誌

卩（㔾）部

印

北齊劉雙仁墓誌

唐陳尚仙墓誌

卯（丣 戼）

北魏元簡墓誌

北魏元彬墓誌

北魏元保洛墓誌

魏孟敬訓墓誌

北魏程暐墓誌

北魏元悛墓誌

東魏法儀六十人等造像記

隋董美人墓誌

隋蘇慈墓誌

明郭文光墓誌

危

北魏吊比干文

北魏元昭墓誌

北魏元暐墓誌

北周韋彪墓誌

唐鄭魴墓誌

明鄧益謙墓誌

刦

明張鏜墓誌

即

北魏元始和墓誌

北魏劉阿素墓誌

北魏孟元華墓誌

東魏李顯族造像碑

東魏閭詳墓誌

隋韋壽墓誌

唐胡恪暨妻張氏墓誌

明王汝卿暨妻胡氏墓誌

卷

北魏吊比干文

北魏元楨墓誌

北魏馮迎男墓誌

北魏元鑒妃吐谷渾氏墓誌

東魏閭詳墓誌

隋董美人墓誌

卺

唐臧君妻叱李氏墓誌

卸

唐程綱墓誌

卿

北魏寇猛墓誌

北魏元詮墓誌

北魏元萇墓誌

東魏長孫冏墓碑

東魏元凝妃陸順華墓誌

隋翬賓墓誌

隋蘇慈墓誌

隋姚太暨妻袁氏墓誌

唐唐河上墓誌

唐郎官石柱記

唐王全素妻李氏墓誌

明鄧鶴母王氏墓誌

刀(刂⺈)部

刃

東晉爨寶子碑

北魏元暉墓誌

切

北魏塔基石函銘刻

北魏牛橛造像記

北魏劉根等造像記

北魏崔鴻墓誌

北魏于景墓誌

南朝梁陶遷造四面像

東魏杜文雍等十四人造四面佛記

北齊王惠顒廿人等造像記

刈

北魏昝雙仁墓誌

刊

北魏元光墓誌

北魏李頤墓誌

召

北魏吊比干文

北魏皮演墓誌

北魏染華墓誌

北魏元過仁墓誌

東魏張略墓誌

北周崔宣靖墓誌

争 (爭)

北魏韓玫墓誌

隋翬賓墓誌

唐李潜墓誌

刺 刺	刧	判	删	免	別
 北魏元引墓誌	 東魏敬使君碑	 隋蘇慈墓誌	 北魏趙光墓誌	 東魏崔混墓誌	 東晉爨寶子碑
 北魏元昭墓誌		 唐張慶則墓誌	 隋楊孝偡墓誌	 唐楊雲墓誌	 北魏楊範墓誌
 北魏緱光姬墓誌					 北魏寇演墓誌
 北魏寇偘墓誌					 北魏王馥墓誌

製 制			刺 剌	刳	
 北魏元偃墓誌	 北魏張玄墓誌	 北魏元詮墓誌	 南朝宋爨龍顔碑	 唐等慈寺碑	 東魏元鷙妃公孫甑生墓誌
 北魏元偃墓誌	 隋□静墓誌	 北魏封君妻長孫氏墓誌	 北魏元彬墓誌		 唐趙仁本墓誌
 北魏元偃墓誌		 北魏元洛神墓誌	 北魏元羽墓誌		
 北魏寇憑墓誌		 北魏元廞墓誌	 北魏寇臻墓誌		

（制）	剎	刻	券	刷	剋（克 剋）
武周崔嘉墓誌	東魏敬使君碑	東晉王建之墓誌	北魏元昭墓誌	唐李思悊墓誌	北魏元祥造像記
北宋郭朝威墓誌		北魏元略墓誌			北魏元孟輝墓誌
		北齊裴良墓誌			北魏內司楊氏墓誌
		唐烏元守墓誌			北魏張猛龍碑

負	剛	（剛）	（剛）	（剛）	胥
北魏吊比干文	北魏吊比干文	北魏元賄墓誌	北齊路衆暨妻潘氏墓誌	唐辛廣墓誌	唐李收墓誌
北魏高道悅墓誌	北魏元思墓誌	北魏劉根等造像記	隋來和墓誌	明趙珙暨妻甄氏墓誌	
北魏高珪墓誌	北魏元嵩墓誌	北魏寇宵墓誌	唐李君妻龐氏墓誌		
唐来景暉妻蕭大通墓誌	北魏元廣墓誌	東魏張略墓誌	唐楊雲墓誌		

創（刱）

北魏塔基石函銘刻

剪

北魏丘哲墓誌

象

北周張子開造像記

唐楊行表墓誌

唐姚彝墓誌

唐郎官石柱記

東魏高盛墓碑

東魏崔混墓誌

東魏高湛墓誌

北周李雄墓誌

北魏吊比干文

北魏封君妻長孫氏墓誌

北魏元暐墓誌

北魏元鑽遠墓誌

副

北魏高樹、解伯都等造像記

北魏崔敬邕墓誌

北魏元壽安墓誌

隋王香仁墓誌

割

北魏寇憑墓誌

北魏元昭墓誌

北魏于景墓誌

北魏元譚墓誌

唐張運才墓誌

剸

唐劉略墓誌

剽

北魏元天穆墓誌

詹

北魏元寶月墓誌

北魏王悅墓誌

唐馬湛墓誌

唐盧侣墓誌

麁

唐裴君妻盧氏墓誌

㚏

北魏元泰墓誌

唐鄧師墓誌

唐裴濛墓誌

劌

北魏李劌墓誌

劇

北魏何伯超墓誌

魏元延明墓誌

隋張喬墓誌

劉

東晉王建之墓誌

東晉爨寶子碑

北魏元新成妃李氏墓誌

北魏楊璉墓誌

北魏劉阿素墓誌

北魏劉阿素墓誌

北魏劉華仁墓誌

北魏劉根等造像記

北魏劉根等造像記

北魏劉根等造像記

北魏元纂墓誌

北魏封君妻長孫氏墓誌

北魏赫連悅墓誌

北魏韓顯祖等造像記

北魏劉賢墓誌

東魏李挺墓誌

隋安備墓誌

隋陳暉墓誌

隋孟孝敏妻劉氏墓誌

唐尉遲敬德墓誌

唐孫藏墓誌

北宋武珣墓誌

北宋劉君墓誌

豫

北魏元龍墓誌

北魏元詳墓誌

北魏寇演墓誌

北魏司馬顯姿墓誌

北魏李媛華墓誌

北魏李頤墓誌

北魏元斑墓誌

北魏元斑墓誌

北魏元子永墓誌

東魏崔混墓誌

東魏姬静墓誌

隋梁瓌墓誌

助

北魏比丘法生造像記

北魏李媛華墓誌

北魏崔鴻墓誌

東魏元澄妃馮令華墓誌

力部

釁

北周寇熾墓誌

北宋張氏墓誌

㲋

北魏李媛華墓誌

賴

北魏封君妻長孫氏墓誌

北魏張猛龍碑

北魏元暐墓誌

唐何彦則墓誌

唐房承先妻吳氏墓誌

勃

北魏寇猛墓誌

北魏元緒墓誌

北魏元光墓誌

北魏耿壽姬墓誌

劾

北魏高道悦墓誌

北魏李超墓誌

唐何昌浩墓誌

勁 劲

北魏楊璉墓誌

隋源剛墓誌

劭

北魏高道悦墓誌

唐皇甫文房墓誌

劬

北魏元暉墓誌

隋韓智墓誌

隋宋文成墓誌

明蔡成蘭母趙氏墓誌

清張建邦墓誌

勁 劲

北魏李瑮蘭墓誌

北魏封魔奴墓誌

北魏陸紹墓誌

魏王悅暨妻郭氏墓誌

東魏高湛墓誌

東魏敬使君碑

唐徐師墓誌

北魏王馥墓誌

唐孟買墓誌

唐董收墓誌

唐盧重墓誌

勉

北魏張整墓誌

北魏寇憑墓誌

北魏楊瑾墓誌

北魏內司楊氏墓誌

北魏寇治墓誌

北魏寇偘墓誌

北魏蘇屯墓誌

魏佚名墓誌

東魏敬使君碑

勇

北魏吊比干文

北魏楊瑾墓誌

隋梁坦墓誌

隋張伏敬墓誌

唐王行通墓誌

唐李行淹墓誌

唐烏元守墓誌

明王汝卿暨妻胡氏墓誌

明鮑朴庵暨妻呂氏墓誌

勑

北魏元詮墓誌

北魏元瑹墓誌

勍

北魏高樹、解伯都等造像記

勌 倦

明趙珙暨妻甄氏墓誌

動

北魏太覺造像

魏孟敬訓墓誌

勞

北魏劉阿素墓誌

隋李椿妻劉琬華墓誌

勢

北魏元昭墓誌

北魏劉玉墓誌

北魏元瞻墓誌

東魏高湛墓誌

北齊張思文造像記

隋衙聞墓誌

唐石獎墓誌

勤

北魏李頤墓誌

東魏張瓊墓誌

隋李静訓墓誌

隋梁瓌墓誌

隋口徹墓誌

唐等慈寺碑

唐朱令節墓誌

唐来景暉墓誌

唐来景暉妻蕭大通墓誌

唐程綱墓誌

明豐儉母白氏墓誌

勠

北魏乞伏寶墓誌

東魏張瓊墓誌

唐王伯禮妻丘法主墓誌

唐張質墓誌

勰

北魏元勰墓誌

隋孫高墓誌

勵

北魏元珽妻穆玉容墓誌

北魏于纂墓誌

勳

北魏元彬墓誌

北魏元定君墓誌

北魏張整墓誌

北魏寇臻墓誌

北魏元緒墓誌

北魏寇憑墓誌

北魏楊璉墓誌

北魏李媛華墓誌

東魏王偃墓誌

隋賀若嵩墓誌

唐牛藝墓誌

勸

北魏楊璉墓誌

北魏劉根等造像記

隋龍藏寺碑

隋張怦墓誌

勷

明許室人李氏墓誌

又部

又

北魏席盛墓誌

友

南朝宋爨龍顏碑

北魏元緒墓誌

北魏元緒墓誌

北魏寇憑墓誌

北魏程暐墓誌

北魏緱光姬墓誌

北魏李頤墓誌

北魏于神恩墓誌

北魏元子正墓誌

北魏王悅墓誌

東魏崔混墓誌

東魏閭詳墓誌

唐盧倕妻鄭氏墓誌

叔

南朝宋爨龍顏碑

北魏元簡墓誌

北魏元簡墓誌

北魏元彬墓誌

北魏寇憑墓誌

北魏元倪墓誌

唐魚本墓誌

唐康昭墓誌

唐裴咸墓誌

受

北魏吊比干文

北魏元暐墓誌

北魏元珽墓誌

隋宋文成墓誌

隋元公墓誌

叙（敍 敘）

北魏吊比干文

北魏元過仁墓誌

叡

魏孟敬訓墓誌

北魏吐谷渾璣墓誌

北魏元進墓誌

北魏元懷墓誌

北魏寇演墓誌

北魏劉華仁墓誌

北魏元昭墓誌

北魏元焕墓誌

北魏穆景冑墓誌

北魏元周安墓誌

北魏源模墓誌

北周寇嶠妻薛氏墓誌

隋楊君妻吴女英墓誌

隋那提墓誌

唐李員墓誌

唐楊徹墓誌

唐李行淹墓誌

燮

北魏元引墓誌

北魏崔鴻墓誌

北魏于景墓誌

西魏元欽墓誌

北魏邢巒妻元純陀墓誌

北魏爾朱紹墓誌

唐齊鄌墓誌

雙

北魏昝雙仁墓誌

隋元智妻姬氏墓誌

唐薛鄭賓墓誌

唐裴諝妻盧華墓誌

唐汜愔妻張氏墓誌

明王璋暨妻李氏墓誌

厶部

允

北魏元龍墓誌

北魏高猛妻元瑛墓誌

隋張業墓誌

唐王美暢墓誌

唐盧元福墓誌

唐陳燭墓誌

牟

北魏楊䁖墓誌

東魏王僧墓誌

東魏崔混墓誌

隋梁瓌墓誌

矣

北魏元詮墓誌

北魏穆纂墓誌

北魏封君妻長孫氏墓誌

北魏元洛神墓誌

東魏高湛墓誌

隋蘇慈墓誌

隋李世洛墓誌

負

北魏元詮墓誌

梟

北魏高猛妻元瑛墓誌

北魏元洛神墓誌

能

北魏元弘嬪侯氏墓誌

北魏元緒墓誌

北魏楊乾墓誌

東魏高湛墓誌

北齊高善德墓誌

唐朱令節墓誌

參 叅

北魏張問墓誌

叅 參

北魏王紹墓誌

北魏元彦墓誌

北魏寇演墓誌

北魏丘哲妻鮮于仲兒墓誌

北周寇熾墓誌
唐郎官石柱記
唐崔逢墓誌
唐孟珏墓誌

廷

北魏何伯超墓誌
北魏刁遵墓誌
北魏元暐墓誌
北魏張猛龍碑

廴部

唐李收墓誌

隋鞏賓墓誌
隋元惠墓誌
武周屈突季札墓誌
唐蘇君妻裴氏墓誌

北魏元信墓誌
東魏崔混墓誌
東魏郭肇墓誌
隋宋胡墓誌

延

唐陳旻墓誌
唐張朝清墓誌

北齊穆延和等題記
隋張業墓誌
唐等慈寺碑
唐衛璟墓誌

北魏崔鴻墓誌
北魏李彰墓誌
西魏劉阿倪提墓誌
東魏元湛墓誌

北魏何伯超墓誌
北魏元萇墓誌
北魏元暉墓誌
北魏李媛華墓誌

北魏李蕤墓誌
北魏寇猛墓誌
北魏元顯平妻王氏墓誌
北魏李元姜墓誌

北魏張正子父母鎮墓石
北魏塔基石函銘刻
北魏元偃墓誌
北魏元澄妃李氏墓誌

迺 乃

北魏韓顯宗墓誌

北魏元引墓誌

北魏元謐墓誌

北魏崔鴻墓誌

東魏李挺命婦元季聰墓誌

建

東晋爨寶子碑

南朝宋爨龍顏碑

北魏塔基石函銘刻

北魏吊比干文

北魏韓顯宗墓誌

北魏元始和墓誌

北魏寇臻墓誌

北魏寇猛墓誌

北魏何伯超墓誌

北魏元萇墓誌

北魏皮演墓誌

北魏楊㺶墓誌

北魏元騰墓誌

北魏羅宗墓誌

北魏封君妻長孫氏墓誌

北魏劉滋墓誌

北魏封魔奴墓誌

北魏元謐墓誌

北魏李媛華墓誌

北魏王馥墓誌

北魏元子正墓誌

北魏張玄墓誌

隋史射勿墓誌

隋張衡墓誌

唐袁齊墓誌

三畫

干部

平

北魏元定君墓誌

北魏元定君墓誌

北魏寇臻墓誌

北魏寇猛墓誌

北魏楊範墓誌

北魏元詮墓誌

北魏何伯超墓誌

北魏高道悅墓誌

北魏元祐墓誌

北魏楊仲彥墓誌

北魏李略墓誌

武周裴敬道墓誌

唐李貞庶墓誌

罕

北魏元倪墓誌

北魏緱光姬墓誌

北魏李超墓誌

隋來和墓誌

唐雁塔圣教序

奸

北周乙弗紹墓誌

隋梁瓌墓誌

唐崔逢墓誌

工部

巧

北魏內司楊氏墓誌

東魏趙君妻姜氏墓誌

唐申公妻竇氏墓誌

邛

武周崔玄泰墓誌

唐王澈墓誌

功

- 北魏元詮墓誌
- 北魏崔敬邕墓誌
- 北魏楊瑾墓誌
- 北魏張孃墓誌
- 唐蒞氏墓誌
- 唐魯軌墓誌
- 唐陶貢妻裴氏墓誌

左

- 北魏王普賢墓誌
- 北魏高道悅墓誌
- 北魏司馬昞墓誌
- 北魏封君妻長孫氏墓誌
- 北魏崔鴻墓誌
- 北魏元珽墓誌
- 北魏源模墓誌
- 唐李行止墓誌
- 唐皇甫敖墓誌

攻

- 北魏元天穆墓誌

巫

- 東魏元湛妃王令媛墓誌
- 隋元叡妻張摩子墓誌
- 唐裴咸墓誌

貢

- 唐李潛墓誌

土（士）部

圡

- 北魏張正子父母鎮墓石
- 北魏元譚墓誌
- 東魏張略墓誌
- 唐牛子珍妻趙氏墓誌

去

- 北齊文殊般若經碑
- 唐徐嶠墓誌

寺

- 北魏李伯欽墓誌
- 隋皇甫紘墓誌

	在		地	圮	吉
 北魏元暉墓誌  北魏趙光墓誌  北魏丘哲妻鮮于仲兒墓誌  東魏姬静墓誌	 北魏元羽墓誌  北魏江文遥母吴氏墓誌  北魏李瞻墓誌  北魏冠軍將軍妻劉氏墓誌	 北魏楊璉墓誌  北魏王馥墓誌  北魏丘哲墓誌	 北魏塔基石函銘刻  北魏吊比干文  北魏元詮墓誌  北魏高道悦墓誌	 北魏元子正墓誌  北周寇嶠妻薛氏墓誌	 北魏李瞻墓誌  北魏司馬顯姿墓誌  北魏高廣墓誌

坑	均	坎	坂	圻	址
 北魏長孫忻墓銡	 北魏長孫盛墓銡  東魏崔混墓誌  唐馬湛墓誌	 北魏吊比干文	 北魏辛祥妻李慶容墓誌  北魏張玄墓誌	 唐申屠踐忠墓誌	 北魏何伯超墓誌

志 誌

東魏元湛墓誌

坐

北魏元忠暨妻司馬妙玉墓誌

北魏封君妻長孫氏墓誌

北魏賀收墓誌

北魏元悌墓誌

隋陳叔興墓誌

坦

唐曹萬頣妻張氏墓誌

坤

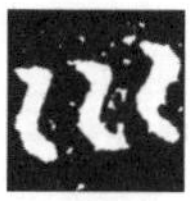
北魏高宗嬪耿氏墓誌

北魏元懷墓誌

東魏元誕墓誌

坰

北魏元楨墓誌

北魏緱光姬墓誌

幸

北魏王皓墓誌

東魏高歸彥造像記

隋史射勿墓誌

武周李准墓誌

唐李收墓誌

唐常宗元墓誌

唐樊驤墓誌

北宋王彭墓誌

垣

北魏世宗宣武皇帝嬪李氏墓誌

城

北魏元澄妃李氏墓誌

北魏李伯欽墓誌

北魏楊恩墓誌

魏孟敬訓墓誌

北魏寇演墓誌

北魏元暉墓誌

北魏內司楊氏墓誌

北魏元昭墓誌

北魏崔鴻墓誌

東魏高湛墓誌

東魏高湛妻閭叱地連墓誌

北周寇嶠妻薛氏墓誌

埃	埒	袁	埋	埏	
 北魏山徽墓誌  武周李知本墓誌  唐来景暉妻蕭大通墓誌	 北魏王紹墓誌  北魏崔鴻墓誌	 北魏元斑妻穆玉容墓誌  東魏崔混墓誌	 北魏裴敬墓誌  隋董美人墓誌	 北魏元顯平妻王氏墓誌  北魏楊璉墓誌  唐陽君妻盧氏墓誌	 隋孟孝敏妻劉氏墓誌

執	埠	堆	埵	域	堵
 東漢蒼山畫像石題記  北魏元弼墓誌  北魏元龍墓誌  北魏元緒墓誌	 北魏元思墓誌  北魏元昭墓誌  隋姚太暨妻袁氏墓誌	 北魏丘哲墓誌	 北魏穆景胄墓誌	 北魏楊璉墓誌  北周寇嶠妻薛氏墓誌  隋蕭妙瑜墓誌  唐康昭墓誌	 東魏敬使君碑

（埶）
- 北魏元新成妃李氏墓誌
- 北魏崔鴻墓誌
- 北魏楊乾墓誌
- 北魏元誨墓誌
- 唐豆盧軌墓誌

基
- 北魏元楨墓誌
- 東魏崔混墓誌
- 東魏高湛墓誌
- 唐魚本墓誌
- 唐尉亮妻慕容氏墓誌
- 唐王景元妻崔氏墓誌
- 北宋閻光度墓誌

堅
- 北魏元龍墓誌
- 北魏司馬顯姿墓誌
- 北魏張玄墓誌
- 唐李璹墓誌

堂
- 北魏元始和墓誌
- 北魏元緒墓誌
- 北魏元緒墓誌
- 北魏元懷墓誌
- 北魏昝雙仁墓誌
- 北魏元略墓誌
- 東魏元凝妃陸順華墓誌

涅
- 東魏張瓊墓誌

堯
- 北魏吊比干文
- 北魏元緒墓誌
- 北魏堯遵墓誌
- 北魏元璨墓誌
- 北魏慕容纂墓誌
- 西魏劉阿倪提墓誌
- 隋陳叔興墓誌

堪
- 北魏王馥墓誌
- 東魏杜文雍等十四人造四面佛記

塔
- 北魏韓顯祖等造像記
- 東魏張略墓誌
- 隋李静訓墓誌

堰

北魏元斑妻穆玉容墓誌

堺

隋王乾緒墓誌

喜

北齊口道明墓誌

唐朱令節墓誌

塊 甴

北宋宋可度墓誌

報

北魏趙謐墓誌

北魏元嵩墓誌

北魏元顯平妻王氏墓誌

北魏元詮墓誌

北魏寇憑墓誌

北魏封君妻長孫氏墓誌

北魏昝雙仁墓誌

北魏唐耀墓誌

北齊斛律昭男墓誌

隋田保洛墓誌

壺

隋董美人墓誌

唐元彪墓誌

唐裴思乂墓誌

唐牛敬福墓誌

唐郭遠墓誌

唐張希進暨妻申屠氏墓誌

唐郭騫暨妻苗氏墓誌

北宋王守恩墓誌

填

北魏劉根等造像記

塤

北魏高猛妻元瑛墓誌

唐陳尚仙墓誌

堽

北魏元羽墓誌

北魏元鑒墓誌

北魏元嵩墓誌

北魏石婉墓誌

塩 鹽

北魏鄯乾墓誌

北魏高道悅墓誌

北魏元舉（長融）墓誌

北魏源模墓誌

北魏元恭墓誌

東魏元朗墓誌

東魏元凝妃陸順華墓誌

唐李珪墓誌

西魏元欽墓誌

北魏穆紹墓誌

隋楊休墓誌

隋張伏敬墓誌

唐崔逢妻李氏墓誌

唐劉略墓誌

墎

北魏寇演墓誌

壺

北魏王馥墓誌

唐徐君妻郯氏墓誌

塋

北魏元壽妃麴氏墓誌

北魏元緒墓誌

北魏山徽墓誌

東魏崔混墓誌

東魏高湛墓誌

北周寇嶠妻薛氏墓誌

唐朱令節墓誌

塗

北魏牛橛造像記

北魏太覺造像

北魏比丘惠感造像記

北魏元倪墓誌

北魏元斑墓誌

東魏敬使君碑

隋楊居墓誌

隋鞏賓墓誌

北齊高善德墓誌

唐等慈寺碑

唐伊闕佛龕碑

塼

北魏劉根等造像記

北魏元醜仁墓誌

元萬榮縣太趙村稷王廟舞廳石

臺

北魏元祐墓誌

北魏元譿墓誌

北魏封君妻長孫氏墓誌

北魏元昭墓誌

嘉

北宋錢諝妻向氏墓誌

東魏元朗墓誌

隋劉淵墓誌

隋宋文成墓誌

唐王行通墓誌

東晉爨寶子碑

北魏寇演墓誌

北魏賈祥墓誌

北魏李頤墓誌

墟

北魏元昭墓誌

北魏王馥墓誌

塸

北魏劉根等造像記

東魏成休祖造像記

境

北魏牛橛造像記

北魏寇憑墓誌

北魏王馥墓誌

東魏姬静墓誌

墉

北魏高道悦墓誌

北魏于仙姬墓誌

武周裴敬道墓誌

塲

唐魏基妻王淑墓誌

唐樊驤墓誌

臺（續）

唐張慶則墓誌

武周裴敬道墓誌

唐李誠墓誌

北宋郭朝威墓誌

東魏元玕墓誌

東魏元湛墓誌

隋董美人墓誌

隋宫人何氏墓誌

北魏于纂（岐州刺史）墓誌

西魏元欽墓誌

北魏長孫盛墓銡

北魏元恭墓誌

塾

西魏元欽墓誌

增 （增）

北魏元昭墓誌

唐張惟恭墓誌

明尹剛墓誌

壽

東漢蒼山畫像石題記

北魏李伯欽墓誌

北魏元詮墓誌

北魏元萇墓誌

北魏高猛妻元瑛墓誌

北魏崔鴻墓誌

北魏元子正墓誌

北魏元泰墓誌

北魏張玄墓誌

北魏張玄墓誌

東魏姬静墓誌

東魏高湛墓誌

東魏張略墓誌

東魏元湛墓誌

北齊淳于元皓造像記

隋皇甫忍墓誌

隋元仁宗墓誌

隋韋壽墓誌

隋陳暉墓誌

隋元叡妻張摩子墓誌

隋李椿妻劉琬華墓誌

隋梁瓌墓誌

隋夏侯遷墓誌

北宋錢謂妻向氏墓誌

北宋段澤墓誌

塹

北魏元恭墓誌

墅

隋王香仁墓誌

墮

北魏元項墓誌

墜

北魏元簡墓誌

北魏元昭墓誌

東魏高湛墓誌

墳

北魏元飚妻王氏墓誌

北魏趙盛暨妻索始姜墓誌

北魏元懷墓誌

北魏楊璉墓誌

北魏元悛墓誌

東魏崔混墓誌

隋張怦墓誌

唐魚本墓誌

唐申屠踐忠墓誌

墣

北魏元光墓誌

增 增

北魏何伯超墓誌

北魏劉華仁墓誌

北魏丘哲墓誌

墀

北魏元祐墓誌

唐秦懷道墓誌

北魏元項墓誌

墯

唐裴諝妻盧華墓誌

墻 牆

北魏高猛妻元瑛墓誌

隋楊异墓誌

隋田德墓誌

隋元公墓誌

壇 壇

北魏元弼墓誌

北魏元祐墓誌

北魏元譿墓誌

北魏元隱墓誌

北魏元固墓誌

北魏元瞻墓誌

北魏韓震墓誌

唐竇伯陽妻郭氏墓誌

憙

北魏元子永墓誌

北魏苟景墓誌

壇

武周崔嘉墓誌

壁

東魏元湛墓誌

東魏元湛墓誌

北周拓拔昇墓誌

隋龍藏寺碑

壙

北魏高道悅墓誌

壓

北魏王遺女墓誌

北魏元徽墓誌

東魏敬使君碑

唐桓思貞墓誌

壑

北魏元顯儁墓誌

北魏元彦墓誌

北魏楊璉墓誌

北魏叔孫協墓誌

北魏程暐墓誌

北魏張猛龍碑

北魏元暐墓誌

北魏元瞻墓誌

西魏元欽墓誌

北魏高樹生墓誌

東魏杜法師墓誌

北齊□道明墓誌

北周崔宣靖墓誌

唐伊阙佛龛碑

唐宋劉師墓誌

唐韓昂墓誌

唐裴君妻元氏墓記

唐嚴觀墓誌

唐崔逢妻李氏墓誌

北魏元項墓誌

明張鏜墓誌

壚

北魏元楨墓誌

唐沈全交墓誌

壞

隋龍藏寺碑

唐楊行表墓誌

壤

北魏元暎墓誌

北魏元淑墓誌

北魏昝雙仁墓誌

東魏張瓊墓誌

隋李世洛墓誌

隋張伏敬墓誌

隋長孫汪墓誌

唐李譽墓誌

懿

北魏元始和墓誌

北魏元緒墓誌

北魏元懷墓誌

北魏封君妻長孫氏墓誌

北魏李超墓誌

北魏元珽墓誌

北魏楊仲彦墓誌

北魏元信墓誌

北魏元廞墓誌

北魏元子正墓誌

北魏羅宗妻陸蒺藜墓誌

北魏元醜仁墓誌

北魏元肅墓誌

北周崔宣靖墓誌

隋皇甫忍墓誌

唐王女節墓誌

唐封泰墓誌

唐王伯禮妻丘法主墓誌

唐王琳墓誌

囏 艱

唐劉中禮墓誌

明張鏜墓誌

艹（艸）部

艸 草

唐狄林墓誌

艾

北魏元譚墓誌

北魏元愔墓誌

芒

北魏元楨墓誌

北魏元簡墓誌

北魏趙謐墓誌

北魏元誘妻馮氏墓誌

芝

北魏石婉墓誌

北魏長孫瑱墓誌

北魏王昌墓誌

北魏寇憑墓誌

北魏封君妻長孫氏墓誌

北魏昝雙仁墓誌

北魏元洛神墓誌

北魏穆景胄墓誌

北魏元悛墓誌

北魏源模墓誌

北魏李略墓誌

隋孟孝敏妻劉氏墓誌

唐張慶則墓誌

武周殷平墓誌

唐秦懷道墓誌

北魏元愔墓誌

芸

北魏吊比干文

北魏李淑真墓誌

唐元寬墓誌

唐元寬墓誌

芰

北魏吊比干文

芷

北魏元暐墓誌

北魏元醜仁墓誌

芮

唐盧行質妻趙氏墓誌

花 蘤

東魏姬静墓誌

隋李静訓墓誌

芥

東魏杜文雍等十四人造四面佛記

唐盧處約妻李氏墓誌

芬

北魏元弘嬪侯氏墓誌

北魏比丘法生造像記

北魏元侔墓誌

北魏李璨蘭墓誌

（芬）
- 北魏元懌墓誌
- 北魏咎雙仁墓誌
- 唐王琳墓誌

芟
- 東魏敬使君碑

芳
- 東晉爨寶子碑
- 東晉司馬芳殘碑
- 北魏元弘嬪侯氏墓誌
- 北魏江文遥母吴氏墓誌
- 北魏元緦墓誌
- 北魏封君妻長孫氏墓誌
- 北魏源模墓誌
- 隋鞏賓墓誌
- 隋張濤妻李氏墓誌

芭
- 隋龍藏寺碑

苦
- 北魏牛橛造像記
- 北魏廣川王祖母太妃侯造彌勒像記
- 北魏王遺女墓誌
- 北周張子開造像記
- 隋鞏賓墓誌
- 唐等慈寺碑
- 唐姚彝墓誌
- 後周智堅塔記

若
- 北魏元緒墓誌
- 北魏石婉墓誌
- 北魏元謐墓誌
- 北魏元固墓誌
- 唐化度寺塔銘
- 唐陳素墓誌
- 明張鏜墓誌

茂
- 北魏元楨墓誌
- 魏安樂王第三子給事君妻韓氏墓誌
- 北魏元光墓誌
- 北魏元懷墓誌
- 北魏高道悦墓誌
- 東魏姬静墓誌
- 東魏元湛墓誌
- 隋元公墓誌

唐陽君妻盧氏墓誌

唐李收妻王氏墓誌

苫

北魏元昭墓誌

苗

隋宮人蕭氏墓誌

英

北魏吊比干文

北魏元弼墓誌

北魏寇猛墓誌

北魏元詳墓誌

北魏王紹墓誌

北魏吐谷渾璣墓誌

北魏寇憑墓誌

北魏寇演墓誌

北魏劉阿素墓誌

北魏元勰墓誌

北魏高貞墓碑

北魏丘哲妻鮮于仲兒墓誌

北魏元固墓誌

北魏唐耀墓誌

東魏高湛墓誌

隋李景亮墓誌

隋李静訓墓誌

隋宋文成墓誌

武周裴敬道墓誌

唐李景由墓誌

苒

唐鄭炅墓誌

苻

北魏元緒墓誌

北魏元進墓誌

北魏寇演墓誌

唐崔日新墓誌

苽

北魏高樹生妻韓期頤墓誌

苟

北魏元弘嬪侯氏墓誌

北魏元緒墓誌

唐程綱墓誌

茆

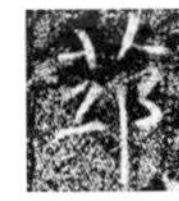
隋龍藏寺碑

苑

唐張敦墓誌

苞

北魏元譿墓誌

北魏元寶月墓誌

東魏郭肇墓誌

范 範

北魏元融妃穆氏墓誌

東魏敬使君碑

苐

北魏元彬墓誌

北魏元羽墓誌

北魏李伯欽墓誌

魏安樂王第三子給事君妻韓氏墓誌

北魏耿壽姬墓誌

北魏寇憑墓誌

北魏楊仲彥墓誌

北魏元固墓誌

北齊河清三年造像記

北齊賈勝造像記

北周建德二年造像題記

北周寇嶠妻薛氏墓誌

隋陳暉墓誌

唐蕭詔章墓誌

苕

北魏高道悅墓誌

唐李行止墓誌

唐王琳墓誌

茄

北魏元詮墓誌

茅

北魏元緒墓誌

北魏元文墓誌

東魏崔鶼墓誌

北周元壽安妃盧蘭墓誌

荊

北魏元弼墓誌

北魏李伯欽墓誌

北魏魏靈藏等造像記

北魏高道悅墓誌

北魏高道悅墓誌

北魏叔孫協墓誌

東魏郭肇墓誌

東魏元湛墓誌

北周乙弗紹墓誌

荐 薦

北魏元壽安墓誌

草 艸

北魏趙謐墓誌

北魏寇憑墓誌

唐元彪墓誌

唐李行止墓誌

荃

北魏吊比干文

荀

東魏郭肇墓誌

荒

北魏元彬墓誌

北魏解伯達造彌勒像記

北魏司馬悅墓誌

北魏何伯超墓誌

北魏楊璉墓誌

北魏封君妻長孫氏墓誌

北魏元悛墓誌

東魏崔混墓誌

隋董美人墓誌

武周裴敬道墓誌

茫

北魏元騰墓誌

北魏元暐墓誌

北魏元固墓誌

北魏爾朱袭墓誌

隋董美人墓誌

唐邠王細人高淑儉墓誌

唐崔立方妻李氏墓誌

唐崔立方妻李氏墓誌

唐裴濛墓誌

茹

北魏吊比干文

茲 兹

北魏江文遥母吴氏墓誌

北魏李元姜墓誌

北魏李媛華墓誌

北魏緱光姬墓誌

華 𠌶

北魏元鑒妃吐谷渾墓誌

北魏吊比干文

北魏李伯欽墓誌

北魏趙超宗墓誌

北魏元光墓誌

北魏寇憑墓誌

北魏元暉墓誌

北魏趙光墓誌

北魏劉阿素墓誌

北魏司馬顯姿墓誌

北魏劉華仁墓誌

北魏張安姬墓誌

北魏孟元華墓誌

北魏元昭墓誌

北魏李媛華墓誌

北魏李媛華墓誌

北魏封君妻長孫氏墓誌

北魏崔鴻墓誌

北魏元壽安墓誌

北魏元洛神墓誌

北魏元譚墓誌

北魏苟景墓誌

北魏張玄墓誌

北魏穆紹墓誌

魏王悅暨妻郭氏墓誌

東魏南宗和尚之塔

東魏崔混墓誌

東魏李挺命婦元季聰墓誌

東魏元湛妃王令媛墓誌

東魏杜文雍等十四人造四面佛記

北周寇嶠妻薛氏墓誌

隋梁坦墓誌

隋楊紀墓誌

隋蕭妙瑜墓誌

隋宮人蕭氏墓誌

隋韋君妻元咳女墓誌

武周李准墓誌

明鄧鶴母王氏墓誌

茝

北魏元鑒妃吐谷渾氏墓誌

唐孟璲墓誌

莽 （蓊）

北魏李媛華墓誌

莱

唐宋祐墓誌

莫

東晉爨寶子碑

東晉司馬芳殘碑

北魏元演墓誌

北魏元洛神墓誌

北齊裴良墓誌

隋裴遺業墓誌

唐蕭茂本妻王氏墓誌

荷

北魏李伯欽墓誌

隋宋文成墓誌

莅

隋楊休墓誌

隋劉淵墓誌

荼

東魏敬使君碑

莘

北魏寇演墓誌

北魏高貞墓碑

唐朱令節墓誌

莭 （節）

北魏牛橛造像記

北魏元楨墓誌

北魏元偃墓誌

北魏元羽墓誌

北魏趙謐墓誌

北魏元始和墓誌

北魏石婉墓誌

北魏元萇墓誌

北魏寇演墓誌

北魏劉阿素墓誌

北魏元勰墓誌

北魏封君妻長孫氏墓誌

北魏李頤墓誌

北魏崔鴻墓誌

北魏于神恩墓誌

隋韋壽墓誌

莊

北魏韓顯宗墓誌

北魏封君妻長孫氏墓誌

北魏賈良造像記

北魏高貞墓碑

北魏元義華墓誌

北魏元周安墓誌

東魏崔混墓誌

東魏張略墓誌

東魏元湛墓誌

隋劉淵墓誌

隋夏侯遷墓誌

唐牛敬福墓誌

萇

南朝宋爨龍顏碑

北魏元誘妻馮氏墓誌

北魏元壽妃麴氏墓誌

北魏馮會墓誌

北魏元萇墓誌

北魏郭顯墓誌

著

北魏高道悅墓誌

北魏崔鴻墓誌

東魏姬静墓誌

唐崔涣墓誌

其

北魏高猛妻元瑛墓誌

莽 莾

北魏高道悅墓誌

菴

北魏高道悅墓誌

莛

隋龍藏寺碑

萋

北魏元昭墓誌

菲

北魏李淑真墓誌

北魏元昭墓誌

菓

北魏楊仲彦墓誌

萌

北魏王馥墓誌

萎

北周寇嶠妻薛氏墓誌

萮

北魏高道悦墓誌

菜

南朝宋爨龍顔碑

東魏張略墓誌

菍

北魏吊比干文

北魏元廣墓誌

菟

北魏元詮墓誌

北魏李媛華墓誌

隋元統師墓誌

菊

魏元延明墓誌

隋楊休墓誌

萃

北魏王普賢墓誌

東魏杜法師墓誌

唐常君墓誌

唐孟珏墓誌

菀

北魏元祐墓誌

北魏趙光墓誌

北魏元誘妻薛伯徽墓誌

北魏元固墓誌

隋鞏賓墓誌

葉

南朝宋爨龍顏碑

北魏崔承宗等造像記

北魏元弘嬪侯氏墓誌

北魏楊大眼造像記

北魏馮會墓誌

北魏堯遵墓誌

北魏張猛龍碑

北魏緱光姬墓誌

北魏李頤墓誌

東魏姬靜墓誌

東魏姬靜墓誌

隋陳暉墓誌

唐張敦墓誌

唐等慈寺碑

唐桓思貞墓誌

唐石獎墓誌

唐盧宗和墓誌

葙

北魏元萇墓誌

葳

北魏高道悅墓誌

塟 葬

東晉王建之墓誌

北魏張正子父母鎮墓石

北魏元彬墓誌

北魏元誘妻馮氏墓誌

北魏元誘妻馮氏墓誌

北魏李蕤墓誌

北魏元壽妃麴氏墓誌

北魏元緒墓誌

北魏何伯超墓誌

北魏高道悅墓誌

北魏寇憑墓誌

北魏元遥妻梁氏墓誌

北魏司馬昞墓誌

北魏封君妻長孫氏墓誌

北魏李頤墓誌

北魏于仙姬墓誌

北魏寇偘墓誌

北魏元固墓誌

北魏元周安墓誌

北魏元恩墓誌

葬 (葬 塟)

- 隋蔡君妻張貴男墓誌
- 隋元惠墓誌
- 隋元公墓誌
- 武周崔嘉墓誌
- 北魏元懷墓誌
- 北魏李媛華墓誌
- 東魏元玕墓誌
- 隋陳暉墓誌
- 武周張思寶墓誌
- 唐馮寶墓誌
- 唐元君妻陳氏墓誌
- 隋張怦墓誌
- 隋史射勿墓誌
- 隋秦僧迦墓誌
- 唐張敦墓誌
- 北周獨孤信墓誌
- 北周元壽安妃盧蘭墓誌
- 隋元叡妻張摩子墓誌
- 隋宮人元氏墓誌
- 北魏張玄墓誌
- 東魏姬静墓誌
- 東魏閭伯昇暨妻元仲英墓誌
- 東魏張略墓誌

葛

- 北魏光州靈山寺塔下銘
- 北魏元顯平妻王氏墓誌
- 北魏元孟輝墓誌
- 北魏司馬顯姿墓誌

萬 (万)

- 北魏元倪墓誌
- 北魏崔鴻墓誌
- 隋王君妻成公氏墓誌
- 隋元惠墓誌

葺

- 唐李春墓誌
- 明方母王氏墓誌

葵 (葬)

- 北魏公孫猗墓誌
- 隋侯明墓誌
- 隋蔡君妻張貴男墓誌
- 唐豆盧軌墓誌
- 唐崔和墓誌
- 唐郭虚己墓誌
- 唐康昭墓誌
- 唐常宗元墓誌

葩

北魏崔承宗等造像記

北魏吊比干文

北魏元澄妃李氏墓誌

北魏石婉墓誌

隋元叡墓誌

董

東晉爨寶子碑

北魏董偉墓誌

北魏元天穆墓誌

北魏韓顯祖等造像記

北魏叔孫協墓誌

北魏秦洪墓誌

北齊河清三年造像記

唐裴濛墓誌

萼

北魏元羽墓誌

北魏元彥墓誌

北魏寇演墓誌

北魏寇憑墓誌

北魏世宗宣武皇帝嬪李氏墓誌

東魏姬静墓誌

武周李知本墓誌

華

東魏張瓊墓誌

蓮

隋董美人墓誌

蓋 盖

南朝宋爨龍顏碑

東魏元寶建墓誌

東魏李挺命婦元季聰墓誌

隋張通墓誌

葦

東晉爨寶子碑

落

北魏封君妻長孫氏墓誌

北魏程暐墓誌

北魏元昭墓誌

隋張通墓誌

北魏馮迎男墓誌

墓

北魏元羽墓誌

北魏趙謐墓誌

北魏李伯欽墓誌

北魏寇臻墓誌

北魏元壽妃麴氏墓誌

北魏楊範墓誌

北魏元演墓誌

北魏王皓墓誌

北魏高貞墓碑

北魏王鍾兒墓誌

北魏李頤墓誌

北魏秦洪墓誌

東魏元凝妃陸順華墓誌

隋元叡妻張摩子墓誌

隋董穆墓誌

唐元彪墓誌

武周許行真妻李氏墓誌

唐獨孤君妻薛嫄墓誌

幕

隋裴遺業墓誌

夢

北魏元詮墓誌

北宋王守恩墓誌

明宋棨墓誌

明高甲暨妻齊氏墓誌

蓨

唐封泰墓誌

蒼

北魏吊比干文

北魏蘇標墓誌

北魏源模墓誌

東魏杜文雍等十四人造四面佛記

唐契苾夫人墓誌

唐蘇君妻裴氏墓誌

唐盧倕妻鄭氏墓誌

蓬

北魏元鑒妃吐谷渾墓誌

唐柳君妻薛氏墓誌

唐元君妻陳氏墓誌

蒚

北魏元維墓誌

唐等慈寺碑

蒿

北齊任遜墓誌

隋元公墓誌

蒲

北魏張玄墓誌

隋宮人何氏墓誌

唐宋祐墓誌

蒙 濛 曚

北魏牛橛造像記

北魏元顯平妻王氏墓誌

北魏劉阿素墓誌

北魏馮迎男墓誌

北魏孟元華墓誌

北魏元寶月墓誌

北魏趙億墓誌

唐李員墓誌

明昌盛墓誌

蓂

唐宋劉師墓誌

蔭 廕

北魏寇臻墓誌

北魏李頤墓誌

北魏穆景胄墓誌

東魏敬使君碑

唐崔翰墓誌

蒸

北魏元暐墓誌

北魏元子正墓誌

董

北魏高猛妻元瑛墓誌

慕

北魏元定君墓誌

北魏元緒墓誌

北魏元彥墓誌

北魏元煥墓誌

北魏高猛妻元瑛墓誌

北魏李頤墓誌

北魏侯愔墓誌

北魏元悌墓誌

北魏元邵墓誌

北魏元子正墓誌

東魏高湛墓誌

北齊穆延和等題記

隋吴素暨妻樊氏墓誌

隋蘇慈墓誌

暮

北魏楊璉墓誌

蔞

北魏元歆墓誌

蔓

北魏李超墓誌

西魏元欽墓誌

北魏爾朱襲墓誌

東魏元湛墓誌

唐来景暉妻蕭大通墓誌

唐何彦则妻劉五兒墓誌

唐崔安儼墓誌

蔑

北魏吊比干文

北魏元演墓誌

北魏元颺妻王氏墓誌

北魏爾朱紹墓誌

蕓

東魏敬使君碑

唐楊行表墓誌

蔡

北魏元誘妻薛伯徽墓誌

北魏崔鴻墓誌

北魏王馥墓誌

東魏姬静墓誌

東魏姬静墓誌

隋蕭妙瑜墓誌

隋獨孤儉墓誌

唐化度寺塔銘

蔽

北魏吊比干文

北魏王誦墓誌

唐李譽墓誌

蔚

東晋司馬芳殘碑

北魏元暉墓誌

隋衙聞墓誌

唐朱令節墓誌

蕀	蕙	蕘	蓼	蔣	
 北魏吊比干文	 北魏吊比干文  北魏李伯欽墓誌  北魏楊璉墓誌  北魏劉阿素墓誌	 唐等慈寺碑	 東魏趙君妻姜氏墓誌  隋鞏賓墓誌	 北魏元謐墓誌	 唐陶貢妻裴氏墓誌

蕠	蕪	蕳	蕞		蕟
 西魏元欽墓誌	 唐等慈寺碑	 北魏元簡墓誌  北魏元暉墓誌  東魏姬靜墓誌	 北魏乞伏寶墓誌  隋長孫汪墓誌  唐陶貢妻裴氏墓誌	 唐何昌浩墓誌	 北魏元融妃穆氏墓誌  北魏高道悅墓誌  北魏元維墓誌  唐魏基妻王淑墓誌

蕉

隋王君妻成公氏墓誌

蕃

北魏元顯平妻王氏墓誌

北魏元萇墓誌

北魏元誘妻薛伯徽墓誌

蕣

唐許杲妻郝默墓誌

武周宋智亮墓誌

唐曹萬頤妻張氏墓誌

蕩

北魏吊比干文

唐等慈寺碑

蔬

唐樊驤墓誌

明馬杲妻趙氏墓誌

薙

魏元延明墓誌

唐李誠墓誌

唐王幼虞墓誌

甍

東晋王建之墓誌

北魏元鑒妃吐谷渾墓誌

北魏元簡墓誌

北魏元澄妃李氏墓誌

北魏元弘嬪侯氏墓誌

北魏元鑒墓誌

北魏元緒墓誌

北魏元詳墓誌

北魏章武王妃穆氏墓誌

魏孟敬訓墓誌

北魏長孫瑱墓誌

北魏元萇墓誌

北魏元懷墓誌

北魏元遥墓誌

北魏李璪蘭墓誌

北魏楊璉墓誌

北魏元暉墓誌

北魏元譿墓誌

北魏孟元華墓誌

北魏李頤墓誌

北魏于仙姬墓誌

北魏崔鴻墓誌

北魏元禮之墓誌

北魏丘哲墓誌

隋宋文成墓誌

薪

北魏李伯欽墓誌

北魏元謐墓誌

北魏元固墓誌

東魏崔混墓誌

薦 荐

隋楊休墓誌

唐李昂墓誌

薛

北周寇嶠妻薛氏墓誌

北周元壽安妃盧蘭墓誌

唐樊驤墓誌

隋皇甫忍墓誌

隋郭世昌墓誌

唐王琳墓誌

北宋王守恩墓誌

北魏張玄墓誌

北魏穆紹墓誌

北魏元文墓誌

北魏王悦墓誌

東魏郭肇墓誌

東魏郭肇墓誌

北齊河清三年造像記

隋宋胡墓誌

蕭

北魏吊比干文

北魏元詳造像記

北魏緱光姬墓誌

北魏元固墓誌

武周王慎墓誌

武周崔嘉墓誌

唐崔日新墓誌

隋元叡妻張摩子墓誌

隋元惠墓誌

隋宋文成墓誌

唐許杲妻郝默墓誌

北魏崔鴻墓誌

北魏李蕤墓誌

北魏韓震墓誌

東魏張略墓誌

薄

東晉爨寶子碑

東晉爨寶子碑

北魏太妃侯造像記

北魏李淑真墓誌

（承上頁）
- 隋董美人墓誌
- 唐路通墓誌
- 唐程綱墓誌

薜

- 北魏吊比干文
- 北魏王遇墓誌

薩

- 北魏乞伏寶墓誌
- 北齊淳于元皓造像記
- 北齊文殊般若經碑
- 隋史射勿墓誌
- 唐法律禪師(姚常一)塔銘

藉

- 北魏吊比干文
- 北魏劉根等造像記
- 北魏緱光姬墓誌
- 北魏崔鴻墓誌
- 北魏楊乾墓誌
- 東魏崔鷫墓誌
- 東魏崔混墓誌
- 東魏張略墓誌
- 東魏閭詳墓誌
- 隋韓智墓誌
- 隋賀若嵩墓誌
- 唐王承鼎墓誌
- 唐趙貫暨妻盧氏吴氏墓誌

蕠

- 魏孟敬訓墓誌
- 北魏元隱墓誌
- 北魏元固墓誌

藍

- 北魏元斑墓誌
- 東魏崔混墓誌
- 隋李椿妻劉琬華墓誌

藏

- 北魏張正子父母鎮墓石
- 北魏李伯欽墓誌
- 北魏高道悅墓誌
- 北魏元昭墓誌
- 北魏元固墓誌
- 東魏崔混墓誌
- 東魏張略墓誌
- 東魏張瓊墓誌

舊	熏 薰	藋		纂 藂	
 東晉王建之墓誌	 北魏元進墓誌	 隋衙聞墓誌	 北魏元洛神墓誌	 北魏元詳墓誌	 北周獨孤信墓誌
 北魏韓顯宗墓誌	 北魏緱光姬墓誌		 西魏元欽墓誌	 北魏王紹墓誌	 唐雁塔圣教序
 北魏元龍墓誌			 東魏高湛墓誌	 北魏高道悅墓誌	 明許室人李氏墓誌
 北魏元思墓誌				 北魏元纂墓誌	
 唐裴向墓誌	 唐封泰墓誌	 隋楊异墓誌	 北魏丘哲墓誌	 北魏高貞墓碑	 北魏元緒墓誌
 唐張師慶墓誌	 武周殷平墓誌	 隋蕭瑒墓誌	 魏元延明墓誌	 北魏元義華墓誌	 北魏元萇墓誌
 明尹剛墓誌	 武周劉廣宗妻岑平等墓誌	 隋張子明墓誌	 東魏崔混墓誌	 北魏元誘妻薛伯徽墓誌	 北魏高道悅墓誌
	 唐桓思貞墓誌	 隋元公墓誌	 隋禽昌伯妻宇文氏墓誌	 北魏源模墓誌	 北魏元祐墓誌

藐

北魏崔敬邕墓誌

北魏李媛華墓誌

北魏穆紹墓誌

唐汜慆妻張氏墓誌

唐崔翰墓誌

藕

隋宫人蕭氏墓誌

唐張文墓誌

藝

北魏王紹墓誌

北魏吐谷渾璣墓誌

北魏寇憑墓誌

北魏崔鴻墓誌

北魏元洛神墓誌

北魏元愔墓誌

北魏穆紹墓誌

北魏韓震墓誌

北魏張寧墓誌

東魏崔混墓誌

東魏姬静墓誌

東魏元湛墓誌

隋王乾緒墓誌

隋蔡君妻張貴男墓誌

隋王筠墓誌

隋鄭譯墓誌

唐八关齋會報德記

唐曹萬頤妻張氏墓誌

藪

唐郎官石柱記

藤

唐路通墓誌

藩

唐化度寺塔銘

蘊

北魏元祐墓誌

北魏李媛華墓誌

東魏杜文雍等十四人造四面佛記

西魏鄧子詢墓誌

蘇	孽	蘆	蘋	蘀	
 北魏元隱墓誌  北周韋彪墓誌  隋蘇慈墓誌  武周殷平墓誌	 北魏元祀墓誌  唐等慈寺碑	 北魏元昭墓誌	 隋李椿妻劉琬華墓誌	 北魏元昭墓誌	 隋蘇慈墓誌  唐崔沉墓誌

蘭	蘂	藻		藹	
 北魏元思墓誌  北魏元詮墓誌  北魏元詮墓誌  北魏王紹墓誌	 隋董美人墓誌  唐王沼墓誌	 北魏崔鴻墓誌  北魏丘哲墓誌  東魏高湛墓誌	 北魏高猛墓誌  北魏崔鴻墓誌  隋源剛墓誌	 北魏弔比干文  北魏元彦墓誌 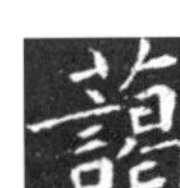 北魏元暉墓誌  北魏王壽德墓誌	 唐何彦則墓誌  唐蘇君妻裴氏墓誌  唐袁齊墓誌

（蘭，續）

- 北魏寇演墓誌
- 北魏劉阿素墓誌
- 北魏緱光姬墓誌
- 北魏元暐墓誌
- 北魏元誘妻薛伯徽墓誌
- 北魏丘哲墓誌
- 東魏寇永墓誌
- 東魏法儀六十人等造像記
- 唐朱令節墓誌

蘩

- 北魏高猛妻元瑛墓誌

蘤 花

- 北魏緱光姬墓誌

蘞

- 北魏李超墓誌

蘿

- 北魏吊比干文

寸部

封

- 隋蘇慈墓誌
- 唐等慈寺碑

尅 克 剋

- 北魏王彤墓誌
- 北魏李超墓誌
- 北魏丘哲墓誌
- 東魏王僧墓誌

專

- 北魏比丘法生造像記
- 北魏李淑真墓誌

尉

- 北魏元偃墓誌
- 北魏元偃墓誌
- 北魏解伯達造彌勒像記
- 北魏寇演墓誌

北魏穆亮妻尉太妃墓誌

北魏李媛華墓誌

北魏元愓墓誌

北魏崔鴻墓誌

東魏郭肇墓誌

唐朱令節墓誌

尊

北魏李淑真墓誌

北魏李媛華墓誌

北魏元子正墓誌

隋蘇慈墓誌

隋楊休墓誌

武周宋智亮墓誌

唐康昭墓誌

對

北魏崔鴻墓誌

北魏元彜墓誌

北魏乞伏寶墓誌

隋裴遺業墓誌

武周郭蕩墓誌

武周裴敬道墓誌

唐来景暉墓誌

唐李君妻鄭氏墓誌

導

北魏吊比干文

北魏元鑒墓誌

北魏元遥墓誌

北魏劉根等造像記

北魏元璨墓誌

北魏崔鴻墓誌

北魏元愔墓誌

北魏王誦墓誌

北魏慕容纂墓誌

北魏元項墓誌

廾部

弈

北魏寧陵公主墓誌

北魏王普賢墓誌

北魏元暉墓誌

北魏叔孫協墓誌

北魏張猛龍碑

北魏緱光姬墓誌

北魏于纂墓誌

北魏和邃墓誌

弊

北魏源模墓誌

隋楊孝偡墓誌

隋李椿妻劉琬華墓誌

隋梁瓌墓誌

唐化度寺塔銘

弊 獘

北魏寇臻墓誌

北魏緱光姬墓誌

大部

奈

東魏姬静墓誌

隋王仕恭墓誌

奔

北魏高貞墓碑

北魏元恭墓誌

北齊高善德墓誌

奇

北魏元緒墓誌

北魏張永墓誌

北魏張問墓誌

奄

北魏寇臻墓誌

北魏李瞻墓誌

北魏寇憑墓誌

北魏元珽墓誌

東魏姬静墓誌

隋劉淵墓誌

契

北魏吊比干文

北魏元楨墓誌

北魏元誘妻薛伯徽墓誌

北魏元略墓誌

北魏高樹生妻韓期頤墓誌

東魏崔混墓誌

唐許杲妻郝默墓誌

武周王師協暨妻蕭氏墓誌

唐超寂墓誌

北宋王守恩墓誌

明牛世威墓誌

奐

北魏王普賢墓誌

唐王美暢墓誌

爽

北魏元彬墓誌

北魏羅宗墓誌

北魏元暉墓誌

北魏穆亮妻尉太妃墓誌

北魏劉根等造像記

北魏崔鴻墓誌

北魏元子正墓誌

北魏元徽墓誌

北魏元文墓誌

北齊崔芬墓誌

隋張濤妻李氏墓誌

唐趙爽墓誌

奧

東晋好大王碑

北魏寇治墓誌

隋蘇慈墓誌

唐成德墓誌

唐裴咸墓誌

奠

北魏何伯超墓誌

北魏元譿墓誌

北魏公孫猗墓誌

明尹剛墓誌

奩

隋元智妻姬氏墓誌

奪

西晋張朗碑

北魏元遥墓誌

北魏元纂墓誌

北魏李頤墓誌

東魏崔混墓誌

唐王君妻獨孤氏墓誌

唐盧士玫妻崔氏墓誌

獘 弊

唐鄭易墓誌

明張淮墓誌

奭

北魏刁遵墓誌

北魏元暐墓誌

西魏元欽墓誌

唐裴向墓誌

北宋姚奭妻米氏墓誌

樊

北魏元顯平妻王氏墓誌

東魏姬静墓誌

唐樊師墓誌

奮

北魏吊比干文

北魏楊璉墓誌

北魏于纂（岐州刺史）墓誌

北周崔宣默墓誌

唐尉遲敬德墓誌

唐崔異墓誌

唐苑咸墓誌

明孔彰墓誌

尢部

尤

北魏李璧墓誌

東魏元湛墓誌

唐裴君妻元氏墓記

尪

北魏元𨙸墓誌

弋部

式

北魏元彬墓誌

北魏韓顯宗墓誌

北魏司馬紹墓誌

北魏元詮墓誌

北魏山暉墓誌

北魏元萇墓誌

北魏趙光墓誌

北魏高猛妻元瑛墓誌

東魏高湛墓誌

忒

北魏李媛華墓誌

貳

北魏高道悦墓誌

北魏元暉墓誌

北魏辛祥墓誌

北魏元瞻墓誌

北齊路衆暨妻潘氏墓誌

北周韋彪墓誌

北周元壽安妃盧蘭墓誌

隋楊休墓誌

唐楊君墓誌

唐牛公浦妻陳氏墓誌

鳶

唐馬湛墓誌

小（⺌）部

小

北周建德二年造像題記

少

北魏吊比干文

北魏元詮墓誌

武周宋智亮墓誌

尔 爾 尒

北魏丘哲墓誌

光 灮

北魏叔孫協墓誌

北魏元固墓誌

隋皇甫紘墓誌

尚

北魏元詳墓誌

雀

北魏程暐墓誌

隋元智妻姬氏墓誌

輝

南朝宋爨龍顔碑

縣

魏司馬金龍墓表

北魏元簡墓誌

北魏李伯欽墓誌

魏孟敬訓墓誌

北魏元萇墓誌

北魏高道悅墓誌

北魏寇憑墓誌

北魏封君妻長孫氏墓誌

北魏元倪墓誌

北魏韓震墓誌

東魏崔混墓誌

東魏姬静墓誌

東魏張略墓誌

北周寇熾墓誌

隋元叡墓誌

隋鞏賓墓誌

隋賀若嵩墓誌

唐楊行表墓誌

唐郭功墓誌

唐許澄墓誌

唐陸士倫墓誌

遼韓君墓誌

明孔彰墓誌

明鄧鶴母王氏墓誌

耀

北魏吊比干文

北魏元定君墓誌

北魏元演墓誌

北魏楊璉墓誌

口部

右

北魏張正子父母鎮墓石

北魏穆紹墓誌

東魏元玕墓誌

号 號

南朝宋爨龍顔碑

北魏元緒墓誌

北魏楊仲彦墓誌

隋元公墓誌

叺 以

北周叱羅招男墓誌

叱

東晋筆陣圖

兄

北魏元鑒妃吐谷渾墓誌

北魏封魔奴墓誌

北魏高貞墓碑

北齊王惠顒廿人等造像記

叫

北魏元彝墓誌

叩

北魏王馥墓誌

北魏元天穆墓誌

吐

北魏劉華仁墓誌

東魏崔混墓誌

吊 弔

東魏張略墓誌

吸

北魏弔比干文

吾

唐崔渙墓誌

否

唐盧侶墓誌

唐申公妻竇氏墓誌

呈

唐孟買墓誌

吴 吳

隋元惠墓誌

唐張慶則墓誌

吠

北魏楊璉墓誌

唐高望琮墓誌

吟

唐朱令節墓誌

吴 吴

唐姚彝墓誌

告

明高甲暨妻齊氏墓誌

君

北魏元定君墓誌

北魏寇臻墓誌

北魏元緒墓誌

北魏楊範墓誌

北魏張永墓誌

北魏元光墓誌

北魏元光墓誌

北魏寇演墓誌

北魏元昭墓誌

北魏元過仁墓誌

北魏慕容纂墓誌

北魏宋虎墓誌

東魏崔混墓誌

東魏張略墓誌

北周寇嶠妻薛氏墓誌

隋元叡墓誌

味

北魏崔敬邕墓誌

咀

北魏吊比干文

呱

唐牛公浦妻陳氏墓誌

明許室人李氏墓誌

呼 嘑 虖

北魏高道悦墓誌

北魏元纂墓誌

北魏元洛神墓誌

北魏穆景胄墓誌

北周寇胤哲墓誌

唐衛君妻董氏墓誌

唐盧君妻李氏墓誌

咏 詠

北魏馮會墓誌

北魏寇憑墓誌

咎

北魏高道悅墓誌

北魏李超墓誌

北魏寇霄墓誌

唐桓思貞墓誌

唐張具瞻墓誌

哉

南朝宋爨龍顔碑

北魏吊比干文

北魏冠軍將軍妻劉氏墓誌

北魏吳光墓誌

北魏高道悅墓誌

北魏元譿墓誌

北魏鞠彥雲墓誌

北魏元謐墓誌

北魏元周安墓誌

東魏崔混墓誌

東魏高湛墓誌

東魏張略墓誌

隋韓智墓誌

隋賀若嵩墓誌

隋陳暉墓誌

隋蔡君妻張貴男墓誌

隋陳叔興墓誌

隋劉淵墓誌

隋劉淵墓誌

隋劉世恭墓誌

隋□徹墓誌

隋裴覬墓誌

唐王美暢墓誌

北宋郭朝威墓誌

咽

北魏高廣墓誌

隋張喬墓誌

咷

北魏元緒墓誌

咳

隋韋君妻元咳女墓誌

咲 笑

北魏元顯儁墓誌

北魏寇演墓誌

北魏寇憑墓誌

北魏封魔奴墓誌

隋高潭墓誌

明劉韶暨妻武氏墓誌

哲

北魏吊比干文

北魏元弼墓誌

北魏元彬墓誌

北魏元顯儁墓誌

北魏王皓墓誌

北魏寇憑墓誌

北魏劉阿素墓誌

北魏元子正墓誌

東魏高湛墓誌

隋李叔蘭墓誌

唐崔嗣墓誌

明陳萬春墓誌

启（啓）

北魏元子正墓誌

北魏山徽墓誌

北魏石育妻戴氏墓誌

隋梁坦墓誌

隋韋壽墓誌

隋蕭紹墓誌

武周郭蕩墓誌

武周崔嘉墓誌

唐崔沉墓誌

啨

唐王行通墓誌

唅

北魏魏靈藏等造像記

啚（圖）

北魏寇臻墓誌

北魏元演墓誌

魏安樂王第三子給事君妻韓氏墓誌

魏孟敬訓墓誌

北魏高道悦墓誌

北魏寇憑墓誌

北魏于纂墓誌

北魏染華墓誌

北魏源模墓誌

北魏張玄墓誌

北魏元恭墓誌

北魏高樹生妻韓期頤墓誌

字	出處
（續）	隋王紹先墓誌
	隋橋紹墓誌
	隋元叡墓誌
	隋張喬墓誌
	隋陳遵墓誌
	唐豆盧軌墓誌
唾	北宋宋可度墓誌
唯	北魏吊比干文
	北魏寇臻墓誌
	北魏元鑒墓誌
	北魏元緒墓誌
	北魏元謐墓誌
	北魏高猛妻元瑛墓誌
	北魏于景墓誌
	東魏崔混墓誌
㗋	隋田悅墓誌
	唐封泰墓誌
啔（啟 啓）	北魏吊比干文
	北魏寇臻墓誌
	北魏元詳墓誌
	北魏王紹墓誌
	北魏元進墓誌
	北魏元新成妃李氏墓誌
	北魏堯遵墓誌
	北魏高猛墓誌
	北魏元琛墓誌
	北魏元暐墓誌
	東魏高湛墓誌
	東魏張瓊墓誌
	唐等慈寺碑
	唐徐師墓誌
啓（啓 啟 啓）	北魏元子永墓誌
	北魏元徽墓誌
	北魏元文墓誌
	東魏李挺妻劉幼妃墓誌
	武周崔安敬墓誌
	唐董忱墓誌

戢

隋陳叔興墓誌

喈

唐化度寺塔銘

喝

唐等慈寺碑

喟

武周殷平墓誌

單

北魏寇憑墓誌

啾

北魏吊比干文

喉

北魏元暉墓誌

隋王通墓誌

隋蘇慈墓誌

喻

東魏杜文雍等十四人造四面佛記

唐申屠徵墓誌

嗟

北魏李元姜墓誌

北魏馮會墓誌

北魏盧令媛墓誌

北魏李媛華墓誌

北魏元悛墓誌

北魏元子正墓誌

北魏爾朱紹墓誌

北魏宋靈妃墓誌

東魏崔混墓誌

東魏高湛妻閭叱地連墓誌

北周拓拔昇墓誌

隋張喬墓誌

隋元惠墓誌

唐楊行表墓誌

唐傅珍寶墓誌

喙

- 武周許行真妻李氏墓誌

善 （譱）

- 北魏趙謐墓誌
- 北魏元勰墓誌
- 北魏封君妻長孫氏墓誌
- 北魏封君妻長孫氏墓誌
- 北魏元昭墓誌
- 北魏劉根等造像記
- 北魏元熙墓誌
- 北魏元暐墓誌
- 北魏丘哲妻鮮于仲兒墓誌
- 北魏元子正墓誌
- 東魏長孫冏墓碑
- 東魏姬静墓誌
- 東魏元寶建墓誌
- 東魏郭肇墓誌
- 西魏辛術墓誌
- 東魏杜文雍等十四人造四面佛記
- 北周寇熾墓誌
- 隋宋胡墓誌
- 隋張通墓誌
- 隋張通墓誌
- 隋宋文成墓誌
- 隋姚太暨妻袁氏墓誌
- 唐張運才墓誌
- 武周崔嘉墓誌
- 唐衛君妻董氏墓誌
- 唐齊鄌墓誌

嗜

- 唐盧重墓誌
- 明鄧益謙墓誌

嗣

- 南朝宋爨龍顔碑
- 北魏李璨蘭墓誌
- 北魏山徽墓誌
- 北魏元誨墓誌
- 北魏韓震墓誌
- 北魏長孫季墓誌
- 北魏高樹生妻韓期頤墓誌
- 唐馬考顔墓誌

嗚

- 北魏吊比干文
- 北魏元演墓誌
- 北魏崔敬邕墓誌
- 北魏高道悅墓誌

(續)

北魏元誘妻薛伯徽墓誌

北魏元纂墓誌

北魏和邃墓誌

北魏元洛神墓誌

隋鞏賓墓誌

隋賀若嵩墓誌

隋陳暉墓誌

隋薛保興墓誌

唐石獎墓誌

唐郭虛己墓誌

北宋龔德方墓誌

北宋宋可度墓誌

北宋魏陽君申氏墓誌

北宋舒氏冢婦李氏墓誌

嗂

東魏敬使君碑

嗤

北魏元繼墓誌

嘆 歎

隋裴覬墓誌

明張弘化墓誌

嘑 呼

唐李餘墓誌

嗚

北魏吊比干文

北魏元固墓誌

東魏郭肇墓誌

噉

唐等慈寺碑

噎

北魏元緒墓誌

隋口徹墓誌

嘲

北魏寇憑墓誌

嘿

北魏元懷墓誌

器

北魏吊比干文

魏孟敬訓墓誌

北魏王紹墓誌

北魏高道悅墓誌

北魏王遺女墓誌

北魏孟元華墓誌

北魏崔鴻墓誌

北魏元珽墓誌

北魏李略墓誌

武周殷平墓誌

明尹倫墓誌

明趙珙暨妻甄氏墓誌

明何際可墓誌

噬

隋元叡墓誌

嘯

唐張敦墓誌

唐張慶則墓誌

營

魏安樂王第三子給事君妻韓氏墓誌

北魏楊璉墓誌

北魏比丘尼慈香慧政造窟記

北魏赫連悅墓誌

東魏長孫冏墓碑

嚴

北魏元龍墓誌

北魏寇臻墓誌

北魏寧陵公主墓誌

北魏元新成妃李氏墓誌

北魏元暐墓誌

北魏劉根等造像記

北魏楊乾墓誌

北魏元洛神墓誌

北魏元信墓誌

北魏元周安墓誌

北魏張玄墓誌

北魏元恭墓誌

北魏王悅墓誌

東魏李挺妻劉幼妃墓誌

東魏閭詳墓誌

隋龍藏寺碑

隋鞏賓墓誌

隋張怦墓誌

唐崔茂宗妻賈氏墓誌

唐嚴仁墓誌

唐崔君妻盧氏墓誌

嚶

北魏元演墓誌

嚳

唐路通墓誌

囀

武周王師協暨妻蕭氏墓誌

囂

北魏元演墓誌

隋裴覬墓誌

巒

北魏吊比干文

北魏元楨墓誌

北魏韓玫墓誌

隋元公墓誌

唐張敦墓誌

囑

隋高緊墓誌

口部

曰 因

北魏楊璉墓誌

北魏劉滋墓誌

曰 因

北魏塔基石函銘刻

北魏寇臻墓誌

北魏高道悅墓誌

北魏元項墓誌

東魏張略墓誌

隋張喬墓誌

囧

北魏寇演墓誌

東魏元湛墓誌

固

北魏元暐墓誌

圃

北魏趙光墓誌

北魏元泰墓誌

北齊張潔墓誌

國

北魏元祥造像記

北魏元彬墓誌

北魏韓顯宗墓誌

北魏寇臻墓誌

北魏寇猛墓誌

北魏元壽妃麴氏墓誌

北魏元萇墓誌

北魏元譿墓誌

北魏元謐墓誌

北魏于景墓誌

北魏王誦墓誌

北魏元維墓誌

東魏高湛墓誌

北周寇熾墓誌

隋韋壽墓誌

隋董美人墓誌

隋陳暉墓誌

隋郭世昌墓誌

圍

北魏元詮墓誌

東魏高湛墓誌

唐伊闕佛龕碑

圓

唐封泰墓誌

唐張慶則墓誌

園	團	啚圖 圖			圖 圙
 北魏元詮墓誌	 唐八关齋會報德記	 北魏赫連悦墓誌	 隋蕭瑒墓誌	 唐李抒暨妻盧氏合葬墓銘	 北魏元緒墓誌
 北魏王馥墓誌		 隋口静墓誌	 隋元智妻姬氏墓誌		 北魏元泰墓誌
 唐孫藏墓誌		 隋盧文機墓誌	 唐伊闕佛龕碑		 武周屈突季札墓誌
 唐八关齋會報德記		 隋蔡君妻張貴男墓誌	 唐蕭齡之墓誌		

山部

山	屺	岐	岑	時 岂
 北魏趙謐墓誌	 隋鞏賓墓誌	 北魏李伯欽墓誌	 隋宫人何氏墓誌	 北魏元誘妻薛伯徽墓誌
 北魏元進墓誌	 唐楊行表墓誌	 北魏元彦墓誌		 隋元叡墓誌
 北魏王壽德墓誌	 唐程綱墓誌	 唐李云卿墓誌		 隋張伏敬墓誌
 隋李椿妻劉琬華墓誌		 北宋龔德方墓誌		 元張貞墓誌

岸

北魏高道悅墓誌

北魏王壽德墓誌

隋源剛墓誌

唐路通墓誌

唐李再誠墓誌

岫

東魏姬静墓誌

岷

北魏元顥平妻王氏墓誌

隋秦僧迦墓誌

岳

東晋爨寶子碑

北魏吊比干文

北魏元羽墓誌

北魏元嵩墓誌

北魏馮會墓誌

北魏元懷墓誌

北魏叔孫協墓誌

北魏元寧造像記

北魏苟景墓誌

北魏高樹生墓誌

岱

北魏嵩高靈廟碑

北魏元緒墓誌

北魏王紹墓誌

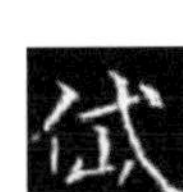
北魏元瑑墓誌

峙

東魏閭詳墓誌

炭

北魏嵩高靈廟碑

隋元叡墓誌

隋鞏賓墓誌

唐等慈寺碑

峥 峥

北魏元壽安墓誌

幽

北魏張正子父母鎮墓石

北魏元鑒妃吐谷渾墓誌

北魏王普賢墓誌

北魏寇憑墓誌

唐李君妻張氏墓誌

崋 華

北魏辛祥妻李慶容墓誌

北魏楊範墓誌

北魏楊胤季女墓誌

北魏元繼墓誌

唐李董娘墓記

豈

北齊高善德墓誌

峭

北魏楊乾墓誌

峩

北魏崔鴻墓誌

峪

東魏南宗和尚之塔

峰 峯

北魏元愔墓誌

唐董士墓誌

峯 峰

北魏元羽墓誌

北魏元顯儁墓誌

北魏元暉墓誌

北魏元暐墓誌

北魏楊乾墓誌

北魏慕容纂墓誌

隋鞏賓墓誌

隋于緯墓誌

武周崔安敬墓誌

武周裴敬道墓誌

唐沈全交墓誌

唐崔君妻盧氏墓誌

唐蕭韶章墓誌

峻

南朝宋爨龍顏碑

北魏吊比干文

北魏李伯欽墓誌

北魏王理奴墓誌

北魏元詮墓誌

北魏吐谷渾璣墓誌

北魏崔敬邕墓誌

北魏寇憑墓誌

北魏元暉墓誌

北魏李媛華墓誌

北魏元瑑墓誌

北魏元寶月墓誌

北魏寇偘墓誌

北魏源模墓誌

北魏元繼墓誌

東魏閭詳墓誌

東魏張瓊墓誌

北齊河清三年造像記

隋來和墓誌

隋王筠墓誌

隋元公墓誌

隋夏侯遷墓誌

崚

北魏元遥墓誌

北魏楊璉墓誌

北魏世宗宣武皇帝嬪李氏墓誌

北魏元瞻墓誌

崧

北魏元昭墓誌

崖

隋宋胡墓誌

崎

北魏元緒墓誌

崐 崑

北魏元彥墓誌

東魏高湛墓誌

隋蘇慈墓誌

崑 崐

清王璹墓誌

崗

北魏元始和墓誌

北魏元鑽遠墓誌

北齊任邃墓誌

唐来景暉妻蕭大通墓誌

唐許澄墓誌

唐李復墓誌

唐王駕墓誌

唐盧燕墓誌

崔

北魏李媛華墓誌

唐崔林妻李氏墓誌

崘

北魏元弼墓誌

崤

北魏元昭墓誌

北魏長孫盛墓銡

隋元叡墓誌

崢 峥

唐等慈寺碑

崩

北魏元恪妻高英墓誌

北魏元暉墓誌

北魏李媛華墓誌

東魏崔混墓誌

北周寇嶠妻薛氏墓誌

唐王用墓誌

崇

北魏比丘法生造像記

魏孟敬訓墓誌

北魏高道悅墓誌

北魏楊踵墓誌

北魏比丘尼慈香慧政造窟記

北魏叔孫協墓誌

北魏元纂墓誌

北魏李劌墓誌

北魏元維墓誌

北齊路衆暨妻潘氏墓誌

隋劉淵墓誌

隋宋文成墓誌

隋陳遵墓誌

唐路通墓誌

崴（歲）

東晉王建之墓誌

南朝宋爨龍顏碑

北魏元偃墓誌

北魏元弘嬪侯氏墓誌

北魏元忠暨妻司馬妙玉墓誌

北魏寇臻墓誌

北魏李瞻墓誌

北魏冠軍將軍妻劉氏墓誌

北魏李元姜墓誌

北魏王蕃墓誌

北魏王皓墓誌

北魏高道悅墓誌

北魏楊璉墓誌

北魏元勰墓誌

北魏元孟輝墓誌

北魏司馬顯姿墓誌

北魏程暐墓誌

北魏元昭墓誌

北魏劉根等造像記

北魏元誘妻薛伯徽墓誌

北魏于仙姬墓誌

北魏董偉墓誌

北魏元悛墓誌

北魏元悛墓誌

北魏李彰墓誌

北齊王惠顒廿人等造像記

北周王令猥造像碑

北周寇嶠妻薛氏墓誌

隋韋壽墓誌

隋禽昌伯妻宇文氏墓誌

隋元世斌墓誌

唐朱令節墓誌

唐郭虛己墓誌

北宋龔德方墓誌

北宋臨海郡太君鐔氏墓誌

崿

北魏穆亮妻尉太妃墓誌

北魏薛慧命墓誌

北魏元愔墓誌

嵯

唐嚴仁墓誌

嵫

北魏吊比干文

隋賀若嵩墓誌

嵆（嵇）

隋田德墓誌

唐張思鼎墓誌

嵠

北魏賀收墓誌

東魏敬使君碑

嵩

北魏元羽墓誌

北魏寇演墓誌

北魏封君妻長孫氏墓誌

北魏封君妻長孫氏墓誌

嘘

東魏杜文雍等十四人造四面佛記

嶠

北周寇嶠妻薛氏墓誌

唐五品亡宫墓誌

唐王琳墓誌

嶓

北魏元緒墓誌

嶮

北魏王紹墓誌

北魏王壽德墓誌

東魏崔混墓誌

豳

北魏元楨墓誌

北魏元彦墓誌

北魏元引墓誌

北魏元暐墓誌

西魏元欽墓誌

東魏元湛墓誌

嶺

北魏李伯欽墓誌

北魏司馬顯姿墓誌

北魏元洛神墓誌

嶷

北魏何伯超墓誌

北魏王紹墓誌

北魏趙盛暨妻索始姜墓誌

北魏元瓚墓誌

北魏元固墓誌

北魏元洛神墓誌

北魏邢巒妻元純陀墓誌

東魏姬静墓誌

巖 巗

北魏穆亮墓誌

北魏寇憑墓誌

北魏趙光墓誌

北魏張猛龍碑

巔

北魏吊比干文

北魏元萇墓誌

北魏李璨蘭墓誌

巋

北魏張猛龍碑

嶸

北魏元壽安墓誌

嶽

東晉爨寶子碑

北魏吊比干文

隋蘇慈墓誌

北齊高善德墓誌

武周李知本墓誌

唐嚴仁墓誌

唐楊行表墓誌

唐蕭茂本墓誌

西魏元欽墓誌

隋元公墓誌

唐等慈寺碑

唐雁塔圣教序

巗 巖

北魏吊比干文

巾部

巾

隋解方保墓誌

布

東魏李顯族造像碑

唐王女節墓誌

帨

唐李君妻裴氏墓誌

希

北魏元愔墓誌

東魏崔鷫墓誌

東魏崔混墓誌

東魏元湛墓誌

唐程綱墓誌

帥

隋皇甫紘墓誌

帝

北魏韓顯宗墓誌

北魏元定君墓誌

北魏丘哲墓誌

北魏張玄墓誌

東魏法儀六十人等造像記

北周韋彪墓誌

唐郭功墓誌

帨

北魏李媛華墓誌

隋李静訓墓誌

帶

北魏吊比干文

北魏羅宗墓誌

北魏于神恩墓誌

北周韋彪墓誌

隋宋胡墓誌

遼韓君墓誌

常

北魏路敬賓造像記

北魏楊乾墓誌

北魏元固墓誌

帷

隋蘇慈墓誌

幄

北魏元暉墓誌

北魏劉華仁墓誌

幃

北魏寇憑墓誌

北魏趙光墓誌

北魏元隱墓誌

西魏元欽墓誌

北周寇嶠妻薛氏墓誌

幌

北魏昝雙仁墓誌

嫌

北魏王馥墓誌

幠

北魏元鑒妃吐谷渾氏墓誌

幢

南朝宋爨龍顏碑

彳部

行

東晋爨寶子碑

北魏趙光墓誌

北魏寇治墓誌

北魏元譚墓誌

北魏元恭墓誌

東魏王僧墓誌

隋劉淵墓誌

唐鄭炅墓誌

役 役

北魏長孫盛墓銘

明孔彰墓誌

征

北魏穆亮墓誌

北魏元始和墓誌

北魏寇臻墓誌

北魏元謐墓誌

北魏元瑹墓誌

北魏李頤墓誌

北魏丘哲墓誌

徂

- 北魏元詮墓誌

往

- 北魏元祐墓誌
- 北魏程暐墓誌
- 北魏元纂墓誌
- 東魏崔混墓誌
- 隋楊君後夫人李氏墓誌
- 唐孫欽墓誌
- 唐盧君妻李氏墓誌

彼

- 北魏冠軍將軍妻劉氏墓誌
- 北魏何伯超墓誌
- 北魏元光墓誌
- 北魏元新成妃李氏墓誌
- 北魏李璨蘭墓誌
- 北魏寇憑墓誌
- 北魏元暉墓誌
- 北魏劉阿素墓誌
- 北魏程暐墓誌
- 西魏劉阿倪提墓誌
- 東魏杜文雍等十四人造四面佛記
- 隋高潭墓誌

待

- 北魏張猛龍碑

徇 狥

- 東魏敬使君碑

衍

- 北魏辛祥妻李慶容墓誌
- 唐蔡希周墓誌

律

- 北魏元萇墓誌
- 北魏元暉墓誌

後

- 北魏吊比干文
- 北魏元彬墓誌
- 北魏張安姬墓誌
- 北魏程暐墓誌
- 北魏孟元華墓誌
- 北魏元謐墓誌
- 北魏世宗宣武皇帝嬪李氏墓誌
- 北魏元洛神墓誌

徒

北魏元暐墓誌

東魏高湛墓誌

東魏張瓊墓誌

東魏張瓊墓誌

北魏李媛華墓誌

北魏李媛華墓誌

北魏元義華墓誌

北魏元誘妻薛伯徽墓誌

北魏元融妃穆氏墓誌

北魏元緦墓誌

北魏元譿墓誌

北魏封君妻長孫氏墓誌

唐崔安儼墓誌

唐元德秀墓誌

東魏李顯族造像碑

北周寇嶠妻薛氏墓誌

隋劉淵墓誌

唐宋祐墓誌

北魏唐耀墓誌

北魏源模墓誌

東魏崔混墓誌

東魏姬靜墓誌

徐

北魏緱光姬墓誌

徙

武周崔安敬墓誌

北宋龔德方墓誌

北魏元遥墓誌

北魏昝雙仁墓誌

北魏元周安墓誌

西魏劉阿倪提墓誌

北魏吊比干文

北魏元楨墓誌

北魏元思墓誌

北魏元詮墓誌

唐殷善徵墓誌

元龍川和尚舍利塔誌

隋□静墓誌

隋李世洛墓誌

隋長孫汪墓誌

武周李准墓誌

術

北魏塔基石函銘刻

北魏元龍墓誌

隋元叡墓誌

武周崔嘉墓誌

唐吕建墓誌

得

北魏元緒墓誌

北魏元恪妻高英墓誌

北魏元孟輝墓誌

北魏任榮墓誌

北魏元昭墓誌

北魏李頤墓誌

北魏元子正墓誌

北魏元天穆墓誌

東魏崔混墓誌

隋張通墓誌

隋高緊墓誌

唐崔安儼墓誌

從

北魏元弘嬪侯氏墓誌

北魏寇臻墓誌

北魏元思墓誌

北魏元詮墓誌

北魏比丘尼慈香慧政造窟記

北魏元倪墓誌

北魏高猛墓誌

北魏李媛華墓誌

北魏元誨墓誌

東魏郭肇墓誌

北周拓拔昇墓誌

隋王善來墓誌

隋田光山妻李氏墓誌

唐封泰墓誌

唐裴濛墓誌

禦 御

北魏塔基石函銘刻

北魏元楨墓誌

北魏元思墓誌

北魏元緒墓誌

北魏劉阿素墓誌

北魏叔孫協墓誌

北魏張安姬墓誌

北魏王遺女墓誌

北魏程暐墓誌

北魏元昭墓誌

北魏公孫猗墓誌

北魏元子正墓誌

復 (複)

北魏元龍墓誌

北魏耿壽姬墓誌

北魏寇演墓誌

北魏元暉墓誌

明鄧益謙墓誌

唐李景由墓誌

唐李阜墓誌

唐程綱墓誌

唐裴濛墓誌

隋元公墓誌

唐化度寺塔銘

唐伊闕佛龕碑

唐裴思乂墓誌

隋橋紹墓誌

隋田保洛墓誌

隋李椿妻劉琬華墓誌

隋張衡墓誌

北魏穆紹墓誌

北魏韓震墓誌

東魏崔混墓誌

東魏閭詳墓誌

徧 (偏 遍)

北魏元緒墓誌

唐伊闕佛龕碑

循

北魏吊比干文

隋獨孤儉墓誌

武周王師協暨妻蕭氏墓誌

唐袁齊墓誌

徨

明杜麟墓誌

唐多寶塔碑

北魏元爽墓誌

東魏崔混墓誌

東魏李顯族造像碑

隋蘇慈墓誌

北魏崔鴻墓誌

北魏楊乾墓誌

北魏元祀墓誌

北魏荀景墓誌

微

北魏太妃侯造像記

北魏石婉墓誌

北魏元演墓誌

北魏比丘尼慈香慧政造窟記

北魏元昭墓誌

北魏元瞻墓誌

東魏高婁斤墓誌

隋李椿妻劉琬華墓誌

唐化度寺塔銘

唐菹氏墓誌

唐韋微妻裴氏墓誌

唐齊鄿墓誌

唐劉干墓誌

傍

明杜麟墓誌

德 悳

北魏吊比干文

北魏元彬墓誌

北魏元澄妃李氏墓誌

北魏王遇墓誌

北魏寇臻墓誌

北魏李元姜墓誌

北魏元颺妻王氏墓誌

北魏李淑真墓誌

北魏李媛華墓誌

北魏元寶月墓誌

北魏元洛神墓誌

北魏穆景胄墓誌

北魏元譚墓誌

北魏李略墓誌

東魏長孫冏墓碑

東魏姬静墓誌

東魏敬使君碑

東魏張略墓誌

北周寇熾墓誌

隋陳暉墓誌

隋劉淵墓誌

隋梁瓌墓誌

隋高緊墓誌

唐路通墓誌

唐陽玄基墓誌

唐鄭炅墓誌

唐盧君妻李氏墓誌

徵

北魏奚智墓誌

北魏王皓墓誌

北魏元騰墓誌

北魏崔鴻墓誌

東魏元玕墓誌

隋劉淵墓誌

隋段摸墓誌

隋夏侯遷墓誌

唐裴會真墓誌

唐申屠徵墓誌

唐李山寶墓誌

衙

隋張通墓誌

唐崔渙墓誌

明王璋暨妻李氏墓誌

衝

北魏馮迎男墓誌

北魏源延伯墓誌

唐馮勝墓誌

唐王伯禮妻丘法主墓誌

徹

北魏封魔奴墓誌

北魏元寶月墓誌

西魏劉阿倪提墓誌

唐裴君妻盧氏墓誌

衛

北魏吊比干文

北魏元萇墓誌

北魏寇演墓誌

北魏緱光姬墓誌

北魏緱光姬墓誌

隋元仁宗墓誌

隋鞏賓墓誌

唐鄭炅墓誌

唐曹萬頤妻張氏墓誌

北宋劉再思墓誌

衡

北魏元楨墓誌

北魏元新成妃李氏墓誌

北魏寇憑墓誌

北魏元懌墓誌

北魏于纂墓誌

北魏元舉（景昇）墓誌

北魏元徽墓誌

東魏長孫冏墓碑

東魏高湛墓誌
魏王鈞墓誌
隋楊紀墓誌
隋元智妻姬氏墓誌

唐樊師墓誌

徽

北魏元彬墓誌

魏安樂王第三子給事君妻韓氏墓誌

北魏元祐墓誌

北魏趙光墓誌

北魏趙光墓誌

北魏封君妻長孫氏墓誌

北魏張問墓誌

北魏高猛妻元瑛墓誌

北魏崔鴻墓誌

東魏崔鶼墓誌

東魏杜文雍等十四人造四面佛記

北周拓拔昇墓誌

唐裴會真墓誌

衢

隋夏侯遷墓誌

彡部

形

北魏劉根等造像記

東魏元寶建墓誌

彤

北魏王彤墓誌

北魏元顯平妻王氏墓誌

北魏元項墓誌

彥

北魏元思墓誌

北魏元進墓誌

北魏寇憑墓誌

北魏皮演墓誌

北魏元勰墓誌

北魏鞠彥雲墓誌

北魏崔鴻墓誌

北齊穆延和等題記

隋元公墓誌

唐王福墓誌

彩

北魏李元姜墓誌

北魏王皓墓誌

北魏元悳墓誌

彫 琱

北魏元顯儁墓誌

北魏元彥墓誌

北魏寇演墓誌

彭

北魏李伯欽墓誌

東魏崔鷫墓誌

唐李譽墓誌

須 鬚

北魏高貞墓碑

北魏元隱墓誌

北魏劉根等造像記

北周叱羅招男墓誌

彰

東晉爨寶子碑

北魏元楨墓誌

北魏元始和墓誌

北魏元進墓誌

北魏元昭墓誌

北魏李彰墓誌

東魏敬使君碑

唐牛藝墓誌

影

北宋焦宗説墓誌

北魏元弼墓誌

北魏何伯超墓誌

北魏程暐墓誌

北魏李略墓誌

東魏南宗和尚之塔

隋蘇慈墓誌

夕部

夕

北魏元詮墓誌

北魏崔鴻墓誌

唐楊君墓誌

外

北魏元鑒妃吐谷渾墓誌

北魏韓顯宗墓誌

北魏元壽妃麴氏墓誌

北魏元顯平妻王氏墓誌

北魏寇演墓誌

北魏元暉墓誌

北魏趙光墓誌

北魏元倪墓誌

北魏楊乾墓誌

東魏隗天念墓誌

唐盧克乂墓誌

北宋胡宗師天發神讖碑跋

夘 卯

武周裴敬道墓誌

唐郎官石柱記

舛

北魏王紹墓誌

北魏元勰墓誌

隋史射勿墓誌

名

北魏元楨墓誌

北魏李伯欽墓誌

隋鞏賓墓誌

隋禽昌伯妻宇文氏墓誌

多

北魏何伯超墓誌

北魏崔鴻墓誌

明郭文光墓誌

舞 儛

北魏王壽德墓誌

唐高仏來墓誌

唐王英墓誌

明郭文光墓誌

夤

北魏高貞墓碑

隋宫人何氏墓誌

夊部

各

北魏崔鴻墓誌

夏

北魏元定君墓誌

北魏趙謐墓誌

北魏高樹、解伯都等造像記

北魏王彤墓誌

北魏寇臻墓誌

魏孟敬訓墓誌

北魏元萇墓誌

北魏劉滋墓誌

北魏李媛華墓誌

北魏李媛華墓誌

北魏尹祥墓誌

東魏高湛墓誌

東魏高湛墓誌

唐董士墓誌

憂

北魏寇憑墓誌

北魏元昭墓誌

北魏王馥墓誌

隋蘇慈墓誌

螽

魏孟敬訓墓誌

丬（爿）部

壯

北魏元寶月墓誌

北魏于神恩墓誌

隋蕭妙瑜墓誌

隋李静訓墓誌

隋夏侯遷墓誌

牀 床

東魏張略墓誌

狀

北魏元新成妃李氏墓誌

北魏崔鴻墓誌

東魏杜法師墓誌

北周張子開造像記

唐宋德方墓誌

將

北魏元偃墓誌

北魏元偃墓誌

北魏元弼墓誌

北魏元龍墓誌

北魏元始和墓誌

北魏元緒墓誌

北魏冠軍將軍妻劉氏墓誌

北魏元詮墓誌

北魏鞠彦雲墓誌	北魏穆纂墓誌	北魏寇憑墓誌	北魏元遥墓誌	北魏長孫瑱墓誌	北魏元詮墓誌
北魏李媛華墓誌	北魏長孫忻墓鉣	北魏封君妻長孫氏墓誌	北魏寇演墓誌	北魏元彦墓誌	北魏何伯超墓誌
北魏緱光姬墓誌	北魏元倪墓誌	北魏封君妻長孫氏墓誌	北魏寇演墓誌	北魏吐谷渾璣墓誌	北魏王皓墓誌
北魏元焕墓誌	北魏高貞墓碑	北魏封君妻長孫氏墓誌	北魏皮演墓誌	北魏元萇墓誌	北魏長孫瑱墓誌

隋衙聞墓誌	隋元叡墓誌	東魏隗天念墓誌	東魏張略墓誌	東魏元玕墓誌	北魏楊乾墓誌
隋張業墓誌	隋韓智墓誌	北周拓拔昇墓誌	東魏郭肇墓誌	南朝梁陶遷造四面像	北魏元過仁墓誌
	隋元叡妻張摩子墓誌	北周寇熾墓誌	東魏郭肇墓誌	東魏崔混墓誌	北魏張玄墓誌
	隋楊紀墓誌	隋橋紹墓誌	東魏隗天念墓誌	東魏高湛墓誌	北魏李彰墓誌

牆 墻

北齊裴良墓誌

武周屈突季札墓誌

广部

床 牀

北齊王憐妻趙氏墓誌

隋楊君妻吴女英墓誌

庇

北魏程暐墓誌

序

北魏高道悦墓誌

唐徐師墓誌

府

北魏李伯欽墓誌

北魏寇臻墓誌

魏孟敬訓墓誌

北魏寇演墓誌

北魏程暐墓誌

北魏張猛龍碑

北魏李媛華墓誌

北魏李頤墓誌

北魏元歒墓誌

底 氐

北魏元羽墓誌

北魏元壽安墓誌

北齊路衆暨妻潘氏墓誌

唐郭虛己墓誌

唐崔渙墓誌

庚

北魏元思墓誌

魏孟敬訓墓誌

北魏元光墓誌

北魏劉阿素墓誌

北魏李頤墓誌

北魏崔鴻墓誌

北魏元維墓誌

北魏元泰墓誌

度

北周宇文業暨妻周氏墓誌

北周李雄墓誌

隋賀若嵩墓誌

隋王筠墓誌

隋衙聞墓誌

清張丙震暨妻紀氏墓誌

北魏元簡墓誌

北魏元定君墓誌

北魏元龍墓誌

北魏元緒墓誌

魏孟敬訓墓誌

北魏元昭墓誌

北魏李媛華墓誌

北魏元瞻墓誌

東魏姬静墓誌

隋李静訓墓誌

唐郎官石柱記

唐嚴觀墓誌

唐裴向墓誌

庭

東晉爨寶子碑

東晉司馬芳殘碑

北魏元始和墓誌

北魏元顯平妻王氏墓誌

北魏元光墓誌

北魏刁遵墓誌

北魏崔敬邕墓誌

北魏劉阿素墓誌

北魏劉華仁墓誌

北魏元昭墓誌

北魏緱光姬墓誌

北魏元洛神墓誌

北魏穆景胄墓誌

北魏元子正墓誌

隋董美人墓誌

隋王筠墓誌

隋宫人蕭氏墓誌

唐薛贖墓誌

唐孫欽墓誌

唐李昂墓誌

唐元寬墓誌

庠

北魏元纘墓誌

唐鮑冲墓誌

席

北魏元詳墓誌

北魏元譓墓誌

北魏緱光姬墓誌

北魏公孫猗墓誌

北魏李諴墓誌

北魏元誨墓誌

東魏高湛墓誌

庫

北魏元暉墓誌

座

北魏高樹生妻韓期頤墓誌

北齊河清三年造像記

唐朱令節墓誌

唐

北魏塔基石函銘刻

北魏李伯欽墓誌

東魏敬使君碑

唐宋祐墓誌

庶 庻

北魏王誦妻元貴妃墓誌

北魏高道悅墓誌

北魏高照容墓誌

北魏王翊墓誌

隋張衡墓誌

庻 庶

北魏元羽墓誌

北魏元澄妃李氏墓誌

北魏比丘法生造像記

北魏皮演墓誌

北魏李淑真墓誌

東魏公孫略墓誌

隋李叔蘭墓誌

隋宋文成墓誌

唐魚本墓誌

廟 廇

北魏何伯超墓誌

西魏元欽墓誌

隋裴通墓誌

庾

隋蘇慈墓誌

廊

唐張四胡墓誌

康

南朝宋爨龍顔碑

北魏解伯達造彌勒像記

北魏元忠暨妻司馬妙玉墓誌

北魏元緒墓誌

北魏何伯超墓誌

北魏寇憑墓誌

北魏司馬顯姿墓誌

北魏劉華仁墓誌

東魏崔鶼墓誌

北周韋彪墓誌

隋楊异墓誌

唐麻氏墓誌

武周殷平墓誌

唐王承鼎墓誌

庸

北魏侯掌墓誌

北魏元邵墓誌

北魏元子正墓誌

北魏源模墓誌

唐李收妻王氏墓誌

廓

北魏王誦妻元貴妃墓誌

東魏張瓊墓誌

廉 亷廉

北魏吊比干文

北魏元進墓誌

唐牛敬福墓誌

唐陸士倫墓誌

明許室人李氏墓誌

鳫

東魏崔混墓誌

廕（蔭）
北宋張子立墓誌

廣
北魏吊比干文
北魏元定君墓誌
北魏元羽墓誌
北魏廣川王祖母太妃侯造彌勒像記
北魏太妃侯造像記
北魏元詔墓誌
東魏高湛墓誌
北齊路衆暨妻潘氏墓誌
北周寇嶠妻薛氏墓誌
唐郊王細人高淑儉墓誌

廟（庿）
北魏元緒墓誌
北魏元暉墓誌
北魏于神恩墓誌
北魏丘哲墓誌
唐李濛墓誌

廛
北魏元演墓誌

廡
北齊河清三年造像記

廉（廉）
北魏元弼墓誌
北魏程暐墓誌
北魏元昭墓誌
隋李景亮墓誌
唐李景由墓誌
唐盧倕妻鄭氏墓誌

慶
南朝宋爨龍顏碑
北魏元簡墓誌
北魏元弘嬪侯氏墓誌
北魏堯遵墓誌
北魏寇演墓誌
北魏寇憑墓誌
北魏元譿墓誌
北魏緱光姬墓誌

癈 廢					
 隋元叡妻張摩子墓誌	 武周殷平墓誌	 隋宮人李氏墓誌	 東魏閭詳墓誌	 東魏元玕墓誌	 北魏元誘妻薛伯徽墓誌
 唐馬湛墓誌	 唐李夫人墓誌	 隋王香仁墓誌	 北周拓拔昇墓誌	 東魏長孫冏墓碑	 北魏元暐墓誌
 唐康昭墓誌	 北宋姚奭妻米氏墓誌	 唐化度寺塔銘	 隋源剛墓誌	 東魏高湛墓誌	 北魏崔鴻墓誌
 唐第五修暨妻衛氏墓誌		 唐楊行表墓誌	 隋盧文機墓誌	 東魏郭肇墓誌	 北魏元悛墓誌

	膺	廪 廩	廪 廩	廨	
 北魏元彝墓誌	 北魏元宏（孝文帝）嬪趙充華墓誌	 北魏吊比干文	 明蔡應聘墓誌	 隋皇甫紘墓誌	 北宋韓正彥側室艾氏墓誌
 北魏元子正墓誌	 北魏封魔奴墓誌	 清楊俊傑墓誌		 唐崔異墓誌	
 隋皇甫紘墓誌	 北魏李媛華墓誌			 唐韋微妻裴氏墓誌	
 隋元統師墓誌	 北魏崔鴻墓誌				

應

北魏寇憑墓誌

北魏比丘尼慈香慧政造窟記

北魏劉根等造像記

北魏昝雙仁墓誌

北魏元悌墓誌

東魏元湛墓誌

東魏杜文雍等十四人造四面佛記

隋夏侯遷墓誌

元龍川和尚舍利塔誌

廬

北魏李淑真墓誌

北魏邢巒妻元純陀墓誌

北魏元文墓誌

東魏元朗墓誌

東魏敬使君碑

隋宫人何氏墓誌

唐孫藏墓誌

唐来景暉妻蕭大通墓誌

唐皇甫敖墓誌

龐

隋麻君妻龐畏孃墓誌

鷹

北魏楊乾墓誌

隋蘇慈墓誌

廳

唐郎官石柱記

门（門）部

門

北魏元誘妻薛伯徽墓誌

北魏崔鴻墓誌

東魏張略墓誌

北周叱羅招男墓誌

隋橋紹墓誌

隋張衡墓誌

唐張慶則墓誌

閈（閈）	閇（閉）	問	閏	開	
北魏元弼墓誌	北魏元龍墓誌	北魏元暐墓誌	東晋王建之墓誌	北魏元龍墓誌	北魏元纂墓誌
北魏蘇屯墓誌	北魏元思墓誌	北魏崔鴻墓誌	北魏元謐墓誌	北魏元緒墓誌	北魏元纂墓誌
魏佚名墓誌	隋宋胡墓誌	北魏元子正墓誌	東魏郭肇墓誌	北魏長孫瑱墓誌	北魏元誘妻薛伯徽墓誌
			隋施太妃墓誌	北魏李媛華墓誌	東魏張略墓誌

	間	閑（閒）	閒（閑）	閟	閞
北周武氏皇帝阿史那氏墓誌	北魏魯普墓誌	北魏馮會墓誌	北魏元定君墓誌	北魏元羽墓誌	北魏元萇墓誌
隋鞏賓墓誌		北魏元誘妻薛伯徽墓誌			北魏元萇墓誌
隋宋文成墓誌		東魏閭詳墓誌			北魏元新成妃李氏墓誌
					北魏元固墓誌

北魏元誨墓誌

北魏元天穆墓誌

東魏元朗墓誌

北周拓拔昇墓誌

閨

北魏元澄妃李氏墓誌

北魏王昌墓誌

北魏元誘妻薛伯徽墓誌

北魏元洛神墓誌

東魏張略墓誌

唐李夫人墓誌

清王璹墓誌

聞

北魏元詮墓誌

北魏王昌墓誌

北魏封君妻長孫氏墓誌

北魏元謐墓誌

北魏元誘妻薛伯徽墓誌

北魏元暐墓誌

東魏崔混墓誌

唐桓思貞墓誌

閩

唐楊乘墓誌

閭

唐李頻墓誌

閤 閣

北魏韓顯宗墓誌

北魏元項墓誌

閣 閤

北魏元暉墓誌

北魏穆景冑墓誌

闔

北魏元誘妻薛伯徽墓誌

閱

北魏元壽安墓誌

隋蘇慈墓誌

唐崔君妻盧氏墓誌

閿

唐路通墓誌

閽

北魏吊比干文

北魏王馥墓誌

閻

唐閻休墓誌

北宋焦宗説墓誌

闉

北魏元羽墓誌

闈

北魏元弘嬪侯氏墓誌

魏孟敬訓墓誌

北魏高道悅墓誌

北魏高道悅墓誌

北魏元暉墓誌

唐樊驤墓誌

闋

唐陸士倫墓誌

闔

北魏唐耀墓誌

闕

北魏元詳造像記

北魏楊大眼造像記

北魏高宗嬪耿氏墓誌

北魏于纂墓誌

北魏石育妻戴氏墓誌

隋鞏賓墓誌

隋郭世昌墓誌

隋夏侯遷墓誌

唐趙仁本墓誌

唐石獎墓誌

唐郎官石柱記

唐郭虛己墓誌

唐崔異墓誌

闚 窺

北魏吊比干文

闗

北魏吊比干文

北魏崔鴻墓誌

武周李師墓誌

唐陽君妻盧氏墓誌

唐崔逢墓誌

闥

北魏元光墓誌

北魏元懷墓誌

北魏趙光墓誌

北魏緱光姬墓誌

闡

北魏吊比干文

北魏寇演墓誌

隋裴通墓誌

闢 辟

北魏元誘墓誌

宀部

守

北魏寇憑墓誌

北魏寇演墓誌

北魏崔鴻墓誌

東魏崔混墓誌

東魏姬静墓誌

北周拓拔昇墓誌

宅

西晋李達地券磚銘

北魏元弼墓誌

北魏劉華仁墓誌

北魏元倪墓誌

東魏杜法師墓誌

字

北魏長孫瑱墓誌

北魏趙億墓誌

北魏源延伯墓誌

隋元惠墓誌

安

北魏元定君墓誌

北魏元澄妃李氏墓誌

北魏元弘嬪侯氏墓誌

北魏李璨蘭墓誌

北魏寇演墓誌

北魏元賄墓誌

北魏封君妻長孫氏墓誌

北魏元暐墓誌

唐郭功墓誌

唐嚴觀墓誌

唐程進環妻梁氏墓誌

宏

北齊張潔墓誌

隋元叡墓誌

北齊高善德墓誌

隋張喬墓誌

唐王美暢墓誌

宍 肉

北魏孫遼浮圖銘記

東魏崔鴻妻張玉憐墓誌

灾 災

北魏李瞻墓誌

宗

東晉爨寶子碑

北魏孟元華墓誌

東魏崔混墓誌

唐齊鄺墓誌

定

北魏元定君墓誌

北魏羅宗墓誌

北魏元倪墓誌

東魏郭肇墓誌

唐程綱墓誌

宕

北魏王鍾兒墓誌

魏元延明墓誌

宙

隋寇熾妻姜敬親墓誌

官

東晉王建之墓誌

東晉爨寶子碑

北魏元譿墓誌

北周宇文業暨妻周氏墓誌

宛

北魏元謐墓誌

北魏李媛華墓誌

東魏元玕墓誌

唐盧重墓誌

北宋張子元墓誌

宣

北魏元演墓誌

隋裴遺業墓誌

宧

北魏元光墓誌

北魏劉滋墓誌

北魏元曄墓誌

北魏元瞻墓誌

西魏元欽墓誌

隋張通墓誌

唐李誠墓誌

宥

東魏崔混墓誌

室

東魏杜文雍等十四人造四面佛記

宨

北魏元演墓誌

客

北魏何伯超墓誌

東魏元朗墓誌

隋安備墓誌

害

北魏元暲墓誌

西魏元欽墓誌

北魏楊順墓誌

宸

北魏元暉墓誌

北魏元泰墓誌

唐崔鏞墓誌

家

北魏何伯超墓誌

北魏丘哲墓誌

東魏郭肇墓誌

東魏杜文雍等十四人造四面佛記

北周叱羅招男墓誌

唐菹氏墓誌

宴 讌

北魏元彝墓誌

宮

北魏元彬墓誌

容

南朝宋爨龍顔碑

北魏吐谷渾璣墓誌

北魏馮迎男墓誌

北魏元謐墓誌

北魏崔鴻墓誌

東魏高婁斤墓誌

西魏辛術墓誌

東魏杜文雍等十四人造四面佛記

北周比丘惠瑑等造像記

宰

東晋王建之墓誌

北魏李元姜墓誌

北魏王壽德墓誌

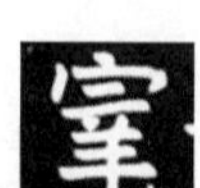
北魏高樹生墓誌

北宋苻補之墓誌

案

北魏元偃墓誌

北魏元暐墓誌

寇 冦

北魏元萇墓誌

北魏李謀墓誌

北魏元鑽遠墓誌

唐郭虚已墓誌

唐李昂墓誌

㝡 （最）

北魏李超墓誌

隋元叡墓誌

唐崔日新墓誌

唐崔安儼墓誌

唐李復妻王氏墓誌

寅

北魏元偃墓誌

北魏元簡墓誌

北魏寇臻墓誌

北魏元融妃穆氏墓誌

北魏元萇墓誌

北魏元煥墓誌

東魏崔鴻妻張玉憐墓誌

東魏元朗墓誌

隋劉世恭墓誌

唐李復妻王氏墓誌

寄

北魏趙謐墓誌

北魏寇演墓誌

北魏高猛妻元瑛墓誌

東魏閭詳墓誌

寂

北魏吊比干文

北魏太妃侯造像記

北魏元嵩墓誌

北魏元暉墓誌

北魏爾朱紹墓誌

隋董美人墓誌

隋陳暉墓誌

隋楊异墓誌

唐雁塔圣教序

武周裴敬道墓誌

唐徐師墓誌

冥 （冥）

北魏塔基石函銘刻

北魏吊比干文

北魏元簡墓誌

北魏元緒墓誌

北魏寧陵公主墓誌

北魏元萇墓誌

北魏元瓌墓誌

北魏李超墓誌

北魏元舉（景昇）墓誌

北魏元醜仁墓誌

北魏高珪墓誌

東魏元玕墓誌

隋鞏賓墓誌

隋元公墓誌

武周郭蕩墓誌

唐房承先妻吴氏墓誌

宿

東魏崔混墓誌

東魏姬静墓誌

隋于緯墓誌

唐姚彝墓誌

寃

北魏元誘妻薛伯徽墓誌

北魏元子永墓誌

隋元統師墓誌

唐孟珏墓誌

密

北魏吊比干文

北魏李伯欽墓誌

北魏江文遥母吴氏墓誌

北魏元緒墓誌

北魏元演墓誌

北魏劉華仁墓誌

東魏崔混墓誌

東魏姬静墓誌

東魏敬使君碑

北齊逢哲墓誌

隋蘇慈墓誌

隋張濤妻李氏墓誌

唐楊温墓誌

唐孟貫墓誌

武周崔嘉墓誌

唐宋祐墓誌

唐李行止墓誌

寒

唐張敦墓誌

明郭文光墓誌

富 畐

唐楊乘墓誌

寔 實

北魏吊比干文

北魏元顯平妻王氏墓誌

北魏王紹墓誌

北魏李彰墓誌

寓

北魏寇臻墓誌

北魏元昭墓誌

北魏王鍾兒墓誌

北魏崔鴻墓誌

（續上頁）

唐宋劉師墓誌

寖 （寑）

南朝宋爨龍顏碑

北魏張整墓誌

北魏元始和墓誌

北魏寇臻墓誌

北魏寇臻墓誌

北魏元思墓誌

東魏敬使君碑

東魏張略墓誌

隋宋胡墓誌

隋賀若嵩墓誌

隋段摸墓誌

唐五品亡宮墓誌

唐梁式墓誌

唐高力牧妻魏氏墓誌

唐盧項妻李初墓誌

唐吴璘墓誌

窓 （惌）

北魏元暐墓誌

北魏薛慧命墓誌

甯 （寧）

東魏姬静墓誌

北周乙弗紹墓誌

寐

北魏元隱墓誌

東魏杜法師墓誌

隋李椿妻劉琬華墓誌

塞

北魏何伯超墓誌

北魏高貞墓碑

寞

隋張禮暨妻羅氏墓誌

唐韓憬妻李氏墓誌

寛 （寬）

北魏元簡墓誌

北魏元新成妃李氏墓誌

北魏皮演墓誌

北魏元寶月墓誌

北魏楊乾墓誌

北魏王誦墓誌

北魏寇宵墓誌

東魏姬静墓誌

寬 寬	寖	罝 寘			
 北魏元緒墓誌	 唐崔逢墓誌	 東魏姬静墓誌	 唐八关齋會報德記	 隋楊紀墓誌	 東魏張瓊墓誌
 北魏元賄墓誌	 北宋舒氏冢婦李氏墓誌			 唐陳阿胡墓誌	 北周拓拔昇墓誌
 東魏元湛墓誌				 唐崔羡妻鄭氏墓誌	 隋高潭墓誌
				 唐張惟恭墓誌	 隋田保洛墓誌

			寡		賔 賓
 明冀元妻張氏墓誌	 唐張林墓誌	 北魏長孫季墓誌	 北魏侯剛墓誌	 隋楊寬妻韋始華墓誌	 東晋爨寶子碑
	 唐曹萬頤妻張氏墓誌	 隋元公墓誌	 北魏爾朱袭墓誌	 唐李貞庶墓誌	 北魏乞伏寶墓誌
	 唐孟璲墓誌	 唐王禕墓誌	 北魏元誨墓誌	 唐郭虚己墓誌	 北魏元鑽遠墓誌
	 北宋王榮墓誌	 唐李君妻張氏墓誌	 北魏于君妻和醜仁墓誌		 北齊穆延和等題記

察

北魏高猛妻元瑛墓誌

隋蘇慈墓誌

隋李世洛墓誌

隋獨孤儉墓誌

武周裴敬道墓誌

唐何彦則墓誌

唐八关齋會報德記

唐盧士玫墓誌

唐李潜墓誌

唐孟珏墓誌

蜜

北齊文殊般若經碑

寧 寗

東晋爨寶子碑

東晋司馬芳殘碑

北魏吊比干文

北魏元龍墓誌

北魏萬福榮造像記

北魏吐谷渾璣墓誌

北魏叔孫協墓誌

北魏王遺女墓誌

東魏崔混墓誌

隋□静墓誌

隋李世洛墓誌

唐朱令節墓誌

唐吕建墓誌

北宋張曙墓誌

明鄧鶴母王氏墓誌

明許室人李氏墓誌

明張美含暨妻楊氏墓誌

寤 寤

北魏尹祥墓誌

賓 賓

北魏元緒墓誌

北魏何伯超墓誌

北周比丘惠璨等造像記

北周元壽安妃盧蘭墓誌

寢 寑

北魏王普賢墓誌

北魏吐谷渾璣墓誌

北魏元謐墓誌

北魏侯剛墓誌

北魏元壽安墓誌

北魏元珽墓誌

唐李行淹墓誌

唐高力牧墓誌

唐田誡墓誌

北宋武珣墓誌

北宋劉再思墓誌

北宋王榮墓誌

明孔彰墓誌

寥

北魏程暐墓誌

北魏元舉（長融）墓誌

隋龍藏寺碑

唐陽玄基墓誌

實 寔

北魏元鑒妃吐谷渾墓誌

北魏元始和墓誌

北魏緱光姬墓誌

西魏元欽墓誌

東魏姬靜墓誌

隋楊寬妻韋始華墓誌

寮

北魏爾朱紹墓誌

北齊高湝墓誌

寫 寫

北魏王馥墓誌

唐崔異墓誌

審

北魏內司楊氏墓誌

東魏郭肇墓誌

憲

北魏元彬墓誌

北魏元新成妃李氏墓誌

北魏高道悅墓誌

北魏元暉墓誌

北魏程暐墓誌

北魏崔鴻墓誌

北魏元悛墓誌

北魏元愔墓誌

東魏杜法師墓誌

隋王昌暨妻薛氏墓誌

唐桓思貞墓誌

唐盧元福墓誌

謇	蹇		寰	褰	
 隋鞏賓墓誌	 北魏元孟輝墓誌	 武周李知本墓誌	 北魏元羽墓誌	 北魏元暐墓誌	 唐嚴仁墓誌
 隋鞏賓墓誌	 北魏元昭墓誌	 唐裴君妻盧氏墓誌	 北魏元彦墓誌	 北魏王馥墓誌	 唐郭虛己墓誌
	 北魏蘇屯墓誌	 後梁韓仲舉妻王氏墓誌	 北魏元顥墓誌		 明孔彰墓誌
			 東魏慧光法師墓誌		 明豐厚墓誌

騫		寶 琺 寶		寵	寶 寳
 東晉爨寶子碑	 唐等慈寺碑	 北魏元楨墓誌	 明張調元墓誌	 北魏元懷墓誌	 北魏韓顯宗墓誌
 南朝宋爨龍顔碑	 唐崔涣墓誌	 北魏李媛華墓誌		 北魏寇演墓誌	 北魏李伯欽墓誌
 唐張慶則墓誌		 北魏元子正墓誌		 東魏高湛墓誌	 北魏元引墓誌
		 隋段摸墓誌		 唐宫人墓誌	 東魏姬静墓誌

辶（辵）部

迅

北魏元謐墓誌

北魏元舉（景昇）墓誌

隋史射勿墓誌

巡

唐執失善光墓誌

明張調元墓誌

近

北魏元光墓誌

北魏吐谷渾璣墓誌

北魏崔鴻墓誌

北魏于神恩墓誌

唐康昭墓誌

返

北魏吊比干文

北魏元澄妃李氏墓誌

北魏吐谷渾璣墓誌

北魏司馬顯姿墓誌

東魏姬靜墓誌

迎

北魏元詮墓誌

武周裴敬道墓誌

唐曹萬頤妻張氏墓誌

述

北魏元彬墓誌

魏孟敬訓墓誌

北魏高道悅墓誌

北魏劉阿素墓誌

北魏李頤墓誌

東魏崔混墓誌

迥 迵

唐等慈寺碑

迤

隋董美人墓誌

迒

北魏塔基石函銘刻

北魏高猛妻元瑛墓誌

北魏尹祥墓誌

北魏元誨墓誌

東魏張略墓誌

東魏閭詳墓誌

隋源剛墓誌

唐盧克乂墓誌

迢

南朝宋爨龍顏碑

魏元延明墓誌

迦

東魏法儀六十人等造像記

迴 逥

隋張芳墓誌

追

北魏王蕃墓誌

北魏寇憑墓誌

北魏于仙姬墓誌

東魏高湛墓誌

迿 迴

北魏元昭墓誌

北魏緱光姬墓誌

逃

北魏劉阿素墓誌

唐李昂墓誌

逄

隋蘇慈墓誌

隋蔡君妻張貴男墓誌

唐石奬墓誌

迹 跡 蹟

北魏楊大眼造像記

北魏楊大眼造像記

北魏高猛墓誌

西魏元欽墓誌

東魏張略墓誌

唐徐嶠墓誌

送

北周元壽安妃盧蘭墓誌

隋李静訓墓誌

迷

北魏元思墓誌

逆

北魏元詳造像記

唐八关齋會報德記

唐元寬墓誌

退

北魏元倪墓誌

逝

北魏吊比干文

北魏元演墓誌

北魏馮會墓誌

北魏叔孫協墓誌

北魏程暐墓誌

北魏元誘妻薛伯徽墓誌

北魏元子正墓誌

東魏張瓊墓誌

連

東魏姬静墓誌

北齊河清三年造像記

逕

北魏塔基石函銘刻

北魏寇臻墓誌

北魏寇憑墓誌

北魏元誘妻薛伯徽墓誌

東魏崔混墓誌

唐陸士倫墓誌

逍

東魏高湛墓誌

迴 迴

北魏吊比干文

造

北魏元騰墓誌

北魏劉華仁墓誌

北齊河清三年造像記

北齊淳于元皓造像記

北周梁嗣鼎墓誌

途

北魏元詳造像記

北魏元詮墓誌

北魏楊璉墓誌

東魏張略墓誌

東魏閭詳墓誌

隋蘇慈墓誌

逖

唐等慈寺碑

逢

北魏比丘法生造像記

北魏元緒墓誌

北魏元緒墓誌

北魏公孫猗墓誌

北魏元誘妻薛伯徽墓誌

北魏元愔墓誌

隋茹洪墓誌

隋□徹墓誌

通

東晉爨寶子碑

北魏寇憑墓誌

北魏元誘妻薛伯徽墓誌

北魏元固墓誌

北魏李彰墓誌

北周拓拔昇墓誌

北周拓拔昇墓誌

唐崔沉墓誌

唐李潛墓誌

北宋張曙墓誌

逵

北魏公孫猗墓誌

武周崔嘉墓誌

遠

北魏元弘嬪侯氏墓誌

北魏元始和墓誌

北魏寇臻墓誌

北魏元緒墓誌

北魏長孫瑱墓誌

北魏皮演墓誌

北魏寇憑墓誌

北魏李淑真墓誌

北魏李媛華墓誌

北魏元寶月墓誌

北魏高猛妻元瑛墓誌

北魏慕容纂墓誌

東魏張略墓誌

北魏丘哲墓誌

北周元壽安妃盧蘭墓誌

東魏長孫冏墓碑

隋高潭墓誌

東魏崔混墓誌

隋張通墓誌

東魏張略墓誌

隋李椿妻劉琬華墓誌

過

北魏何伯超墓誌

北魏馮會墓誌

北魏寇憑墓誌

北魏高猛妻元瑛墓誌

北魏元過仁墓誌

東魏元玕墓誌

唐桓思貞墓誌

唐崔茂宗墓誌

明喬應科墓誌

進

北魏元進墓誌

北周乙弗紹墓誌

逸

北魏元演墓誌

北魏山暉墓誌

北魏元光墓誌

北魏元萇墓誌

北魏寇憑墓誌

北魏程暐墓誌

北魏李超墓誌

北魏楊乾墓誌

北魏元悛墓誌

北魏王馥墓誌

東魏杜法師墓誌

東魏崔混墓誌

東魏高湛墓誌

唐魏基妻王淑墓誌

唐郎官石柱記

唐康昭墓誌

逯

魏孟敬訓墓誌

唐蔡希周墓誌

逮

北魏劉滋墓誌

北魏李超墓誌

隋高嗣墓誌

唐崔渙墓誌

明梁鶴墓誌

達

北魏韓顯宗墓誌

北魏解伯達造彌勒像記

北魏元始和墓誌

北魏元緒墓誌

北魏劉根等造像記

北魏李媛華墓誌

東魏杜法師墓誌

東魏姬静墓誌

北齊文殊般若經碑

武周李准墓誌

唐呂建墓誌

逼

北魏赫連悦墓誌

北魏元天穆墓誌

西魏辛術墓誌

遇

北魏吊比干文

北魏楊乾墓誌

遏

隋梁坦墓誌

遄

北魏元詮墓誌

遁 遯

北魏侯剛墓誌

北魏元禮之墓誌

東魏敬使君碑

唐裴會真墓誌

唐郭留慶墓誌

逾 踰

隋楊异墓誌

武周裴敬道墓誌

遊（游）

北魏解伯達造彌勒像記

北魏石婉墓誌

北魏王紹墓誌

北魏叔孫協墓誌

北魏元固墓誌

北魏元瞻墓誌

隋梁坦墓誌

隋董美人墓誌

明李世熙墓誌

遒

唐楊行表墓誌

道

北魏解伯達造彌勒像記

北魏元定墓誌

魏孟敬訓墓誌

北魏李璞蘭墓誌

北魏元引墓誌

北魏李媛華墓誌

北魏元悛墓誌

東魏張略墓誌

北齊河清三年造像記

隋高緊墓誌

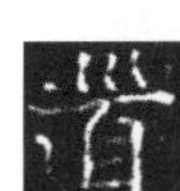
唐辛謙墓誌

武周崔嘉墓誌

唐盧克乂墓誌

遂

北魏寇憑墓誌

北魏寇慰墓誌

隋明雲騰墓誌

運

北魏程暐墓誌

北魏張玄墓誌

東魏張略墓誌

遍（徧）

北齊姜纂造像記

隋蘇慈墓誌

隋蘇慈墓誌

唐王琳墓誌

逯（逿）

北魏趙超宗墓誌

隋裴覬墓誌

遐

- 北魏吊比干文
- 北魏元彬墓誌
- 北魏元定君墓誌
- 北魏元始和墓誌
- 北魏寇猛墓誌
- 北魏元演墓誌
- 北魏何伯超墓誌
- 北魏寇演墓誌
- 北魏劉阿素墓誌
- 北魏司馬顯姿墓誌
- 北魏王壽德墓誌
- 北魏緱光姬墓誌
- 北魏高猛妻元瑛墓誌
- 北魏李頣墓誌
- 北魏崔鴻墓誌
- 北魏丘哲墓誌
- 北魏元醜仁墓誌
- 東魏崔混墓誌
- 東魏張略墓誌
- 東魏張瓊墓誌
- 隋封子繪妻王楚英墓誌
- 隋楊异墓誌
- 隋李椿妻劉琬華墓誌

遲

- 北魏牛橛造像記
- 北魏楊璉墓誌
- 唐崔林妻李氏墓誌

違

- 北魏石婉墓誌
- 魏孟敬訓墓誌
- 北魏元光墓誌
- 北魏李淑真墓誌
- 北魏元昭墓誌
- 北魏昝雙仁墓誌
- 東魏崔混墓誌
- 東魏張略墓誌
- 北周寇嶠妻薛氏墓誌
- 唐朱令節墓誌
- 唐崔涣墓誌
- 明牛世威墓誌

遨

- 隋劉淵墓誌

遘

- 北魏吊比干文
- 北魏李瞻墓誌
- 北魏冠軍將軍妻劉氏墓誌
- 北魏元詮墓誌

魏孟敬訓墓誌

北魏元萇墓誌

北魏司馬顯姿墓誌

北魏李淑真墓誌

北魏緱光姬墓誌

北魏元寶月墓誌

北魏崔鴻墓誌

北魏源模墓誌

隋王紹先墓誌

隋橋紹墓誌

隋吳素暨妻樊氏墓誌

隋鞏賓墓誌

隋張通墓誌

隋蘇慈墓誌

隋宮人元氏墓誌

北齊高善德墓誌

隋李叔蘭墓誌

唐魚本墓誌

唐尚才墓誌

唐淳于武斌暨妻左氏墓誌

唐桓思貞墓誌

唐姚彝墓誌

唐梁式墓誌

唐陳尚仙墓誌

唐鄭老彭墓誌

唐辛廣墓誌

唐盧克乂墓誌

唐崔弘載墓誌

唐崔蘇五墓誌

唐王全素墓誌

唐孟珏墓誌

唐盧君妻李氏墓誌

北宋臨海郡太君鐔氏墓誌

遺

北魏高道悅墓誌

北魏高猛妻元瑛墓誌

遞 遰

北魏吊比干文

魏元延明墓誌

東魏高婁斤墓誌

隋高潭墓誌

隋蘇慈墓誌

唐魏喆妻盧氏墓誌

唐李潛墓誌

遥 遙

隋李静訓墓誌

遙 遥

北魏吊比干文

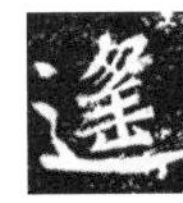
北魏元楨墓誌

北魏江文遥母吴氏墓誌

北魏元演墓誌

北魏元彦墓誌

北魏楊璉墓誌

北魏比丘尼慈香慧政造窟記

北魏劉阿素墓誌

北魏李媛華墓誌

北魏緱光姬墓誌

北魏公孫猗墓誌

北魏元暐墓誌

北魏世宗宣武皇帝嬪李氏墓誌

北魏元周安墓誌

東魏崔混墓誌

東魏高湛墓誌

隋董美人墓誌

隋蘇慈墓誌

遅

唐韋微妻裴氏墓誌

唐李玄就墓誌

遜

北魏元勰墓誌

遭

北魏劉阿素墓誌

北魏劉華仁墓誌

北魏寇治墓誌

北魏王馥墓誌

遰 遞

南朝宋爨龍顔碑

北魏高道悦墓誌

適

北魏吊比干文

北魏趙超宗墓誌

北魏李媛華墓誌

北周寇熾墓誌

北周寇熾墓誌

北周寇熾墓誌

隋封子繪妻王楚英墓誌

隋元叡妻張摩子墓誌

- 隋段摸墓誌
- 唐盧克乂墓誌
- 明鄧鶴母王氏墓誌

邁

- 北魏何伯超墓誌
- 北魏高照容墓誌
- 北魏封君妻長孫氏墓誌
- 北魏程暐墓誌
- 北魏于神恩墓誌
- 東魏張略墓誌
- 唐等慈寺碑

遷

- 北魏吊比干文
- 北魏元羽墓誌
- 北魏寇臻墓誌
- 北魏元緒墓誌
- 北魏元顥平妻王氏墓誌
- 北魏何伯超墓誌
- 北魏元進墓誌
- 北魏趙盛暨妻索始姜墓誌
- 北魏李瑈蘭墓誌
- 北魏寇憑墓誌
- 北魏元暉墓誌
- 北魏劉阿素墓誌
- 北魏劉華仁墓誌
- 北魏封魔奴墓誌
- 北魏元引墓誌
- 北魏寇治墓誌
- 北魏于神恩墓誌
- 北魏元廞墓誌
- 北魏王馥墓誌
- 北魏李略墓誌
- 北魏丘哲墓誌
- 北魏赫連悅墓誌
- 北魏元項墓誌
- 北魏元恭墓誌
- 南朝梁陶遷造四面像
- 東魏郭肇墓誌
- 北周寇熾墓誌
- 隋王仕恭墓誌
- 隋賀若嵩墓誌
- 隋蘇慈墓誌
- 隋蘇慈墓誌
- 隋陳叔興墓誌
- 隋那提墓誌
- 隋元惠墓誌
- 隋元公墓誌
- 隋長孫汪墓誌

	遺		遼		
北魏劉華仁墓誌	北魏吊比干文	唐孟買墓誌	北魏常襲妻崔氏墓誌	唐崔涣墓誌	唐雁塔圣教序
北魏孟元華墓誌	北魏元楨墓誌	武周殷平墓誌	北魏元悛墓誌	唐李收墓誌	唐楊行表墓誌
北魏元洛神墓誌	北魏元詳墓誌		東魏長孫冏墓碑	唐孟珏墓誌	唐嚴仁墓誌
北魏唐耀墓誌	北魏元勰墓誌		東魏元鷙妃公孫甑生墓誌	北宋張氏墓誌	唐臧懷亮墓誌

	選		遵		
清侯光岳暨妻孟氏墓誌	北魏元緒墓誌	北魏劉根等造像記	北魏堯遵墓誌	北周寇嶠妻薛氏墓誌	東魏崔混墓誌
	北魏高猛妻元瑛墓誌	北魏元珽墓誌	北魏寇演墓誌	武周李知本墓誌	西魏宇文測墓誌
	北魏元誨墓誌	隋楊异墓誌	北魏元勰墓誌	唐王琳墓誌	東魏張略墓誌
	清王璹墓誌		北魏元倪墓誌		東魏杜文雍等十四人造四面佛記

遽

北魏王紹墓誌

北魏元暉墓誌

北魏李頤墓誌

北魏元悌墓誌

北魏元子正墓誌

北魏元鑽遠墓誌

東魏崔混墓誌

北周寇嶠妻薛氏墓誌

隋宋胡墓誌

隋蘇慈墓誌

武周裴敬道墓誌

還

北魏吊比干文

北魏元龍墓誌

北魏何伯超墓誌

北魏高猛墓誌

北魏元固墓誌

北魏王馥墓誌

東魏姬静墓誌

東魏高湛墓誌

隋薛保興墓誌

邀

北魏高道悦墓誌

避

北魏元昭墓誌

北魏源延伯墓誌

邈

北魏元始和墓誌

北魏元詳墓誌

北魏元光墓誌

北魏元彦墓誌

北魏高廣墓誌

北魏元過仁墓誌

北魏元昉墓誌

北魏慕容纂墓誌

北魏元恭墓誌

東魏崔鶤墓誌

武周李知本墓誌

唐吴德鄘妻趙氏墓誌

邃

北魏元始和墓誌

北魏和邃墓誌

北魏元廞墓誌

隋源剛墓誌

唐李樞墓誌

邊

北魏奚智墓誌

北魏司馬悦墓誌

北魏何伯超墓誌

北魏元遥墓誌

北魏崔敬邕墓誌

北魏寇演墓誌

北魏司馬昞墓誌

北魏元隱墓誌

北魏元昭墓誌

北魏寇治墓誌

北魏丘哲墓誌

魏元延明墓誌

北魏元顥墓誌

北魏元恭墓誌

北齊文殊般若經碑

隋鞏賓墓誌

隋張伏敬墓誌

唐伊闕佛龕碑

武周屈突季札墓誌

武周殷平墓誌

明李順墓誌

明馬幹墓誌

明王齊墓誌

彐（⺕彑）部

尋

北魏吊比干文

北魏趙超宗墓誌

北魏元詮墓誌

北魏元暉墓誌

北魏程暐墓誌

北魏崔鴻墓誌

北魏元子正墓誌

東魏崔鶼墓誌

隋賀若嵩墓誌

隋梁瓌墓誌

彝 彝

唐元鏞妻王氏墓誌

唐盧敬彝墓誌

唐宫人墓誌

彝　彝

北魏元楨墓誌

北魏刁遵墓誌

北魏崔敬邕墓誌

北魏于纂墓誌

北魏元彝墓誌

隋元惠墓誌

唐姚彝墓誌

唐陸士倫墓誌

尸部

尺

北魏元詮墓誌

尼

北魏元悋妻高英墓誌

北魏比丘尼慈香慧政造窟記

北魏王鍾兒墓誌

北齊河清三年造像記

尻　居

隋長孫汪墓誌

尾

唐趙仁本墓誌

唐崔凝墓誌

局　跼

北魏元緒墓誌

北魏穆紹墓誌

隋楊君妻吴女英墓誌

隋元公墓誌

居　尻

北魏元鑒妃吐谷渾墓誌

北魏趙謐墓誌

北魏元誘妻薛伯徽墓誌

北魏秦洪墓誌

東魏姬静墓誌

隋楊休墓誌

隋田光山妻李氏墓誌

屈

北魏寇演墓誌

屏

北魏慕容纂墓誌

隋橋紹墓誌

展

北魏吊比干文

北魏咎雙仁墓誌

東魏崔混墓誌

隋高緊墓誌

唐陶貢墓誌

北宋郭朝威墓誌

北宋張曙墓誌

犀

北魏吊比干文

唐孟買墓誌

唐楊行表墓誌

唐陶貢妻裴氏墓誌

唐源君墓誌

属 屬

北魏李伯欽墓誌

北魏元緒墓誌

北魏元詮墓誌

北魏高道悦墓誌

北魏劉根等造像記

北魏元子正墓誌

北魏爾朱袭墓誌

北周拓拔昇墓誌

隋元統師墓誌

唐路通墓誌

唐王美暢墓誌

武周裴敬道墓誌

唐崔君妻盧氏墓誌

唐崔涣墓誌

屢

北魏比丘法生造像記

北魏石婉墓誌

北魏元暉墓誌

北魏宋虎墓誌

唐裴會真墓誌

北宋張曙墓誌

屣

北魏公孫猗墓誌

北魏元愔墓誌

隋段摸墓誌

履

北魏吊比干文

北魏寇臻墓誌

北魏寧陵公主墓誌

北魏堯遵墓誌

北魏劉阿素墓誌

北魏元緦墓誌

北魏劉華仁墓誌

北魏封魔奴墓誌

北魏秦洪墓誌

北魏楊乾墓誌

北魏元子永墓誌

北魏元徽墓誌

東魏元玕墓誌

東魏崔混墓誌

東魏郭肇墓誌

東魏元凝妃陸順華墓誌

隋宋胡墓誌

隋李肅墓誌

武周宋智亮墓誌

唐陽君妻盧氏墓誌

層

北魏元羽墓誌

北魏元新成妃李氏墓誌

北魏賈祥墓誌

北魏元悛墓誌

屬（属）

北魏崔鴻墓誌

北魏元鑽遠墓誌

唐桓思貞墓誌

北宋宋可度墓誌

明劉韶暨妻武氏墓誌

己（已巳）部

己

北魏于仙姬墓誌

東魏法儀六十人等造像記

明高詩墓誌

已

北魏元詮墓誌

北魏高貞墓碑

北魏元義華墓誌

東魏張瓊墓誌

目

北魏元暉墓誌

北魏元賄墓誌

北魏緱光姬墓誌

北魏元義華墓誌

北魏寇治墓誌

改 攺

北魏崔鴻墓誌

攺 改

北魏元暵墓誌

北魏鄯乾墓誌

北魏元萇墓誌

北魏叔孫協墓誌

北魏高猛墓誌

隋王乾緒墓誌

隋禽昌伯妻宇文氏墓誌

忌

北魏高道悦墓誌

東魏崔鴻妻張玉憐墓誌

唐崔涣墓誌

巷

隋田保洛墓誌

弓部

弓

唐張弘墓誌

唐劉略墓誌

遼房山四大部經成就碑記

引

北魏吐谷渾璣墓誌

北魏辛祥墓誌

北魏于景墓誌

隋賀拔毗沙墓誌

隋獨孤儉墓誌

弘

北魏王紹墓誌

隋賀蘭祥妻劉氏墓誌

唐王禕墓誌

弛

北魏元顥墓誌

隋梁坦墓誌

唐鄭鲂墓誌

弧

武周崔安敬墓誌

弦

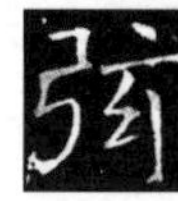
唐伊阙佛龕碑

弩

北魏皮演墓誌

弱

北魏元彬墓誌

北魏李伯欽墓誌

北魏元思墓誌

北魏元進墓誌

北魏緱光姬墓誌

東魏元朗墓誌

隋元叡墓誌

張

東晉爨寶子碑

魏張洛都葬冢記

唐汜慆妻張氏墓誌

北宋張氏墓誌

弼

北魏高道悅墓誌

唐張敦墓誌

唐馮勝墓誌

唐宋祐墓誌

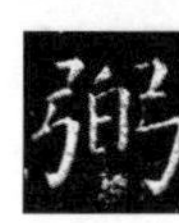
唐郭虛己墓誌

强 彊

北魏皮演墓誌

北魏元寶月墓誌

東魏杜文雍等十四人造四面佛記

隋陳暉墓誌

隋劉淵墓誌

隋元公墓誌

唐房承先妻吳氏墓誌

唐八关齋會報德記

彊 强

東魏元朗墓誌

北宋李晟墓誌

彌 瀰

北魏吊比干文

北魏解伯達造彌勒像記

北魏鄭長猷造像記

北魏比丘惠感造像記

北魏太妃侯造像記

北魏比丘法生造像記

北魏馮迎男墓誌

北魏張安姬墓誌

北魏尹祥墓誌

北魏元暉墓誌

北魏元爽墓誌

唐馬湛墓誌

疆 壃

北魏堯遵墓誌

唐等慈寺碑

子部

子

南朝宋爨龍顔碑

北魏高慧造彌勒像銘

北魏李伯欽墓誌

北魏堯遵墓誌

北魏高猛妻元瑛墓誌

孔

北魏元嵩墓誌

北魏元懷墓誌

北魏元昭墓誌

北魏劉賢墓誌

孕

唐蒨氏墓誌

孟

北魏元孟輝墓誌

北魏韓震墓誌

東魏元朗墓誌

孤

北魏張正子父母鎮墓石

北魏元顯平妻王氏墓誌

北魏元新成妃李氏墓誌

北魏劉阿素墓誌

北魏程暐墓誌

北魏元昭墓誌

東魏張略墓誌

北周寇嶠妻薛氏墓誌

唐袁義全妻郭氏墓誌

孩

隋李静訓墓誌

唐史承式墓誌

孫

北魏元鑒妃吐谷渾墓誌

北魏韓顯宗墓誌

北魏寇演墓誌

北魏寇憑墓誌

北魏元義華墓誌

北魏元洛神墓誌

東魏高妻斤墓誌

唐孫繼和墓誌

學

北魏元顯平妻王氏墓誌

北魏王壽德墓誌

北魏元暐墓誌

北魏李頤墓誌

東魏崔混墓誌

北齊文殊般若經碑

隋蘇慈墓誌

唐王女節墓誌

唐朱令節墓誌

武周趙行本墓誌

孺

北魏元維墓誌

東魏元朗墓誌

唐王琳墓誌

唐元鏞妻王氏墓誌

明孔彰妻丘氏墓誌

明宋榮墓誌

屮部

出

北魏元遥墓誌

隋董美人墓誌

女部

女

北魏何伯超墓誌

北魏王壽德墓誌

北魏于仙姬墓誌

妄

隋龍藏寺碑

唐康昭墓誌

如

北魏元暉墓誌

妃

北魏元澄妃李氏墓誌

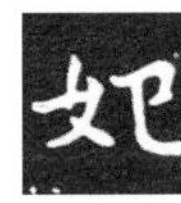
北魏李媛華墓誌

北魏于仙姬墓誌

唐伊阙佛龕碑

姊

北魏李媛華墓誌

唐盧處約妻李氏墓誌

妣

北魏何伯超墓誌

北魏馮會墓誌

妙

北魏塔基石函銘刻

北魏緱光姬墓誌

隋董美人墓誌

妖

東魏元朗墓誌

東魏崔混墓誌

姒

北魏元洛神墓誌

妻

北魏張元祖造像記

北魏何伯超墓誌

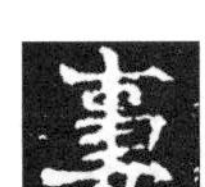
北魏常襲妻崔氏墓誌

北魏高猛墓誌

北魏昝雙仁墓誌

隋茹洪墓誌

隋秦僧迦墓誌

妹

北魏元始和墓誌

北魏高貞墓碑

姤

隋口徹墓誌

姓

北魏元萇墓誌

始

北魏元偃墓誌

北魏劉滋墓誌

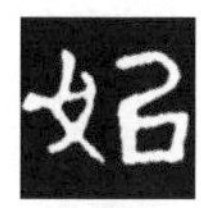
隋梁坦墓誌

姿

北魏司馬悅墓誌

北魏元懷墓誌

北魏司馬顯姿墓誌

娍

北魏高貞墓碑

姱

北魏盧令媛墓誌

姨

唐李樞墓誌

姪

北魏長孫瑱墓誌

姻

魏孟敬訓墓誌

北魏高猛墓誌

北魏劉玉墓誌

姤

北魏馮迎男墓誌

姚

北魏元倪墓誌

北齊穆延和等題記

武周高足酋墓誌

唐睿宗妃王芳媚墓誌

唐張具瞻墓誌

姬

北魏元弘嬪侯氏墓誌

北魏王彤墓誌

北魏元淑墓誌

北魏王紹墓誌

北魏寇演墓誌
北魏元譿墓誌
北魏孟元華墓誌
北魏張猛龍碑

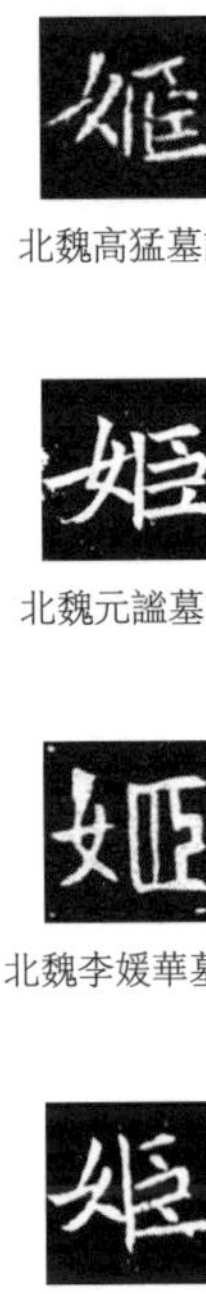
北魏高猛墓誌
北魏元謐墓誌
北魏李媛華墓誌
北魏元誘妻薛伯徽墓誌

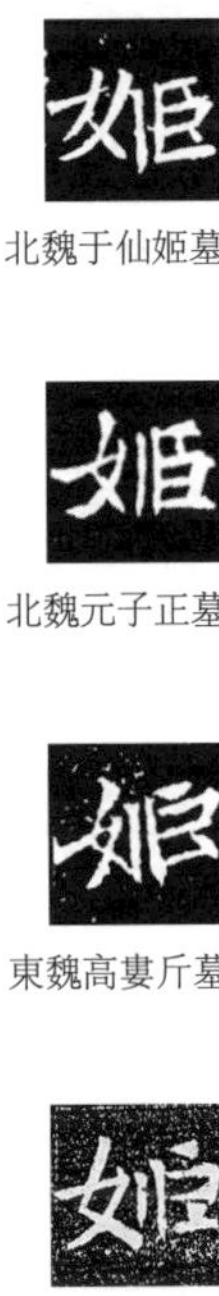
北魏于仙姬墓誌
北魏元子正墓誌
東魏高婁斤墓誌
東魏郭肇墓誌

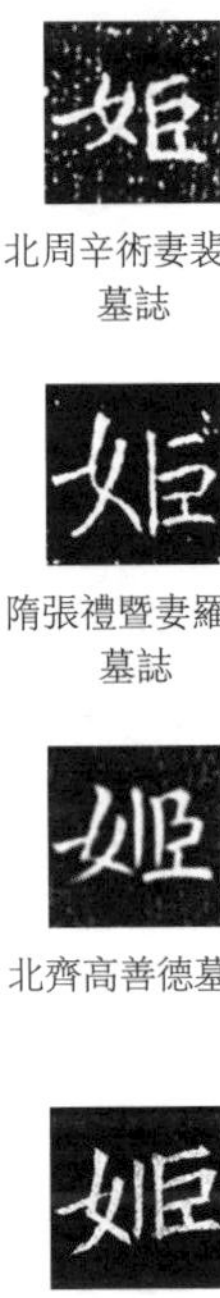
北周辛術妻裴氏墓誌
隋張禮暨妻羅氏墓誌
北齊高善德墓誌
隋元智妻姬氏墓誌

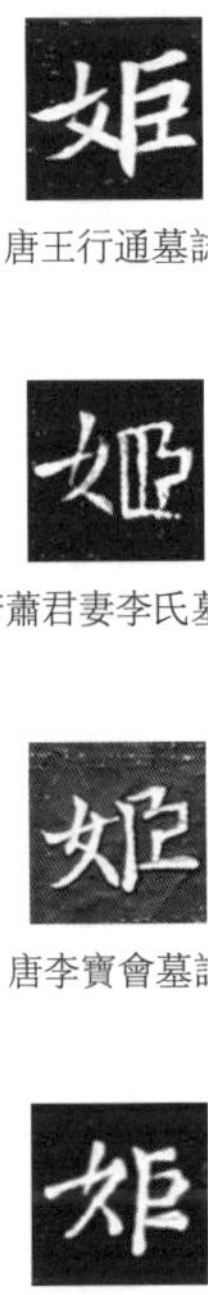
唐王行通墓誌
唐蕭君妻李氏墓誌
唐李寶會墓誌
唐鄭鉷墓誌

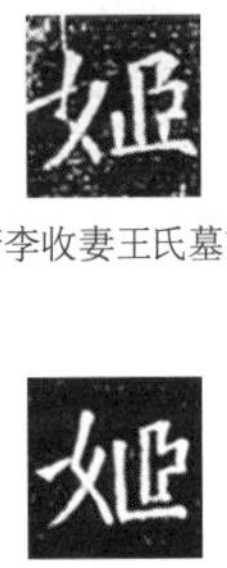
唐李收妻王氏墓誌
唐孟珏墓誌

娠

唐蕭君妻李氏墓誌

娉

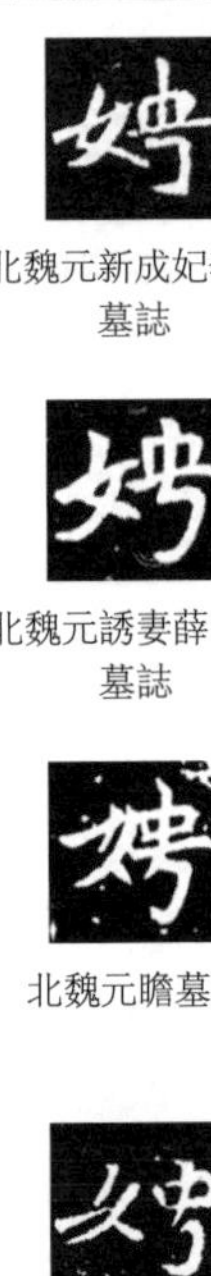
北魏元新成妃李氏墓誌
北魏元誘妻薛伯徽墓誌
北魏元瞻墓誌
東魏崔鴻妻張玉憐墓誌

娩

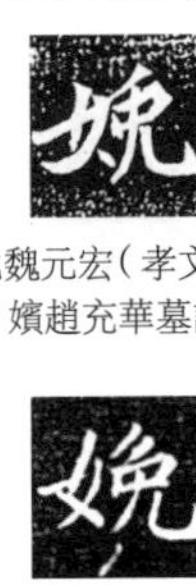
北魏元宏（孝文帝）嬪趙充華墓誌
唐王全素妻李氏墓誌

娣

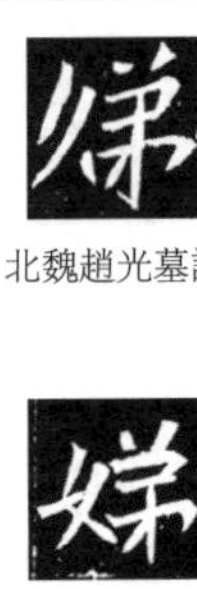
北魏趙光墓誌
北魏趙光墓誌

娶

北魏韓震墓誌
唐崔渙墓誌
北宋苗清墓誌

婁

北魏元隱墓誌

婞

北魏高道悅墓誌

婌

北魏元鑒妃吐谷渾墓誌

北魏元弘嬪侯氏墓誌

北魏元顯平妻王氏墓誌

唐柳君妻薛氏墓誌

婚

北魏冠軍將軍妻劉氏墓誌

北周建德二年造像題記

唐裴會真墓誌

唐崔弘載墓誌

婉

北魏元弘嬪侯氏墓誌

魏孟敬訓墓誌

北魏馮會墓誌

北魏趙盛暨妻索始姜墓誌

北魏趙光墓誌

北周寇嶠妻薛氏墓誌

隋宮人李氏墓誌

唐楊行表墓誌

唐崔君妻盧氏墓誌

唐王全素妻李氏墓誌

婦 媍

武周焦新婦墓誌

媿

隋宮人何氏墓誌

媛

西晉左棻墓誌

北魏李媛華墓誌

北魏高猛妻元瑛墓誌

隋李椿妻劉琬華墓誌

媍 婦

明蔡成蘭母趙氏墓誌

媚

北魏馮迎男墓誌

北魏元謐墓誌

嫈

北魏李元姜墓誌

北魏元新成妃李氏墓誌

隋鞏賓墓誌

隋李靜訓墓誌

嫌	嫉	嬓	嫄	媾	
 北魏元舉（長融）墓誌  武周李知本墓誌  唐豆盧軌墓誌	 北魏元昭墓誌	 北宋龔德方墓誌  明劉韶暨妻武氏墓誌	 唐獨孤君妻薛嫄墓誌	 北宋閻光度墓誌	 唐嚴仁墓誌

嬰	嬌	嫡	嫕	嫗	嬙
 北魏江文遥母吳氏墓誌  北魏賀收墓誌  北魏穆紹墓誌  唐王全素妻李氏墓誌	 隋董美人墓誌  唐吴德鄘妻趙氏墓誌	 北魏趙光墓誌  北魏元略墓誌	 隋蔡君妻張貴男墓誌 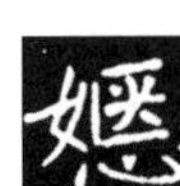 隋宫人李氏墓誌  唐崔鏞墓誌	 唐裴謡墓誌	 隋施太妃墓誌

⿰女憲

唐王伯禮妻丘法主墓誌

嬪

北魏元顯平妻王氏墓誌

北魏緱光姬墓誌

北魏元洛神墓誌

嬿

北周寇嶠妻薛氏墓誌

孀

北魏封魔奴墓誌

北魏賈祥墓誌

北魏元彝墓誌

飞（飛）部

飛

北魏元羽墓誌

北魏元澄妃李氏墓誌

北魏高宗嬪耿氏墓誌

北魏元廣墓誌

北魏元謐墓誌

北魏元禮之墓誌

北齊姜纂造像記

隋蘇慈墓誌

飜 翻

北魏高道悦墓誌

北魏羅宗墓誌

北魏元謐墓誌

北魏高珪墓誌

北宋宋可度墓誌

马（馬）部

馬

東晉爨寶子碑

魏孟敬訓墓誌

魏孟敬訓墓誌

北魏元進墓誌

北魏趙盛暨妻索始姜墓誌

北魏于神恩墓誌

東魏姬静墓誌

東魏高婁斤墓誌

隋皇甫紘墓誌

唐韋豫墓誌

馺

北魏吊比干文

北魏高樹生墓誌

唐張慶則墓誌

馳

北魏劉華仁墓誌

北魏王壽德墓誌

東魏長孫冏墓碑

馹

北魏長孫盛墓銘

駃

隋張通墓誌

駟

隋賀若嵩墓誌

駈

北魏元昭墓誌

北魏元暐墓誌

北魏元信墓誌

北魏元周安墓誌

隋李世洛墓誌

唐宮人墓誌

駙

北魏元洛神墓誌

駒

北魏元龍墓誌

北魏何伯超墓誌

北周宇文業暨妻周氏墓誌

隋元公墓誌

唐朱令節墓誌

駕

東晉爨寶子碑

北魏元保洛墓誌

北魏元懷墓誌

北魏寇演墓誌

北周拓拔昇墓誌

駭

唐張慶則墓誌

騁

北魏吊比干文

北魏元固墓誌

隋蕭瑒墓誌

唐魏基妻王淑墓誌

唐宋祜墓誌

唐李復墓誌

駼

隋元公墓誌

騡

隋鞏賓墓誌

駿

北魏元暉墓誌

北魏高貞墓碑

北魏賀收墓誌

隋蘇慈墓誌

隋元公墓誌

唐李譽墓誌

騎

北魏元羽墓誌

北魏王蕃墓誌

北魏元萇墓誌

北魏元譿墓誌

北魏李頤墓誌

北魏于神恩墓誌

北魏王馥墓誌

隋鞏賓墓誌

騷

北魏元弼墓誌

北齊穆延和等題記

隋獨孤儉墓誌

鶩

北魏元譿墓誌

唐石獎墓誌

騶

北魏吊比干文

北魏元昭墓誌

驃

北魏元羽墓誌

北魏穆亮墓誌

北魏元詮墓誌

北魏元孟輝墓誌

北魏韓玫墓誌

北魏元洛神墓誌

北魏元子正墓誌

西魏元欽墓誌

北魏爾朱紹墓誌

隋鞏賓墓誌

驄

隋獨孤儉墓誌

驂

北魏元舉（長融）墓誌

北魏穆紹墓誌

武周殷平墓誌

驍

北魏李伯欽墓誌

北魏元始和墓誌

唐李謩墓誌

明尹剛墓誌

驕

北魏高貞墓碑

北魏元纂墓誌

唐吕建墓誌

驎

南朝宋爨龍顔碑

北魏元譿墓誌

北魏高貞墓碑

西魏宇文測墓誌

唐樊氏六娘七娘九娘墓誌

驚

北魏元曄墓誌

東魏姬静墓誌

隋董美人墓誌

驛

北魏刁遵墓誌

隋衙聞墓誌

驗

北魏元誨墓誌

東魏姬静墓誌

唐許杲妻郝默墓誌

北宋安崇禮墓誌

驟

北魏元廣墓誌

北魏賈祥墓誌

北魏元宥墓誌

武周屈突季札墓誌

驥

北魏吊比干文

東魏李玄墓誌

隋鞏賓墓誌

隋張子明墓誌

唐盧重墓誌

驡

北魏元緒墓誌

北魏高貞墓碑

北魏元悛墓誌

東魏高湛墓誌

北周寇熾墓誌

驩

北宋王彭墓誌

驤

南朝宋爨龍顔碑

北魏元弼墓誌

北魏堯遵墓誌

北魏寇憑墓誌

北魏元引墓誌

北魏高貞墓碑

北魏楊乾墓誌

北魏元斑墓誌

北魏元悛墓誌

北魏元信墓誌

北魏韓震墓誌

東魏姬静墓誌

東魏高湛墓誌

隋蘇慈墓誌

唐王禕墓誌

驪

北魏李伯欽墓誌

唐沈全交墓誌

幺部

幻

隋李静訓墓誌

幼

北魏元理墓誌

北魏韓顯宗墓誌

北魏李伯欽墓誌

北魏元龍墓誌

北魏元顯平妻王氏墓誌

北魏何伯超墓誌

北魏元彥墓誌

北魏吐谷渾璣墓誌

北魏元暉墓誌

北魏劉華仁墓誌

北魏元昭墓誌

北魏元懌墓誌

北魏元暐墓誌

北魏元寶月墓誌

北魏元洛神墓誌

北魏爾朱紹墓誌

東魏崔混墓誌

東魏高湛墓誌

北周寇嶠妻薛氏墓誌

北周寇胤哲墓誌

隋高潭墓誌

隋橋紹墓誌

隋李叔蘭墓誌

唐蔣鐩墓誌

唐李囗倩墓誌

唐王全素墓誌

幾

北魏比丘法生造像記

北魏元顯平妻王氏墓誌

北魏元暉墓誌

北魏于景墓誌

北魏王馥墓誌

西魏元欽墓誌

北魏元恭墓誌

東魏崔混墓誌

唐等慈寺碑

幾

北魏寇臻墓誌

北魏元萇墓誌

隋元叡墓誌

唐盧倕妻鄭氏墓誌

巛部

災 灾

東漢永建五年食堂刻石

唐魚本墓誌

邕

東魏杜文雍等十四人造四面佛記

隋鄭譯墓誌

巢

唐蕭齡之墓誌

四畫

王（玉）部

玉

北魏崔鴻墓誌

玗

北魏吊比干文

弄 挊

北魏王紹墓誌

北魏元邵墓誌

北魏爾朱紹墓誌

北魏乞伏寶墓誌

隋寇遵考墓誌

玫

北魏于仙姬墓誌

玠

北魏王紹墓誌

玦

北宋宋可度墓誌

珍 珎

北魏元昭墓誌

珎 珍

北魏吊比干文

北魏寇演墓誌

北魏元謐墓誌

東魏張略墓誌

東魏張瓊墓誌

唐李行淹墓誌

元龍川和尚舍利塔誌

珉

隋裴覬墓誌

珪

北魏高道悦墓誌

北魏元珽墓誌

北魏丘哲墓誌

珥

北魏元玘墓誌

隋元叡妻張摩子墓誌

武周郭蕩墓誌

珠

北魏李伯欽墓誌

北魏元暐墓誌

隋那提墓誌

珤 寶

隋裴遺業墓誌

珩

北魏元謐墓誌

東魏長孫冏墓碑

珮

北魏元固墓誌

東魏郭肇墓誌

隋淳于儉墓誌

隋董美人墓誌

隋元智妻姬氏墓誌

班

北魏緱光姬墓誌

北魏元誘妻薛伯徽墓誌

武周馬神威墓誌

球

北魏李略墓誌

理

北魏元緒墓誌

北魏元固墓誌

北魏宋虎墓誌

琁

北魏崔鴻墓誌

琁

北魏趙謐墓誌

北魏石婉墓誌

北魏元祐墓誌

北魏元暉墓誌

唐崔君妻盧氏墓誌

琉

明馬杲妻趙氏墓誌

琅 瑯

東晉王建之墓誌

望 朢

東晉司馬芳殘碑

南朝宋爨龍顔碑

北魏吊比干文

北魏元龍墓誌

北魏寇臻墓誌

北魏元緒墓誌

北魏元緒墓誌

北魏元詳墓誌

北魏冠軍將軍妻劉氏墓誌

北魏鄯乾墓誌

北魏元遥墓誌

北魏堯遵墓誌

北魏趙光墓誌

北魏穆纂墓誌

北魏程暐墓誌

北魏高貞墓碑

北魏元謐墓誌

北魏昝雙仁墓誌

北魏元固墓誌

北魏于神恩墓誌

北魏韓震墓誌

東魏崔混墓誌

東魏姬静墓誌

北齊逢哲墓誌

隋王乾緒墓誌

隋董美人墓誌

隋張喬墓誌

唐牛藝墓誌

唐封泰墓誌

武周趙行本墓誌

武周殷平墓誌

唐高望琮墓誌

唐吴璘墓誌

唐宫人墓誌

北宋郭朝威墓誌

明孔彰墓誌

琴

北魏高猛妻元瑛墓誌

北魏元固墓誌

武周崔嘉墓誌

瑘

北魏穆紹墓誌

瑛

南朝宋爨龍顔碑

北魏何伯超墓誌

北魏高猛妻元瑛墓誌

琳

北魏元斑墓誌

唐王琳墓誌

琢

北魏元文墓誌

琨

北魏元淑墓誌

北魏穆亮妻尉太妃墓誌

北魏元斑墓誌

琱 彫

東魏崔混墓誌

斑

北魏封君妻長孫氏墓誌

琰

北魏李勴墓誌

琬

北齊河清三年造像記

隋李椿妻劉琬華墓誌

瑯 琅

北魏元斑墓誌

琛

北魏李伯欽墓誌

北魏寇猛墓誌

北魏王翊墓誌

東魏元諶妃王令媛墓誌

唐郭功墓誌

瑟

北魏吊比干文

北魏李媛華墓誌

唐李公素妻王氏墓誌

理

北魏王理奴墓誌

瑞

北魏元洛神墓誌

北魏慕容纂墓誌

唐等慈寺碑

瑰 瓌

唐魚本墓誌

瑗

隋李世洛墓誌

瑋

南朝宋爨龍顔碑

瑑

北魏元顯儁墓誌

北魏元悛墓誌

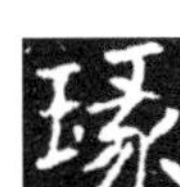
魏元延明墓誌

瑙

北齊高湝墓誌

聖

東漢蒼山畫像石題記

北魏塔基石函銘刻

北魏元弘嬪侯氏墓誌

北魏寇猛墓誌

北魏元詳墓誌

北魏元顯平妻王氏墓誌

北魏劉滋墓誌

北魏于仙姬墓誌

北魏元略墓誌

東魏李顯族造像碑

東魏杜文雍等十四人造四面佛記

北齊高善德墓誌

唐馬湛墓誌

瑱

北魏長孫瑱墓誌

璉

北魏堯遵墓誌

北魏楊璉墓誌

瑣

北魏崔鴻墓誌

北魏王誦墓誌

瑤（瑤）

北魏李伯欽墓誌

唐魏基妻王淑墓誌

瑤（瑤）

北魏吊比干文

北魏元楨墓誌

北魏楊恩墓誌

北魏辛祥妻李慶容墓誌

北魏穆亮妻尉太妃墓誌

北魏李媛華墓誌

北魏元暐墓誌

北魏元斑墓誌

隋鞏賓墓誌

隋董美人墓誌

唐郭羅善妻陳雪墓誌

聖（望）

北魏崔鴻墓誌

北魏崔鴻墓誌

瑾

隋董美人墓誌

璁

北魏元引墓誌

唐郭羅善妻陳雪墓誌

璋

北魏高道悦墓誌

北魏元譿墓誌

北魏元斑墓誌

璞

北魏元悛墓誌

隋李叔蘭墓誌

唐盧頊妻李初墓誌

璠

北魏元謐墓誌

璣

北魏辛祥妻李慶容墓誌

隋裴覬墓誌

瓁

北魏寇演墓誌

璨

北魏元璨墓誌

北魏源模墓誌

北周比丘惠璨等造像記

北宋龔德方墓誌

璩

唐秦懷道墓誌

唐崔涣墓誌

環

隋蕭妙瑜墓誌

唐郭功墓誌

唐王伯禮妻丘法主墓誌

璵

北魏元謐墓誌

璧

北魏王紹墓誌

北魏叔孫協墓誌

北魏崔鴻墓誌

北魏元洛神墓誌

北魏元子永墓誌

北魏長孫盛墓銡

瓀

隋王君妻成公氏墓誌

璯

東魏敬使君碑

唐高望琮墓誌

瓊

北魏吊比干文

北魏元鑒墓誌

北魏司馬悅墓誌

北魏元颺妻王氏墓誌

北魏元彥墓誌

北魏賀收墓誌

北魏元彝墓誌

北魏張玄墓誌

北魏元顥墓誌

北魏元項墓誌

隋楊寬妻韋始華墓誌

隋張喬墓誌

隋蕭瑒墓誌

隋張子明墓誌

唐許杲妻郝默墓誌

唐淳于武斌暨妻左氏墓誌

瓆

北魏元廞墓誌

璽

北魏元進墓誌

北魏元進墓誌

隋杜祐墓誌

唐姚彝墓誌

唐何澄墓誌

瓌 瑰

北魏元項墓誌

隋梁瓌墓誌

唐曹萬頤妻張氏墓誌

瓘

唐韋晃墓誌

无（旡）部

无

北魏王皓墓誌

北齊文殊般若經碑

炁

隋來和墓誌

明張鏜墓誌

既

北魏韓顯宗墓誌

北魏元龍墓誌

北魏鄭先生夫人墓誌

北魏寧陵公主墓誌

北魏元詮墓誌

北魏元萇墓誌

北魏高道悅墓誌

北魏趙光墓誌

北魏司馬顯姿墓誌

北魏元誘妻薛伯徽墓誌

北魏高猛妻元瑛墓誌

北魏李頤墓誌

北魏元昉墓誌

北魏元子正墓誌

東魏崔混墓誌

東魏張略墓誌

隋王通墓誌

唐許澄墓誌

唐韓憬妻李氏墓誌

旣

北魏李媛華墓誌

唐石獎墓誌

北宋劉再思墓誌

北宋魏陽君申氏墓誌

北宋舒氏冢婦李氏墓誌

暨

北魏吊比干文

北魏楊璉墓誌

北魏寇憑墓誌

北魏元暉墓誌

北魏高貞墓碑

北魏高猛墓誌

唐王琳墓誌

曁

北魏冠軍將軍妻劉氏墓誌

唐魚本墓誌

唐朱君妻臧子真墓誌

韦（韋）部

韋

北魏寇演墓誌

北魏寇演墓誌

唐朱令節墓誌

唐韋微妻裴氏墓誌

韙 愇

唐楊乘墓誌

韞

北魏元詳墓誌

北魏元懷墓誌

北魏元暐墓誌

韓

北魏王紹墓誌

韜

北魏穆亮妻尉太妃墓誌

北魏張玄墓誌

東魏元朗墓誌

隋蘇慈墓誌

隋田德墓誌

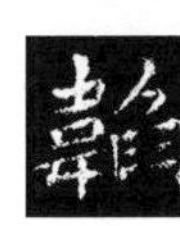
唐張慶則墓誌

武周許行真妻李氏墓誌

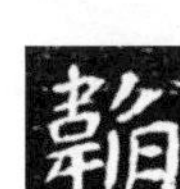
唐崔君妻鄭氏墓誌

唐曹萬頤妻張氏墓誌

木（朩）部

朽

北魏韓顯宗墓誌

北魏元暉墓誌

北魏高猛妻元瑛墓誌

北魏元過仁墓誌

北魏長孫盛墓鋕

東魏崔混墓誌

隋裴覬墓誌

唐郎官石柱記

唐魏喆妻盧氏墓誌

朴

北魏趙謐墓誌

杜

南朝宋爨龍顏碑

北魏吊比干文

隋韋壽墓誌

材

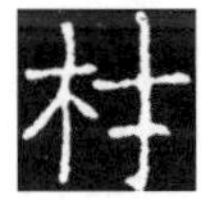
隋高潭墓誌

隋蘇慈墓誌

村

隋秦僧迦墓誌

唐程綱墓誌

杖

北魏司馬顯姿墓誌

北魏劉根等造像記

杞

北魏高貞墓碑

東魏郭肇墓誌

李

北魏元澄妃李氏墓誌

枉

北魏高道悅墓誌

唐崔復墓誌

林

東魏元凝妃陸順華墓誌

東魏杜文雍等十四人造四面佛記

隋董美人墓誌

枝

北魏吊比干文

隋元公墓誌

杳

北魏元暉墓誌

析

拼

北齊赫連子悅墓誌

隋宋文成墓誌

板

唐等慈寺碑

武周崔嘉墓誌

松

北魏元彬墓誌

北魏元詮墓誌

北魏封君妻長孫氏墓誌

東魏郭肈墓誌

唐郭素絜墓誌

杭

隋元統師墓誌

唐嚴仁墓誌

唐崔涣墓誌

唐陸士倫墓誌

枕

北魏韓顯宗墓誌

北魏元澄妃李氏墓誌

北魏甄凱墓誌

北周元壽安妃盧蘭墓誌

隋董美人墓誌

杻

北魏元昭墓誌

柯

南朝宋爨龍顔碑

北魏李頤墓誌

柸

唐薛鄭賓墓誌

柩

北魏張正子父母鎮墓石

北魏刁遵墓誌

北周寇嶠妻薛氏墓誌

北周元壽安妃盧蘭墓誌

唐盧行質妻趙氏墓誌

明王齊墓誌

相

北魏吊比干文

北魏高道悦墓誌

唐李昂墓誌

架	染	梶		柳	梠
 隋長孫汪墓誌	 北魏魯普墓誌  北魏和邃墓誌  北魏于纂（岐州刺史）墓誌	 唐陳尚仙墓誌  唐李潜墓誌	 隋蘇慈墓誌  唐魏基妻王淑墓誌  唐徐嶠墓誌  明李世熙墓誌	 北魏元萇墓誌  北魏昝雙仁墓誌  東魏李挺命婦元季聰墓誌  隋張通墓誌	 北魏趙光墓誌

栢	棲 栖	桓		桂	栽
 北魏楊乾墓誌  唐臧懷亮墓誌	 北魏楊璉墓誌  東魏慧光法師墓誌  隋董美人墓誌	 唐鄭守訥墓誌	 北魏昝雙仁墓誌	 北魏李元姜墓誌  北魏元颺妻王氏墓誌  北魏寇憑墓誌  北魏李淑真墓誌	 唐来景暉妻蕭大通墓誌

桰

北魏賀收墓誌

栓

北魏韓顯祖等造像記

桃

北魏冠軍將軍妻劉氏墓誌

魏孟敬訓墓誌

北魏馮迎男墓誌

北周宇文業暨妻周氏墓誌

唐楊徹墓誌

唐賈伯卿墓誌

唐李行淹墓誌

格

北魏高道悦墓誌

北魏李媛華墓誌

北魏李謀墓誌

隋張子明墓誌

隋元公墓誌

核 覈

唐盧佀墓誌

明蔡成蘭母趙氏墓誌

根

北魏劉根等造像記

東魏王僧墓誌

柴

唐郭虚己墓誌

唐盧士玫墓誌

桀

北魏吊比干文

北魏元緒墓誌

梅

唐常君墓誌

桴

北魏吊比干文

四畫 木（朩）部 梓梯梟渠梁棊楛植

樑 梁		渠	梟	梯	梓
 北魏元羽墓誌	 北魏乞伏寶墓誌	 北魏元壽妃麴氏墓誌	 北魏高道悅墓誌	 北魏元固墓誌	 北魏高貞墓碑
 北魏元演墓誌	 東魏崔混墓誌	 北魏張猛龍碑	 東魏敬使君碑		 隋賀若嵩墓誌
 北魏楊璉墓誌	 隋蘇慈墓誌	 北魏席盛墓誌			
 北魏元謐墓誌	 唐崔異墓誌	 北魏高貞墓碑			

	植	楛	棊		
 唐張大寶墓誌	 北魏李淑真墓誌	 隋裴遺業墓誌	 北魏韓震墓誌	 東魏崔混墓誌	 北魏于神恩墓誌
 唐牛子珍妻趙氏墓誌	 北魏程暐墓誌			 隋夏侯遷墓誌	 北魏元悛墓誌
	 隋皇甫忍墓誌				 北魏慕容纂墓誌
	 隋張受暨妻李氏墓誌				 東魏崔鷫墓誌

棼

隋龍藏寺碑

楝

北魏吊比干文

棲 栖

唐徐師墓誌

椒

北魏元弘嬪侯氏墓誌

北魏王壽德墓誌

北魏王馥墓誌

隋元叡妻張摩子墓誌

椎

唐鄭炅墓誌

椑

北魏吊比干文

棺

東魏張略墓誌

隋夏侯遷墓誌

棣

北魏元緒墓誌

北魏王紹墓誌

武周裴敬道墓誌

唐蔣鏻墓誌

極

北魏嵩高靈廟碑

北魏元龍墓誌

北魏元詳墓誌

北魏王紹墓誌

北魏元萇墓誌

北魏劉阿素墓誌

北魏元謐墓誌

北魏元昭墓誌

北魏于神恩墓誌

東魏郭肇墓誌

隋韓智墓誌

隋史射勿墓誌

唐張敦墓誌

唐楊君墓誌

唐郭虛己墓誌

棠	棃	棨	楷	楨	楊
北魏元羽墓誌	隋張芳墓誌	武周屈突季札墓誌	隋橋紹墓誌	北魏元楨墓誌	北魏楊大眼造像記
東魏姬靜墓誌			隋王仕恭墓誌	北魏高貞墓碑	北魏楊大眼造像記
			唐劉干墓誌		北魏寇臻墓誌
					北魏寇演墓誌

楊	楫 檝	樗	楞	槐	槐
北魏楊仲彥墓誌	北魏元子正墓誌	北魏楊乾墓誌	北魏劉根等造像記	北魏元定君墓誌	隋梁環墓誌
唐麻氏墓誌				北魏元誘妻馮氏墓誌	唐楊行表墓誌
武周趙行本墓誌				北魏寇臻墓誌	
				北魏王紹墓誌	

楯

北魏王馥墓誌

隋龍藏寺碑

榆

北魏乞伏寶墓誌

隋張衡墓誌

唐路元亮妻孟氏墓誌

楢

北魏元謐墓誌

楹

武周張思寶墓誌

北宋王守恩墓誌

槩

北魏吊比干文

北魏寇臻墓誌

北魏王普賢墓誌

北魏寇演墓誌

北魏緱光姬墓誌

北魏元暐墓誌

北魏元誘妻薛伯徽墓誌

北魏元過仁墓誌

隋楊异墓誌

唐郝茂光暨妻孫氏墓誌

榛

北魏劉阿素墓誌

唐第五修暨妻衛氏墓誌

構 搆

北魏吊比干文

北魏元萇墓誌

北魏元謐墓誌

北魏元固墓誌

北魏王馥墓誌

唐郭虛己墓誌

模

北魏穆亮妻尉太妃墓誌

北魏張問墓誌

北魏源模墓誌

唐楊温墓誌

樤

北魏魏靈藏等造像記

隋田悅墓誌

榷

隋張喬墓誌

唐崔逢墓誌

槃

北魏高猛妻元瑛墓誌

北魏源延伯墓誌

北齊張思伯造浮圖記

北齊文殊般若經碑

北周梁嗣鼎墓誌

隋史射勿墓誌

榮

北魏元定君墓誌

北魏任榮墓誌

北魏于神恩墓誌

北魏長孫季墓誌

東魏崔混墓誌

東魏姬靜墓誌

隋張怦墓誌

橫

北魏元顯平妻王氏墓誌

魏孟敬訓墓誌

北魏元彥墓誌

北魏元略墓誌

唐朱令節墓誌

唐淳于武斌暨妻左氏墓誌

唐李昂墓誌

樞

北魏吊比干文

北魏元暉墓誌

東魏郭肇墓誌

唐周孟瑶墓誌

標

北魏元演墓誌

北魏寇憑墓誌

北魏趙光墓誌

北魏張問墓誌

北魏韓震墓誌

北魏張寧墓誌

東魏高湛墓誌

隋韓智墓誌

隋陳叔興墓誌

隋王筠墓誌

隋薛保興墓誌

隋段摸墓誌

唐裴謡墓誌

樓

北魏元暉墓誌

隋王紹先墓誌

隋王昌暨妻薛氏墓誌

北齊高善德墓誌

北宋郭朝威墓誌

樸

北魏元新成妃李氏墓誌

樑 梁

北魏吊比干文

北魏鄯乾墓誌

東魏閭詳墓誌

樂

北魏張猛龍碑

北魏楊乾墓誌

東魏閭詳墓誌

隋薛保興墓誌

樹

北魏高道悅墓誌

北魏楊暕墓誌

北魏高貞墓碑

北魏賀收墓誌

東魏敬使君碑

隋元叡墓誌

橛

北魏牛橛造像記

橑

隋龍藏寺碑

樸

唐王琳墓誌

檏

北魏冠軍將軍妻劉氏墓誌

樴 榵

北魏元徽墓誌

唐牛子珍妻趙氏墓誌

橋

隋王昌暨妻薛氏墓誌

隋楊休墓誌

隋施太妃墓誌

樵

唐鄭液墓誌

明解士郁墓誌

樽

唐朱令節墓誌

機

北魏元思墓誌

北魏石婉墓誌

北魏高道悅墓誌

北魏高照容墓誌

北魏李媛華墓誌

北魏丘哲墓誌

北周元壽安妃盧蘭墓誌

隋張喬墓誌

唐徐師墓誌

榦

唐牛敬福墓誌

檄

北魏元昭墓誌

唐李潛墓誌

檢

唐崔復墓誌

唐裴謡墓誌

明杜麟墓誌

檀

北魏劉根等造像記

東魏敬使君碑

唐崔沉墓誌

唐盧燕墓誌

櫟

北魏元楨墓誌

唐裴向墓誌

櫜

唐孟買墓誌

覼

北魏元楨墓誌

櫂

北魏元緒墓誌

北魏元遥墓誌

北魏元固墓誌

北魏元瞻墓誌

北魏元子正墓誌

北魏元恭墓誌

東魏敬使君碑

隋封子繪妻王楚英墓誌

隋皇甫忍墓誌

隋蘇慈墓誌

隋郭世昌墓誌

隋孟孝敏妻劉氏墓誌

唐牛藝墓誌

唐封泰墓誌

唐李君妻龐氏墓誌

唐邠王細人高淑儉墓誌

櫰

北魏元暉墓誌

欒

北魏高猛妻元瑛墓誌

唐王英墓誌

欝 鬱

北魏吊比干文

北魏寧陵公主墓誌

北魏張猛龍碑

北魏緱光姬墓誌

北魏元宥墓誌

北魏張玄墓誌

北魏元醜仁墓誌

北魏元文墓誌

東魏敬使君碑

鬱 欝

隋李椿妻劉琬華墓誌

隋段摸墓誌

唐秦懷道墓誌

支部

支

北魏元萇墓誌

北魏元暉墓誌

犬（犭）部

犬

北魏元暐墓誌

犯

東魏姬静墓誌

犲

北魏侯剛墓誌

東魏崔混墓誌

唐李抒暨妻盧氏合葬墓銘

犳

北魏李伯欽墓誌

狂

北魏吊比干文

狄

北魏李伯欽墓誌

北魏李蕤墓誌

北魏李媛華墓誌

東魏王偃墓誌

唐臧懷亮墓誌

狁

北魏元昭墓誌

隋王善來墓誌

狎

北魏長孫季墓誌

狐
- 北魏張正子父母鎮墓石
- 隋楊寬妻韋始華墓誌

狗 徇
- 北魏羅宗墓誌

狡
- 北魏元彬墓誌

哭
- 北魏劉華仁墓誌
- 北魏李媛華墓誌
- 魏元延明墓誌
- 北周元壽安妃盧蘭墓誌
- 隋元叡妻張摩子墓誌
- 隋元智妻姬氏墓誌
- 武周崔釋墓誌
- 唐姚彝墓誌
- 唐王澈墓誌
- 唐陳燭墓誌

狷
- 東魏敬使君碑
- 明張淮墓誌

狼
- 北魏崔鴻墓誌

猗
- 唐程綱墓誌

猛
- 北魏元龍墓誌
- 北魏元演墓誌
- 北魏元萇墓誌
- 北魏寇演墓誌
- 北魏叔孫協墓誌
- 北魏高猛妻元瑛墓誌
- 東魏間詳墓誌
- 東魏張瓊墓誌

猒
- 唐李君妻鄭氏墓誌
- 唐程進環妻梁氏墓誌

猥

北魏丘哲墓誌

猾

隋王善來墓誌

隋元公墓誌

明郭文光墓誌

猨 猿

北魏元天穆墓誌

猶

北魏元倹墓誌

北魏爾朱紹墓誌

隋張濤妻李氏墓誌

猷

北魏吊比干文

北魏鄭長猷造像記

北魏鄭長猷造像記

北魏元詮墓誌

北魏高道悅墓誌

北魏元暉墓誌

北魏李謀墓誌

北魏李頤墓誌

北魏崔鴻墓誌

北魏元泰墓誌

隋吴素暨妻樊氏墓誌

隋楊异墓誌

隋李椿妻劉琬華墓誌

隋田德墓誌

唐王行通墓誌

唐崔仲謩墓誌

猿 猨

唐王大劍墓誌

獎

北魏元龍墓誌

北魏李略墓誌

隋蘇慈墓誌

唐尉亮妻慕容氏墓誌

唐石獎墓誌

唐李復墓誌

獡

北魏元緒墓誌

隋賀拔毗沙墓誌

獲

北魏吊比干文

北魏元隱墓誌

東魏王僧墓誌

武周殷平墓誌

唐鄭君妻董氏墓誌

唐韓肅妻崔嬛墓誌

唐王濟墓誌

獨

南朝宋爨龍顔碑

北魏韓顯宗墓誌

北魏元演墓誌

北魏高道悦墓誌

北魏寇憑墓誌

北魏穆亮妻尉太妃墓誌

北魏韓玫墓誌

北魏元誘妻薛伯徽墓誌

東魏郭肇墓誌

明張淮墓誌

獵

北魏元徽墓誌

隋孫高墓誌

獸

北魏公孫猗墓誌

東魏張瓊墓誌

隋韓智墓誌

隋宋文成墓誌

獻

北魏元羽墓誌

北魏元弘嬪侯氏墓誌

北魏元緒墓誌

北魏元義華墓誌

北魏元誘妻薛伯徽墓誌

北魏元暐墓誌

北魏元頊墓誌

隋王善來墓誌

北齊高善德墓誌

隋梁瓌墓誌

唐封泰墓誌

唐王琳墓誌

唐鄭炅墓誌

唐盧君妻李氏墓誌

獮

隋王善來墓誌

歹（歺）部

列

北魏元思墓誌

魏安樂王第三子給事君妻韓氏墓誌

北魏昝雙仁墓誌

東魏郭肇墓誌

死

北魏吊比干文

北魏高慧造彌勒像銘

北魏張猛龍碑

北宋劉再思墓誌

殀

唐徐君妻郄氏墓誌

明宋棨墓誌

殁

隋蘇慈墓誌

唐郭虚己墓誌

北宋韓正彦側室艾氏墓誌

殃

北魏吊比干文

北魏元光墓誌

唐王琳墓誌

殄

北魏耿壽姬墓誌

隋施太妃墓誌

隋解方保墓誌

殆

北魏昝雙仁墓誌

東魏崔混墓誌

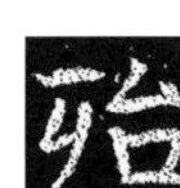
武周裴敬道墓誌

唐王沼墓誌

殊

北魏元龍墓誌

北魏元光墓誌

北魏高道悅墓誌

北魏楊璉墓誌

北魏于仙姬墓誌

北齊文殊般若經碑

唐化度寺塔銘

明劉韶暨妻武氏墓誌

殖

北魏元顯平妻王氏墓誌

北魏崔敬邕墓誌

北魏劉根等造像記

東魏王僧墓誌

隋張濤妻李氏墓誌

唐郭功墓誌

殘

南朝宋爨龍顏碑

北魏李伯欽墓誌

北魏元演墓誌

北魏楊璉墓誌

北魏張猛龍碑

東魏姬靜墓誌

殛

唐宋祐墓誌

飧

隋元公墓誌

殞

北魏元弘嬪侯氏墓誌

北魏寇憑墓誌

北周寇嶠妻薛氏墓誌

殤

北魏丘哲墓誌

唐蔣鐩墓誌

唐崔蘇五墓誌

殫

隋段模墓誌

唐郎官石柱記

殮

明鄧益謙墓誌

殯

北魏楊範墓誌

北魏楊仲彥墓誌

北周寇嶠妻薛氏墓誌

隋郭世昌墓誌

隋李世洛墓誌

殲

北魏元簡墓誌

北魏元顯儁墓誌

北魏長孫瑱墓誌

北魏王紹墓誌

北魏高道悅墓誌

北魏趙光墓誌

北魏叔孫協墓誌

北魏元寧墓誌

北魏元子正墓誌

唐牛藝墓誌

车（車）部

軌

北魏元思墓誌

北魏于仙姬墓誌

北魏爾朱紹墓誌

北周寇熾墓誌

軒

北魏劉賢墓誌

唐盧士玫墓誌

軔

北魏吊比干文

斬

北魏李謀墓誌

軫

北魏王紹墓誌

北魏穆亮妻尉太妃墓誌

輩 （輩）

北魏山暉墓誌

北魏緱光姬墓誌

載

北魏嵩高靈廟碑

北魏吊比干文

北魏高照容墓誌

北魏封君妻長孫氏墓誌

北魏封君妻長孫氏墓誌

北魏王壽德墓誌

北魏元懌墓誌

北魏崔鴻墓誌

北魏元子正墓誌

北魏元恩墓誌

北魏元恩墓誌

東魏崔混墓誌

軾

唐張慶則墓誌

較

唐崔日新墓誌

輔

北魏堯遵墓誌

北魏趙光墓誌

北魏元暐墓誌

輕

北魏吊比干文

北魏元弼墓誌

北魏李媛華墓誌

北魏崔鴻墓誌

北魏楊乾墓誌

隋楊紀墓誌

武周崔玄泰墓誌

輂

武周崔嘉墓誌

輙

唐李從偃墓誌

明黄鐘妻白氏墓誌

輛

北魏冠軍將軍妻劉氏墓誌

輪

北魏元謐墓誌

隋韋君妻元咳女墓誌

輬

北魏王遺女墓誌

輯

唐蕭君妻李氏墓誌

輴

北魏元醜仁墓誌

輸

唐超寂墓誌

轅

北魏弔比干文

北魏元謐墓誌

轄

北魏元昭墓誌

唐楊行表墓誌

唐陽君妻盧氏墓誌

轉

北魏元鸞墓誌

北魏寇臻墓誌

北魏元引墓誌

北魏崔鴻墓誌

唐何彥則墓誌

唐陳希望墓誌

轈

東魏崔混墓誌

轓

武周屈突季札墓誌

轍

北魏王翊墓誌

唐張敦墓誌

轝 輿

北魏崔鴻墓誌

北魏元子正墓誌

轜

北魏元澄妃李氏墓誌

北魏劉華仁墓誌

北魏楊乾墓誌

牙部

牙

北魏于景墓誌

北魏張玄墓誌

隋龍藏寺碑

武周李知本墓誌

唐臧懷亮墓誌

唐鄭炅墓誌

邪

東魏張略墓誌

雅

東晉司馬芳殘碑

北魏元簡墓誌

北魏元詮墓誌

北魏高道悅墓誌

北魏元誘妻薛伯徽墓誌

北魏元暐墓誌

北魏李頤墓誌

北魏于仙姬墓誌

北魏楊乾墓誌

北魏賀收墓誌

北魏于神恩墓誌

北魏元子正墓誌

隋封子繪妻王楚英墓誌

隋李景亮墓誌

隋元惠墓誌

武周崔玄泰墓誌

戈部

戊

東晉王建之墓誌

北魏元偃墓誌

北魏寇臻墓誌

北魏元嵩墓誌

北魏元詳墓誌

北魏耿壽姬墓誌

戎

東晉爨寶子碑

北魏寇演墓誌

北魏元顥墓誌

東魏元玕墓誌

北周拓拔昇墓誌

明孔彰墓誌

戍

北魏趙謐墓誌

北魏寇猛墓誌

北魏元思墓誌

北魏耿壽姬墓誌

	戒		成		
北魏邢巒妻元純陀墓誌	北魏元詳造像記	北魏李略墓誌	北魏元緒墓誌	北周武氏皇帝阿史那氏墓誌	北魏盧令媛墓誌
魏元延明墓誌	北魏比丘法生造像記	北魏羅宗妻陸蒺藜墓誌	北魏寇演墓誌	隋田保洛墓誌	北魏羅宗妻陸蒺藜墓誌
隋田光山妻李氏墓誌	北魏元詮墓誌	東魏法儀六十人等造像記	北魏元懌墓誌	唐鄧師墓誌	東魏劉目連造像記
隋張子明墓誌	北魏于景墓誌	東魏成休祖造像記	北魏寇偘墓誌		北齊淳于元皓造像記

醎 咸				或	
北魏比丘惠感造像記	唐石獎墓誌	東魏崔混墓誌	北魏楊璉墓誌	東晉筆陣圖	唐等慈寺碑
北魏程暐墓誌		唐王君愕妻張廉穆墓誌	北魏楊璉墓誌	南朝宋爨龍顔碑	北宋生天得道經
北魏慕容纂墓誌		武周趙行本墓誌	北魏元固墓誌	北魏吊比干文	
北齊王惠顒廿人等造像記		唐楊君墓誌	北魏元邵墓誌	北魏元詮墓誌	

唐殷善徵墓誌

威

東晉爨寶子碑

東晉爨寶子碑

北魏吊比干文

北魏王皓墓誌

北魏元萇墓誌

北魏楊璉墓誌

北魏寇憑墓誌

東魏高湛墓誌

北齊高善德墓誌

戚 感

北魏元始和墓誌

北魏元懷墓誌

北魏李璨蘭墓誌

北魏侯剛墓誌

東魏長孫冏墓碑

隋蕭妙瑜墓誌

隋李椿妻劉琬華墓誌

唐鄭恂墓誌

戛

唐劉中禮墓誌

戢

清王璹墓誌

戩

北魏李伯欽墓誌

北魏高貞墓碑

戮

北魏赫連悅墓誌

唐等慈寺碑

唐盧處約妻李氏墓誌

戰

北魏元龍墓誌

北魏王紹墓誌

唐何彥則墓誌

戲

北魏高猛墓誌

北齊裴良墓誌

唐張具瞻墓誌

唐康昭墓誌

唐李宙妻盧氏墓誌

比部

比

北魏吊比干文

北魏比丘惠感造像記

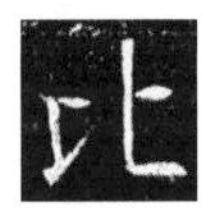
北魏元暉墓誌

北魏昝雙仁墓誌

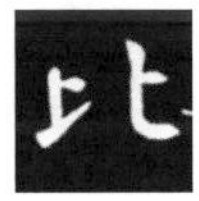
北魏元愔墓誌

東魏杜文雍等十四人造四面佛記

皆

北魏寇臻墓誌

北魏王遺女墓誌

東魏姬静墓誌

隋鞏賓墓誌

明劉韶暨妻武氏墓誌

瓦部

瓦

北魏孟元華墓誌

西魏元欽墓誌

隋楊休墓誌

隋張伏敬墓誌

甄

北魏元澄妃李氏墓誌

北魏元祐墓誌

北魏高廣墓誌

隋龍藏寺碑

唐等慈寺碑

甑

東魏元鷙妃公孫甑生墓誌

武周王文殊墓誌

止部

止

北魏元嵩墓誌

北魏元融妃穆氏墓誌

北魏元勰墓誌

北魏丘哲妻鮮于仲兒墓誌

唐等慈寺碑

此

東漢永建五年食堂刻石

北魏冠軍將軍妻劉氏墓誌

北魏寇憑墓誌

北魏李媛華墓誌

東魏崔混墓誌

步

東晉司馬芳殘碑

北魏吊比干文

北魏元弼墓誌

北魏石婉墓誌

北魏元顯平妻王氏墓誌

北魏程暐墓誌

東魏崔混墓誌

唐菹氏墓誌

唐郭良墓誌

武

北魏吊比干文

北魏元澄妃李氏墓誌

北魏寇臻墓誌

北魏寇臻墓誌

北魏元融妃穆氏墓誌

北魏寇憑墓誌

北魏元暉墓誌

北魏趙光墓誌

北魏元勰墓誌

北魏程暐墓誌

北魏鞠彥雲墓誌

北魏寇治墓誌

北魏元暐墓誌

北魏丘哲墓誌

北魏丘哲墓誌

北魏劉賢墓誌

北齊淳于元皓造像記

隋禽昌伯妻宇文氏墓誌

隋高緊墓誌

隋□徹墓誌

唐劉娘子墓誌

唐孫藏墓誌

唐李阜墓誌

歧

北魏元固墓誌

唐嚴仁墓誌

峙

隋蘇慈墓誌

歲 歳

北魏元熙墓誌

北魏崔鴻墓誌

北魏元子正墓誌

隋郭世昌墓誌

北宋苻補之墓誌

元龍川和尚舍利塔誌

䧱

北魏崔鴻墓誌

歸

東晉爨寶子碑

北魏吊比干文

北魏元彬墓誌

北魏太妃侯造像記

北魏比丘法生造像記

北魏楊大眼造像記

北魏趙超宗墓誌

北魏石婉墓誌

北魏辛祥妻李慶容墓誌

北魏冠軍將軍妻劉氏墓誌

北魏何伯超墓誌

北魏王紹墓誌

北魏元暉墓誌

北魏司馬顯姿墓誌

北魏高猛墓誌

北魏李媛華墓誌

北魏王馥墓誌

北魏源延伯墓誌

北魏元誨墓誌

東魏崔混墓誌

東魏高湛墓誌

北周元壽安妃盧蘭墓誌

北周張子開造像記

隋寇熾妻姜敬親墓誌

隋鞏賓墓誌

隋鞏賓墓誌

隋陳暉墓誌

隋蔡君妻張貴男墓誌

北齊高善德墓誌

隋宮人程氏墓誌

隋王香仁墓誌

隋蕭瑒墓誌

隋那提墓誌

隋夏侯遷墓誌

唐等慈寺碑

武周裴敬道墓誌

唐楊景崇墓誌

唐李寶會墓誌

唐嚴仁墓誌

唐呂崇一墓誌

唐程綱墓誌

唐王稷妻史氏墓誌

唐李君妻鄭氏墓誌

唐朱君妻臧子真墓誌

唐李潛墓誌

唐元玄用墓誌

唐邵君妻李虔墓誌

北宋張曙墓誌

北宋王遇墓誌

元張貞墓誌

明宋榮墓誌

攴（攵）部

收

北魏元彬墓誌

北魏元顯平妻王氏墓誌

北魏元萇墓誌

北魏辛祥墓誌

北魏元昭墓誌

北魏李謀墓誌

北魏于景墓誌

東魏杜法師墓誌

唐路通墓誌

唐魏基妻王淑墓誌

唐李昂墓誌

政

北魏元緒墓誌
北魏崔鴻墓誌
東魏姬静墓誌
隋鄭譯墓誌
明陳萬鎰王孺人墓誌

故

北魏元定君墓誌
北魏元壽妃麴氏墓誌
北魏高道悦墓誌
北魏李媛華墓誌
東魏崔混墓誌
東魏敬使君碑
隋宋胡墓誌
隋張喬墓誌
唐石獎墓誌
唐臧懷亮墓誌
北宋張子立妻楊氏墓誌

敖

南朝宋爨龍顔碑
北魏元悌墓誌
北魏元譚墓誌
北魏元維墓誌

教

東晉司馬芳殘碑
北魏刁遵墓誌
北魏元鑽遠墓誌
東魏長孫冏墓碑
東魏李挺墓誌
北宋臨海郡太君鐔氏墓誌

救

北魏吐谷渾璣墓誌
北魏于仙姬墓誌
東魏張略墓誌
隋董美人墓誌
隋盧文機墓誌

敏

北魏寇演墓誌
北魏元誘妻薛伯徽墓誌
北魏元珽墓誌
北魏元過仁墓誌
北魏元愔墓誌
北周拓拔昇墓誌
隋李静訓墓誌
北宋張庚墓誌

敍（叙 敍）

隋高緊墓誌

敘（叙 敍）

北魏李頤墓誌

啟（啓 啓）

北魏崔鴻墓誌

敢

東晉筆陣圖

北魏元澄妃李氏墓誌

北魏王彤墓誌

北魏王遇墓誌

散

北魏元彬墓誌

北魏韓顯宗墓誌

北魏元弘嬪侯氏墓誌

北魏司馬紹墓誌

北魏王蕃墓誌

魏孟敬訓墓誌

北魏元萇墓誌

北魏元萇墓誌

北魏高道悅墓誌

北魏羅宗墓誌

北魏元暉墓誌

北魏元倪墓誌

北魏李媛華墓誌

北魏公孫猗墓誌

北魏崔鴻墓誌

北魏楊乾墓誌

北魏元固墓誌

北魏于神恩墓誌

北魏元邵墓誌

北魏丘哲墓誌

北魏張玄墓誌

北魏李彰墓誌

北魏元恭墓誌

北魏元爽墓誌

東魏元鷙妃公孫甑生墓誌

隋田德墓誌

隋田光山妻李氏墓誌

隋長孫汪墓誌

唐牛敬福墓誌

北宋李晟墓誌

遼韓君墓誌

敬

北魏元偃墓誌

北魏元彬墓誌

北魏元彬墓誌

北魏韓顯宗墓誌

北魏元定君墓誌

北魏元羽墓誌

北魏石婉墓誌

北魏何伯超墓誌

魏孟敬訓墓誌

北魏崔敬邕墓誌

北魏趙光墓誌

北魏元謐墓誌

北魏路敬賓造像記

北魏路敬賓造像記

南朝梁陶遷造四面像

東魏法儀六十人等造像記

東魏成休祖造像記

北齊淳于元皓造像記

唐陶貢妻裴氏墓誌

敞

北魏塔基石函銘刻

東魏唐小虎造像記

敦

北魏元弼墓誌

北魏元緒墓誌

魏孟敬訓墓誌

北魏吴光墓誌

北魏元寶月墓誌

北魏元彝墓誌

北魏山徽墓誌

北魏穆紹墓誌

隋劉淵墓誌

唐郭懷則墓誌

敭 揚

唐崔涣墓誌

敫

北魏王紹墓誌

敷

南朝宋爨龍顏碑

北魏始平公造像記

北魏韓顯宗墓誌

北魏元羽墓誌

數					
東晉爨寶子碑	唐李景由墓誌	東魏姬静墓誌	北魏崔鴻墓誌	北魏元賄墓誌	北魏吐谷渾璣墓誌
北魏元暉墓誌	唐薛鄭賓墓誌	東魏張略墓誌	北魏元子正墓誌	北魏杜祖悦墓誌	北魏楊璉墓誌
北魏劉華仁墓誌		隋李叔蘭墓誌	北魏楊濟墓誌	北魏張問墓誌	北魏元暉墓誌
北魏元謐墓誌		唐高慈墓誌	北魏穆紹墓誌	北魏高猛妻元瑛墓誌	北魏趙光墓誌

敵					
北魏元龍墓誌	明郭文光墓誌	唐楊景崇墓誌	隋高緊墓誌	北魏元恭墓誌	北魏緱光姬墓誌
北魏元顥墓誌	明李權暨妻劉氏墓誌	唐郭虚己墓誌	唐郭素絮墓誌	北齊文殊般若經碑	北魏賈祥墓誌
唐等慈寺碑		唐陸士倫墓誌	唐桓思貞墓誌	隋蘇慈墓誌	北魏元固墓誌
唐契苾夫人墓誌		北宋張曙墓誌	唐李行淹墓誌	隋李世洛墓誌	北魏元天穆墓誌

整 憝

北魏元楨墓誌

北魏張整墓誌

北魏高宗嬪耿氏墓誌

北魏刁遵墓誌

北魏李媛華墓誌

北魏緱光姬墓誌

北魏于仙姬墓誌

隋韓智墓誌

武周崔安敬墓誌

唐崔鏞墓誌

斂

北魏高道悅墓誌

北魏元昭墓誌

北魏元彝墓誌

東魏敬使君碑

東魏元湛墓誌

唐孫藏墓誌

斃

北魏吊比干文

北魏元暐墓誌

唐等慈寺碑

唐高望琮墓誌

釐

北魏元遥墓誌

北魏元昭墓誌

北魏高猛妻元瑛墓誌

北齊高善德墓誌

隋梁瓌墓誌

隋宋文成墓誌

隋元公墓誌

唐裴君妻盧氏墓誌

變

北魏元龍墓誌

東魏元朗墓誌

東魏崔混墓誌

東魏姬静墓誌

隋李椿妻劉琬華墓誌

唐王琳墓誌

日（冃曰）部

曰

北魏元偃墓誌

日

北魏楊璉墓誌

旦

北魏石婉墓誌

北魏元信墓誌

昔

北魏封君妻長孫氏墓誌

東魏高盛墓碑

東魏高湛墓誌

唐崔凝墓誌

昊

北魏裴敬墓誌

清王璹墓誌

昃

唐等慈寺碑

昆

北魏元顯平妻王氏墓誌

北魏皮演墓誌

隋盧文機墓誌

冒

北魏元暐墓誌

北宋苗清墓誌

昇 升

北魏司馬顯姿墓誌

東魏郭肇墓誌

昕

北魏堯遵墓誌

明 眀 明

北魏冠軍將軍妻劉氏墓誌

易

北魏高道悅墓誌

北魏元暉墓誌

北魏劉華仁墓誌

北魏程暐墓誌

北魏鞠彥雲墓誌

北魏崔鴻墓誌

東魏姬静墓誌

昂

北魏元彥墓誌

北魏刁遵墓誌

北魏高道悅墓誌

北魏元暉墓誌

北魏元譿墓誌

北魏爾朱襲墓誌

東魏王僧墓誌

隋李世洛墓誌

武周馬神威墓誌

旻

北魏元簡墓誌

北魏楊璉墓誌

春

北魏冠軍將軍妻劉氏墓誌

北魏王皓墓誌

北魏元寶月墓誌

隋田光山妻李氏墓誌

隋姚太及暨袁氏墓誌

昚 慎

唐崔安儼妻李氏墓誌

昧

北魏趙謐墓誌

唐元玄用墓誌

是

北魏元暉墓誌

北魏高猛妻元瑛墓誌

北魏張玄墓誌

北齊文殊般若經碑

唐田誠墓誌

映 暎

北魏趙光墓誌

東魏郭肇墓誌

星

北魏吊比干文

北魏李元姜墓誌

北魏元昭墓誌

唐馬浩墓誌

眗

東魏王僧墓誌

曷

東晋爨寶子碑

北魏吊比干文

北魏羅宗妻陸蒺藜墓誌

唐李昂墓誌

昂

唐崔凝墓誌

昵

北魏辛祥墓誌

昭

北魏元彬墓誌

北魏元暉墓誌

北魏元引墓誌

北魏元昭墓誌

北魏元昭墓誌

東魏崔混墓誌

隋蔡君妻張貴男墓誌

隋宋文成墓誌

隋宋文成墓誌

昝

北魏昝雙仁墓誌

袒

北魏羅宗墓誌

北魏于纂（岐州刺史）墓誌

昏

北魏塔基石函銘刻

北魏吊比干文

北魏元演墓誌

北魏高宗嬪耿氏墓誌

北魏賀收墓誌

北周拓拔昇墓誌

唐伊阙佛龕碑

曺

南朝宋爨龍顔碑

北魏宋虎墓誌

晉

北魏寇臻墓誌

北魏高道悦墓誌

東魏郭肇墓誌

隋李叔蘭墓誌

唐張運才墓誌

時 旹

北魏冠軍將軍妻劉氏墓誌

北魏元演墓誌

北魏崔敬邕墓誌

北魏李媛華墓誌

北魏張玄墓誌

北周宇文業暨妻周氏墓誌

隋裴遺業墓誌

隋李世洛墓誌

唐孟買墓誌

唐郭功墓誌

清楊俊傑墓誌

眺

北魏元光墓誌

晈

北魏吊比干文

北魏元洛神墓誌

晏

北魏寇憑墓誌

晢

北魏元新成妃李氏墓誌

晨

北魏元彬墓誌

北魏元顯平妻王氏墓誌

北魏元詮墓誌

北魏崔鴻墓誌

北齊高淯墓誌

隋楊寬妻韋始華墓誌

朂

北魏内司楊氏墓誌

北魏李媛華墓誌

北魏元周安墓誌

唐蔡希周墓誌

元張弘範墓誌

曼

北魏吊比干文

唐蔡希周墓誌

皓

北魏王皓墓誌

北魏秦洪墓誌

北魏元洛神墓誌

北齊淳于元皓造像記

唐李山寶墓誌

晦

北魏元彬墓誌

北魏李伯欽墓誌

北魏元進墓誌

北魏李頤墓誌

北魏楊乾墓誌

北齊文殊般若經碑

唐魚本墓誌

唐樊驤墓誌

晞

東魏敬使君碑

隋楊景墓誌

唐陳阿胡墓誌

冕

北魏元彬墓誌

北魏高貞墓碑

北魏元謐墓誌

北魏元洛神墓誌

北魏元愔墓誌

北魏爾朱紹墓誌

北魏張寧墓誌

東魏寇永墓誌

東魏郭肇墓誌

東魏元湛妃王令媛墓誌

東魏張瓊墓誌

北齊斛律昭男墓誌

北周拓拔昇墓誌

隋張喬墓誌

隋梁瓌墓誌

唐獨孤君妻薛嫄墓誌

唐陽君妻盧氏墓誌

唐郝閏墓誌

唐崔元夫墓誌

㬇

北魏元嵩墓誌

北魏秦洪墓誌

晚

北魏韓顯宗墓誌

北魏元賄墓誌

北魏韓玫墓誌

唐張敦墓誌

曾 曾

北魏吊比干文

北魏元緒墓誌

北魏元彦墓誌

唐崔羡妻鄭氏墓誌

唐盧重墓誌

替

北魏嵩高靈廟碑

隋宋文成墓誌

晳 晰

唐盧項妻李初墓誌

暑

北魏元思墓誌

北魏元譿墓誌

北魏慕容纂墓誌

最 㝡

北魏楊璉墓誌

武周牛陵墓誌

唐姚彝墓誌

唐契苾夫人墓誌

遼韓君墓誌

暵 映

北魏元弼墓誌

北魏元思墓誌

北魏元譿墓誌

北魏高猛妻元瑛墓誌

北魏王馥墓誌

北魏元鑒妃吐谷渾氏墓誌

北魏張玄墓誌

唐王女節墓誌

唐菹氏墓誌

唐盧士玫妻崔氏墓誌

晳 晰

北魏高道悅墓誌

北魏楊璉墓誌

北魏韓震墓誌

量

北魏元壽妃麴氏墓誌

北魏元昭墓誌

北魏張問墓誌

北魏元寶月墓誌

北魏元醜仁墓誌

唐崔君妻盧氏墓誌

唐房承先妻吳氏墓誌

唐辛廣墓誌

晷

北魏于仙姬墓誌

明陳萬鎰王孺人墓誌

景

東晉司馬芳殘碑

北魏趙謐墓誌

北魏元弘嬪侯氏墓誌

北魏王遇墓誌

北魏元融妃穆氏墓誌

北魏元宏（孝文帝）嬪趙充華墓誌

北魏元引墓誌

北魏元義華墓誌

北魏李頤墓誌

北魏趙億墓誌

北魏元倹墓誌

東魏張瓊墓誌

唐張慶則墓誌

唐何彥則墓誌

唐盧景初墓誌

唐李君妻張氏墓誌

智

北魏奚智墓誌

北魏元演墓誌

東魏杜文雍等十四人造四面佛記

北齊斛律昭男墓誌

唐伊闕佛龕碑

普

東魏公孫略墓誌

北齊王惠顒廿人等造像記

曽 曾

北魏寇臻墓誌

北魏楊範墓誌

北魏元騰墓誌

北魏羅宗墓誌

北魏封君妻長孫氏墓誌

北魏元譚妻司馬氏墓誌

北魏元暐墓誌

暘

北魏吊比干文

暖

北魏高猛墓誌

暄

北魏元詮墓誌

暉

北魏元羽墓誌

北魏于仙姬墓誌

北魏元悛墓誌

東魏姬静墓誌

唐衛君妻董氏墓誌

暇

北魏吊比干文

北魏元邵墓誌

暐

北魏程暐墓誌

嘗 甞

北魏元子正墓誌

北魏爾朱袭墓誌

唐趙應墓誌

暈

北魏江文遥母吴氏墓誌

暢

北魏刁遵墓誌

北魏高猛妻元瑛墓誌

北魏元愔墓誌

暠

唐路通墓誌

暝

北魏高宗嬪耿氏墓誌

明趙珙暨妻甄氏墓誌

暴

北魏李瞻墓誌

北魏趙盛暨妻索始姜墓誌

北魏高道悦墓誌

北魏元朗墓誌

北魏元彝墓誌

北魏爾朱紹墓誌

隋元公墓誌

唐張師慶墓誌

曃

北魏吊比干文

曉

北魏元顯平妻王氏墓誌

北魏劉華仁墓誌

北魏劉根等造像記

北魏元誘妻薛伯徽墓誌

隋宋文成墓誌

武周崔安敬墓誌

唐李文獎墓誌

唐劉干墓誌

曇

北周寇熾墓誌

曙

北魏李蕤墓誌

暾

北魏寇憑墓誌

唐王琳墓誌

曖

北魏吊比干文

曛

北魏元彬墓誌

曠

東晉爨寶子碑

北魏比丘惠感造像記

北魏王紹墓誌

曜

北魏吊比干文

北魏程暐墓誌

北魏韓震墓誌

北周寇熾墓誌

曦

北魏吊比干文

北魏元維墓誌

隋王善來墓誌

唐張敦墓誌

唐王君愕妻張廉穆墓誌

曩

北魏吊比干文

北魏楊璉墓誌

矚 燭 爥

北魏楊大眼造像記

贝（貝）部

則

北魏趙謐墓誌

唐陳師墓誌

唐郭功墓誌

後唐張文寶墓誌

財

北魏塔基石函銘刻

北魏王壽德墓誌

北魏于神恩墓誌

販

北魏韓玫墓誌

貶

隋宋文成墓誌

唐陽君妻盧氏墓誌

貫

北魏高道悅墓誌

北魏元恭墓誌

唐八关齋會報德記

唐宫人墓誌

貺

北魏封君妻長孫氏墓誌

貽

北魏弔比干文

北魏元鑒妃吐谷渾氏墓誌

貴

北魏元懷墓誌

北魏劉根等造像記

東魏崔混墓誌

唐李收墓誌

貿

北魏爾朱紹墓誌

隋陳叔興墓誌

隋蕭瑒墓誌

唐淳于武斌暨妻左氏墓誌

費

北魏元誨墓誌

隋元叡墓誌

賀

北魏元偃墓誌

北魏長孫忻墓銘

資

北魏元簡墓誌

北魏太妃侯造像記

北魏寇臻墓誌

北魏高道悅墓誌

資（續）

北魏寇演墓誌

北魏蘇屯墓誌

北魏丘哲墓誌

北周叱羅招男墓誌

隋鞏賓墓誌

賑

北魏任榮墓誌

賒

北魏張猛龍碑

贊 賛

北魏元演墓誌

賫

唐楊乘墓誌

賢

東晉爨寶子碑

北魏元始和墓誌

北魏王蕃墓誌

北魏王昌墓誌

北魏元懷墓誌

北魏楊璉墓誌

北魏李媛華墓誌

北魏李頤墓誌

北魏王馥墓誌

西魏元欽墓誌

東魏高婁斤墓誌

隋鞏賓墓誌

武周崔釋墓誌

賞

北魏元楨墓誌

北魏程暐墓誌

北魏緱光姬墓誌

賦

東魏崔混墓誌

隋蘇慈墓誌

唐殷善徵墓誌

後唐張滌妻高氏墓誌

賤

北魏元倪墓誌

賜

北魏王蕃墓誌

北魏劉華仁墓誌

北周梁嗣鼎墓誌

質

北魏元簡墓誌

北魏趙謐墓誌

北魏寇猛墓誌

北魏趙光墓誌

北魏劉阿素墓誌

北魏元瞻墓誌

北魏元略墓誌

北魏王悅墓誌

北周張子開造像記

賻

北魏韓顯宗墓誌

北魏高猛妻元瑛墓誌

唐封泰墓誌

贖

北魏元徽墓誌

隋衙閒墓誌

隋李肅墓誌

唐薛贖墓誌

贈

北魏韓顯宗墓誌

北魏元暎墓誌

北魏王蕃墓誌

北魏元譿墓誌

北魏劉華仁墓誌

北魏緱光姬墓誌

北魏緱光姬墓誌

北魏元舉（長融）墓誌

唐魚本墓誌

唐蘇君妻裴氏墓誌

贊 賛

北魏元祐墓誌

北魏于纂墓誌

贍

北魏王普賢墓誌

北魏于神恩墓誌

北宋張曙墓誌

明昌盛墓誌

水（氵氺）部

水

北魏寇臻墓誌

北魏趙光墓誌

北魏劉根等造像記

江

唐菹氏墓誌

汎 泛

北魏李瞻墓誌

北魏元彦墓誌

池

東魏崔混墓誌

隋董美人墓誌

汝

北魏寇演墓誌

北魏元子正墓誌

沅

北魏吊比干文

沐

北魏吊比干文

東魏姬静墓誌

沛

北魏李璞蘭墓誌

北魏于神恩墓誌

隋衙聞墓誌

沔

北魏元龍墓誌

北魏乞伏寶墓誌

隋楊素妻鄭祁耶墓誌

沘

北魏寇臻墓誌

沍

唐馬浩墓誌

沙

北魏吊比干文

東魏李挺命婦元季聰墓誌

沃

北魏馮迎男墓誌

北魏高猛墓誌

北魏緱光姬墓誌

隋田保洛墓誌

隋蘇慈墓誌

派 派

北魏何伯超墓誌

北魏侯剛墓誌

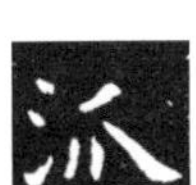
東魏元玕墓誌

唐張林墓誌

汾

北魏王彤墓誌

北魏元誘妻薛伯徽墓誌

北魏薛慧命墓誌

北齊任遜墓誌

武周崔釋墓誌

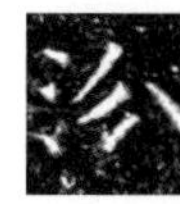
唐崔君妻竇氏墓誌

汎 泛

北魏吊比干文

沒 没

東晉爨寶子碑

北魏元譿墓誌

東魏崔混墓誌

北周元壽安妃盧蘭墓誌

隋李世洛墓誌

隋裴覬墓誌

唐房承先妻吳氏墓誌

沒 沒

北魏寇猛墓誌

北魏元思墓誌

北魏元演墓誌

北魏元懌墓誌

唐崔渙墓誌

汴

隋劉淵墓誌

沆

北魏吊比干文

沈

隋田光山妻李氏墓誌

沉

北魏塔基石函銘刻

北魏吊比干文

北魏元羽墓誌

北魏穆景冑墓誌

北魏羅宗妻陸蒺藜墓誌

唐王琳墓誌

決 決

隋鞏賓墓誌

沫

北魏元詳墓誌

法

北魏比丘尼慈香慧政造窟記

清張丙震暨妻紀氏墓誌

泄

唐郭佐思墓誌

河

南朝宋爨龍顔碑

北魏李媛華墓誌

北魏張玄墓誌

北周拓拔昇墓誌

沾

北魏解伯達造彌勒像記

泱

北魏宋虎墓誌

況

北魏李媛華墓誌

北魏穆景胄墓誌

隋李静訓墓誌

泝 溯

隋蘇慈墓誌

沴 沵

北魏王遇墓誌

沵 沴 瀰

北魏元嵩墓誌

魏安樂王第三子給事君妻韓氏墓誌

西魏元欽墓誌

沿

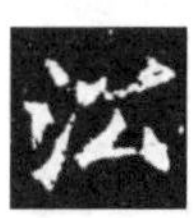
北魏李超墓誌

隋元叡墓誌

泡

隋李静訓墓誌

注

隋□徹墓誌

泣

東魏崔混墓誌

東魏崔混墓誌

明賈瓚母周重蓮墓誌

泳

北魏元譿墓誌

泥

北魏于纂（岐州刺史）墓誌

唐崔儒妻李氏墓誌

泯

北魏吊比干文

北魏張玄墓誌

唐馮勝墓誌

唐封泰墓誌

武周崔玄泰墓誌

唐王琳墓誌

唐程綱墓誌

沼

北魏元暐墓誌

北魏元widgets墓誌

波

北魏元演墓誌

北魏封君妻長孫氏墓誌

東魏姬静墓誌

北齊文殊般若經碑

隋□徹墓誌

治

北魏于神恩墓誌

隋蘇慈墓誌

泰

北魏吊比干文

北魏元定君墓誌

北魏王彤墓誌

北魏丘哲墓誌

北魏張玄墓誌

東魏張瓊墓誌

唐崔可準墓誌

洪

魏孟敬訓墓誌

北魏寇演墓誌

北魏李媛華墓誌

東魏敬使君碑

隋蘇慈墓誌

洟

唐徐君妻郄氏墓誌

洞

北魏源模墓誌

洗

唐崔君妻盧氏墓誌

派 泒

北魏元子正墓誌

北魏元禮之墓誌

隋楊君妻吴女英墓誌

隋宮人元氏墓誌

唐張敦墓誌

唐郭憲誠墓誌

北宋赫連瑨墓誌

洽

東魏高湛墓誌

唐崔逢墓誌

唐孟珏墓誌

洮

北魏堯遵墓誌

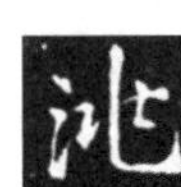
唐臧懷亮墓誌

洛

北魏楊範墓誌

北魏何伯超墓誌

北魏王皓墓誌

北魏元彦墓誌

北魏堯遵墓誌

北魏封君妻長孫氏墓誌

北魏李媛華墓誌

北魏李頤墓誌

隋宋文成墓誌

武周殷平墓誌

浄

北魏比丘法生造像記

北魏元緒墓誌

北魏元洛神墓誌

洋

北魏元楨墓誌

北魏爾朱紹墓誌

洲

魏孟敬訓墓誌

北魏李媛華墓誌

津

北魏比丘尼慈香慧政造窟記

北魏元泰墓誌

北齊崔芬墓誌

浦

北魏元嵩墓誌

酒

北魏元譿墓誌

北魏元固墓誌

浹

武周許行真妻李氏墓誌

涇

北魏李伯欽墓誌

北魏元祐墓誌

北魏元遥妻梁氏墓誌

北魏封君妻長孫氏墓誌

隋賀拔毗沙墓誌

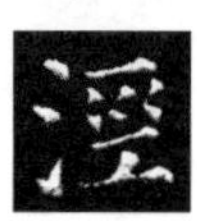
唐郭虛己墓誌

涉

北魏吊比干文

北魏元緒墓誌

北魏石婉墓誌

北魏王紹墓誌

北魏堯遵墓誌

北魏馮迎男墓誌

隋宋文成墓誌

武周殷平墓誌

消

北魏長孫盛墓誌

唐等慈寺碑

涅

北魏王皓墓誌

北周梁嗣鼎墓誌

涓

隋李静訓墓誌

浥

北魏元瞻墓誌

浩

北魏元昭墓誌

海

東晉爨寶子碑

北魏光州靈山寺塔下銘

北魏元羽墓誌

北魏元思墓誌

北魏石婉墓誌

北魏王皓墓誌

北魏趙盛暨妻索始姜墓誌

北魏高道悦墓誌

北魏高道悦墓誌

北魏寇憑墓誌

北魏楊𨓍墓誌

北魏劉根等造像記

北魏李媛華墓誌

北魏于神恩墓誌

北魏元子正墓誌

東魏高湛墓誌

北齊河清三年造像記

北周寇嶠妻薛氏墓誌

隋高緊墓誌

隋元公墓誌

唐陸士倫墓誌

浮

北魏劉根等造像記

北魏路敬賓造像記

流

南朝宋爨龍顏碑

北魏崔承宗等造像記

北魏寇猛墓誌

北魏元緒墓誌

北魏元演墓誌

北魏元演墓誌

北魏孟元華墓誌

北魏李媛華墓誌

北魏緱光姬墓誌

北魏高猛妻元瑛墓誌

北魏楊乾墓誌

北魏張玄墓誌

東魏姬靜墓誌

東魏閭詳墓誌

東魏閭詳墓誌

隋鞏賓墓誌

隋董美人墓誌

涕

北魏高道悅墓誌

北魏劉華仁墓誌

北魏李媛華墓誌

北魏王翊墓誌

隋陳暉墓誌

浣 澣

唐王琳墓誌

浸

北魏王壽德墓誌

東魏崔混墓誌

涘

北魏元卲墓誌

隋蘇慈墓誌

浚 濬

北魏穆纂墓誌

北魏元舉（長融）墓誌

隋董美人墓誌

隋劉淵墓誌

清

北魏韓顯宗墓誌

北魏李媛華墓誌

北魏李媛華墓誌

北魏元懌墓誌

北魏崔鴻墓誌

北魏秦洪墓誌

北魏楊乾墓誌

北魏元悌墓誌

北魏慕容纂墓誌

北魏元頊墓誌

隋元公墓誌

明何際可墓誌

淩

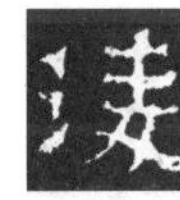
東晉爨寶子碑

北魏吊比干文

北魏于神恩墓誌

隋張喬墓誌

唐等慈寺碑

淅

隋蘇慈墓誌

隋張子明墓誌

唐崔逢墓誌

涯

北魏元邵墓誌

明李枝母冀氏墓誌

渏 漪

北魏馮迎男墓誌

淹 淊

北魏崔鴻墓誌

北魏賀收墓誌

唐李行淹墓誌

涿

北周元壽安妃盧蘭墓誌

隋盧文機墓誌

唐盧佋墓誌

淒 悽

唐許杲妻郝默墓誌

淺

北魏元恩墓誌

淑

北魏元誘妻馮氏墓誌

魏安樂王第三子給事君妻韓氏墓誌

魏孟敬訓墓誌

北魏封君妻長孫氏墓誌

北魏李淑真墓誌

北魏昝雙仁墓誌

北魏于纂（岐州刺史）墓誌

唐王伯禮妻丘法主墓誌

（續）

唐王琳墓誌

唐王端墓誌

混

北魏于仙姬墓誌

東魏崔混墓誌

渦

隋元惠墓誌

淮

北魏王壽德墓誌

北魏丘哲墓誌

東魏張瓊墓誌

武周股平墓誌

淪

北魏吊比干文

北魏元楨墓誌

北魏封君妻長孫氏墓誌

北魏慕容纂墓誌

淆

北魏元壽安墓誌

淫

北魏穆亮妻尉太妃墓誌

北魏元誘妻薛伯徽墓誌

北魏元誘墓誌

西魏元欽墓誌

（續）

唐孟買墓誌

唐劉略墓誌

淝

唐韋微妻裴氏墓誌

淊 淹

北魏元詮墓誌

涼 凉

北魏元始和墓誌

北魏萬福榮造像記

北魏元詮墓誌

北魏元廣墓誌

（續）

北魏王馥墓誌

北魏源模墓誌

淳

北魏元暉墓誌

東魏崔混墓誌

東魏郭肇墓誌

液

北魏元澄妃李氏墓誌

済（濟）

北魏長孫瑱墓誌

北魏内司楊氏墓誌

北魏源延伯墓誌

北魏元泰墓誌

北魏元誨墓誌

淬

唐李周南墓誌

唐崔仲謩墓誌

淙

東魏敬使君碑

淚

北魏元詳造像記

北魏元始和墓誌

北魏崔敬邕墓誌

北魏劉華仁墓誌

北魏緱光姬墓誌

北魏張寧墓誌

東魏高湛墓誌

隋王昌暨妻薛氏墓誌

隋董美人墓誌

唐韋微妻裴氏墓誌

深

南朝宋爨龍顔碑

北魏塔基石函銘刻

北魏趙謐墓誌

北魏元宏（孝文帝）嬪趙充華墓誌

北魏高道悦墓誌

北魏劉華仁墓誌

北魏李媛華墓誌

北魏元誘妻薛伯徽墓誌

北魏高猛妻元瑛墓誌

北魏尹祥墓誌

北魏元子正墓誌

東魏姬静墓誌

淄

北魏比丘尼僧達造像記

北魏寇治墓誌

北魏穆紹墓誌

隋張伏敬墓誌

涵

唐許杲妻郝默墓誌

唐皇甫敍墓誌

唐劉干墓誌

渌

東魏張瓊墓誌

唐陽玄基墓誌

隋元叡墓誌

隋張通墓誌

隋宋文成墓誌

北齊文殊般若經碑

北周元壽安妃盧蘭墓誌

北周張子開造像記

隋王乾緒墓誌

東魏公孫略墓誌

東魏張瓊墓誌

北周叱羅招男墓誌

北周拓拔昇墓誌

湮 瀍

北魏趙光墓誌

北魏元譿墓誌

北魏元悛墓誌

湮

北魏吊比干文

北魏寇猛墓誌

渤

北周元壽安妃盧蘭墓誌

北宋龔德方墓誌

湛

北魏元演墓誌

東魏王僧墓誌

東魏高湛墓誌

東魏李顯族造像碑

隋那提墓誌

唐李君妻張氏墓誌

淵	滑	渭	渴	温	湯
 東晉爨寶子碑	 唐崔蘇五墓誌	 東魏高湛墓誌	 北魏比丘尼慈香慧政造窟記	 北魏李淑真墓誌	 北齊河清三年造像記
 南朝宋爨龍顔碑		 北周寇嶠妻薛氏墓誌	 北魏叔孫協墓誌	 北魏于神恩墓誌	
 北魏韓顯宗墓誌			 北魏穆景胄墓誌		
 北魏元定君墓誌					

 東魏姬静墓誌	 北魏李媛華墓誌	 北魏孟元華墓誌	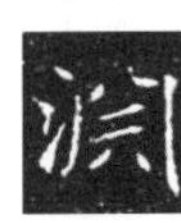 北魏元暉墓誌	 北魏王皓墓誌	 北魏李伯欽墓誌
 東魏閭伯昇暨妻元仲英墓誌	 北魏元天穆墓誌	 北魏張猛龍碑	 北魏封君妻長孫氏墓誌	 北魏王紹墓誌	 北魏元緒墓誌
 東魏元湛墓誌	 北魏元恭墓誌	 北魏高貞墓碑	 北魏叔孫協墓誌	 北魏李璨蘭墓誌	 北魏石婉墓誌
 北周宇文業暨妻周氏墓誌	 西魏劉阿倪提墓誌	 北魏元昭墓誌	 北魏司馬顯姿墓誌	 北魏高道悦墓誌	 北魏元演墓誌

隋封子繪妻王楚英墓誌

隋張通墓誌

隋蘇慈墓誌

隋陳叔興墓誌

隋劉淵墓誌

隋張伏敬墓誌

唐路通墓誌

武周崔玄泰墓誌

武周馬神威墓誌

明趙珙暨妻甄氏墓誌

渝

北魏寇演墓誌

湲

唐韋微妻裴氏墓誌

渙

北魏元項墓誌

隋蘇慈墓誌

唐等慈寺碑

唐崔茂宗墓誌

唐崔渙墓誌

渟

北魏元詮墓誌

湸

北魏吊比干文

渡

隋蘇慈墓誌

游 遊

北魏吊比干文

北魏元彥墓誌

唐李囗倩墓誌

滋

北魏元萇墓誌

漑

北魏楊璉墓誌

唐盧克乂墓誌

滑

北魏元廞墓誌

湧

東魏崔混墓誌

溝

武周崔嘉墓誌

武周崔嘉墓誌

溘

唐五品亡宮墓誌

漠

隋蘇慈墓誌

滅

北魏元詮墓誌

北魏高道悅墓誌

北魏楊璉墓誌

北魏元譿墓誌

北魏李璧墓誌

北魏元倪墓誌

北魏劉根等造像記

東魏崔混墓誌

隋楊景墓誌

唐崔茂宗墓誌

唐沈全交墓誌

唐鄭恂墓誌

源

南朝宋爨龍顔碑

北魏元詮墓誌

北魏何伯超墓誌

北魏元暉墓誌

北魏元譿墓誌

北魏李媛華墓誌

北魏公孫猗墓誌

北魏元誘妻薛伯徽墓誌

北魏于神恩墓誌

北魏元信墓誌

北魏元愔墓誌

北魏源模墓誌

北魏李略墓誌

東魏姬静墓誌

東魏姬静墓誌

東魏姬静墓誌

北周宇文業暨妻周氏墓誌

唐張敦墓誌

唐孟買墓誌

唐裴會真墓誌

唐郭羅善妻陳雪墓誌

滌

北魏吊比干文

隋元統師墓誌

唐裴向墓誌

滔

西魏元欽墓誌

北周乙弗紹墓誌

北周韋彪墓誌

唐等慈寺碑

唐元君妻陳氏墓誌

溪

武周崔玄泰墓誌

滄

北魏吊比干文

隋劉淵墓誌

唐徐師墓誌

溜

北魏吊比干文

溢

北魏高猛妻元瑛墓誌

溯 泝

唐等慈寺碑

溟

北魏于纂墓誌

隋高緊墓誌

滎

- 北魏鄭文公碑
- 東魏崔混墓誌

黎

- 北魏元澄妃李氏墓誌
- 北魏元緒墓誌
- 魏安樂王第三子給事君妻韓氏墓誌
- 北魏鞠彦雲墓誌
- 北魏高猛墓誌
- 北魏李頤墓誌
- 北魏高樹生妻韓期頤墓誌
- 北周梁嗣鼎墓誌
- 隋李世洛墓誌
- 唐雁塔圣教序

漢

- 北魏趙謐墓誌
- 北魏李伯欽墓誌
- 北魏元演墓誌
- 北魏寇憑墓誌
- 北魏楊乾墓誌
- 北魏寇偘墓誌
- 北魏元子正墓誌
- 北魏元子正墓誌
- 北魏張玄墓誌
- 東魏李玄墓誌
- 東魏元澄妃馮令華墓誌
- 東魏張瓊墓誌
- 隋張通墓誌
- 隋劉淵墓誌
- 隋田德墓誌
- 唐呂建墓誌
- 唐孟珏墓誌

滿

- 北魏元定君墓誌
- 北魏元倪墓誌
- 北魏高猛妻元瑛墓誌
- 北魏元肅墓誌
- 東魏慧光法師墓誌
- 東魏張略墓誌
- 北周寇嶠妻薛氏墓誌
- 北周元壽安妃盧蘭墓誌
- 隋源剛墓誌
- 隋龍藏寺碑
- 隋鞏賓墓誌
- 隋陳暉墓誌

滯	漂	漕	漆		
 隋元公墓誌	 北魏吊比干文	 隋蘇慈墓誌	 隋楊居墓誌  唐桓思貞墓誌	 武周崔釋墓誌  唐胡恪暨妻張氏墓誌  唐李從偃墓誌  唐裴濛墓誌	 隋皇甫紘墓誌  隋宫人蕭氏墓誌  隋元統師墓誌  武周崔嘉墓誌

演	漨	漳	渏 漪	漁	滹
 北魏元演墓誌  北魏元宏（孝文帝）嬪趙充華墓誌  北魏寇演墓誌  北魏皮演墓誌	 隋劉世恭墓誌	 唐蔡希周墓誌	 北魏丘哲墓誌	 北魏丘哲妻鮮于仲兒墓誌  唐朱令節墓誌  唐淳于武斌暨妻左氏墓誌	 唐李譽墓誌

絜 潔	漿	漻	漏		
 北魏吊比干文	 武周裴敬道墓誌	 北魏吊比干文	 北魏張問墓誌	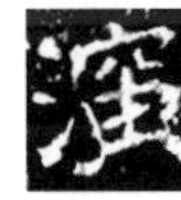 唐李懷墓誌	 北魏元瞻墓誌
 北魏寧陵公主墓誌			 隋宋胡墓誌		 東魏慧光法師墓誌
 北魏高宗嬪耿氏墓誌					 隋李景亮墓誌
 北魏寇憑墓誌					 北齊高善德墓誌

潸	澍	潰	澆		
 隋張伏敬墓誌	 隋龍藏寺碑	 隋董美人墓誌	 北魏元壽妃麴氏墓誌	 唐郭虛己墓誌	 北魏寇演墓誌
				 唐崔渙墓誌	 北魏趙光墓誌
					 北魏元纂墓誌
					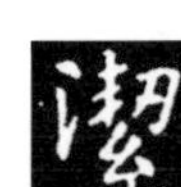 北魏張玄墓誌

潭

東魏崔鶺墓誌

潦

唐陳尚仙墓誌

潛

西晉張朗碑

北魏江文遥母吴氏墓誌

北魏高宗嬪耿氏墓誌

北魏孟元華墓誌

隋皇甫忍墓誌

隋蘇慈墓誌

唐等慈寺碑

唐雁塔圣教序

潤

北魏元進墓誌

東魏崔混墓誌

東魏閭詳墓誌

澗

北魏元思墓誌

北魏元顯儁墓誌

北魏元譿墓誌

北魏元悛墓誌

潘

北魏劉根等造像記

後唐王禹墓誌

澈

隋高潭墓誌

隋李叔蘭墓誌

唐楊乘墓誌

澄

北魏吊比干文

北魏楊大眼造像記

北魏元詮墓誌

隋鞏賓墓誌

隋董美人墓誌

唐等慈寺碑

濩

唐袁齊墓誌

濛 蒙

北魏元昭墓誌

北魏緱光姬墓誌

武周裴敬道墓誌

澣 浣

隋裴覬墓誌

澠

北魏長孫盛墓銘

唐鄭老彭墓誌

唐程綱墓誌

澇

北魏元瞻墓誌

隋蔡君妻張貴男墓誌

隋王筠墓誌

潞

武周裴敬道墓誌

濃

北魏吊比干文

北魏馮迎男墓誌

武周裴敬道墓誌

澡

隋源剛墓誌

澤

南朝宋爨龍顏碑

北魏元祐墓誌

北魏劉華仁墓誌

北魏元昭墓誌

北魏張玄墓誌

隋鞏賓墓誌

隋蘇慈墓誌

隋蘇慈墓誌

隋獨孤儉墓誌

濁

隋獨孤儉墓誌

澾

北魏王理奴墓誌

激

隋蘇慈墓誌

北宋王彭墓誌

澮

北魏元祐墓誌

北魏韓玫墓誌

北魏元纂墓誌

北魏乞伏寶墓誌

隋裴遺業墓誌

隋李景亮墓誌

唐牛藝墓誌

唐袁德昌墓誌

唐孟璲墓誌

鴻

東晉爨寶子碑

北魏吊比干文

北魏鄭先生夫人墓誌

北魏元緒墓誌

北魏元彥墓誌

北魏元恭墓誌

東魏姬静墓誌

隋龍藏寺碑

唐裴諝妻盧華墓誌

濤

隋張濤妻李氏墓誌

濫

北魏楊乾墓誌

北魏楊仲宣墓誌

唐裴會真墓誌

瀰 沵

北魏李劇墓誌

唐蔡希周墓誌

濬 浚

唐陽玄基墓誌

唐陳阿胡墓誌

唐劉略墓誌

濕

北魏高道悅墓誌

北齊任遜墓誌

濮

北魏元朗墓誌

隋張芳墓誌

唐吴璘墓誌

唐吕君妻吴氏墓誌

唐孟珏墓誌

唐劉略墓誌

濞

唐崔涣墓誌

濟 济

北魏元弘嬪侯氏墓誌

北魏楊範墓誌

北魏寇演墓誌

北魏高貞墓碑

北魏元謐墓誌

北魏楊仲彥墓誌

東魏杜文雍等十四人造四面佛記

東魏杜文雍等十四人造四面佛記

北周寇嶠妻薛氏墓誌

北周張子開造像記

唐張惟恭墓誌

瀁

唐裴會真墓誌

濱 濵

北魏元洛神墓誌

濵 濱

北魏元暎墓誌

北魏元悛墓誌

濯

北魏吊比干文

瀆

東魏張略墓誌

唐魚本墓誌

瀍 洭

北魏韓顯宗墓誌

瀚

北魏于神恩墓誌

灉

北魏吊比干文

瀘

唐李譽墓誌

武周趙行本墓誌

瀛

北魏王蕃墓誌

北魏元壽安墓誌

北魏穆紹墓誌

隋梁瓌墓誌

明張調元墓誌

灌

魏安樂王第三子給事君妻韓氏墓誌

北魏盧令媛墓誌

北魏元洛神墓誌

唐李譽墓誌

瀾

北魏李劇墓誌

北魏爾朱紹墓誌

隋蘇慈墓誌

瀰 彌

北魏楊乾墓誌

灊

唐何彥則墓誌

唐何昌浩墓誌

灑

北魏魯普墓誌

東魏高湛墓誌

唐魏基妻王淑墓誌

唐李轂墓誌

灜

北魏元暉墓誌

北魏元昭墓誌

灞

唐阿史那婆羅門墓誌

灤

東魏崔混墓誌

见（見）部

見

北魏高道悅墓誌

規

北魏元詳造像記

北魏元弼墓誌

北魏趙超宗墓誌

北魏王理奴墓誌

北魏王紹墓誌

北魏元懷墓誌

北魏元洛神墓誌

北魏于君妻和醜仁墓誌

東魏張略墓誌

隋龍藏寺碑

唐獨孤君妻薛娘墓誌

覽 (覧)

北魏吊比干文

北魏堯遵墓誌

隋鄭譯墓誌

覶

唐馬浩墓誌

親 (亲)

魏孟敬訓墓誌

北魏元懷墓誌

東魏高湛墓誌

隋□徹墓誌

唐楊温墓誌

靚

唐石獎墓誌

覲

南朝宋爨龍顔碑

唐宋祐墓誌

唐王叔寧墓誌

覺

北魏吊比干文

北魏太妃侯造像記

北魏劉根等造像記

隋龍藏寺碑

覽

覧

北魏元暉墓誌

唐等慈寺碑

覿

北魏元詮墓誌

觀

北魏塔基石函銘刻

北魏韓顯宗墓誌

北魏元璨墓誌

北魏元誘妻薛伯徽墓誌

北魏崔鴻墓誌

東魏劉目連造像記

隋衙聞墓誌

唐楊行表墓誌

牛（牜）部

牡

北魏高猛墓誌

牧

北魏元弼墓誌

北魏元定君墓誌

北魏元譿墓誌

北魏司馬昞墓誌

北魏程暐墓誌

東魏崔混墓誌

東魏高湛墓誌

隋韋君妻元咳女墓誌

物

北魏元澄妃李氏墓誌

北魏張永墓誌

北魏元暉墓誌

北魏叔孫協墓誌

北魏元暐墓誌

北魏李媛華墓誌

北魏昝雙仁墓誌

北魏穆景胄墓誌

東魏崔混墓誌

唐郭功墓誌

唐郭虛己墓誌

唐曹曇墓誌

牲

隋元公墓誌

特	牽		犄	犧	犢
北魏元懌墓誌	隋李景亮墓誌	唐殷善徵墓誌	北魏元周安墓誌	隋元公墓誌	唐等慈寺碑
唐郭虚己墓誌	唐馬湛墓誌				
	武周封延墓誌				
	唐崔紹妻盧氏墓誌				

手（扌手）部

扶	拒	批	扷	
北魏吊比干文	北魏楊乾墓誌	隋楊紀墓誌	北魏元保洛墓誌	北魏劉滋墓誌
北魏元彝墓誌	隋宋胡墓誌		北魏山暉墓誌	北魏崔鴻墓誌
東魏張略墓誌	隋史射勿墓誌		北魏高道悦墓誌	北魏于景墓誌
			北魏羅宗墓誌	北魏賀收墓誌

抓	折			析 扸	
 北魏張玄墓誌	 北魏楊津墓誌	 唐孟珏墓誌	 北魏元維墓誌	 北魏元誘妻馮氏墓誌	 北魏于神恩墓誌
	 北魏楊乾墓誌		 北魏爾朱紹墓誌	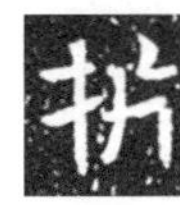 北魏元昭墓誌	 北周叱羅招男墓誌
	 東魏姬静墓誌		 東魏崔混墓誌	 北魏元悌墓誌	
	 唐曹曇墓誌		 東魏高婁斤墓誌	 北魏王馥墓誌	

投	抑			於 扵	扳
 北魏塔基石函銘刻	 北魏韓顯宗墓誌	 東魏崔鷫墓誌	 北魏緱光姬墓誌	 東晋爨寶子碑	 北魏吊比干文
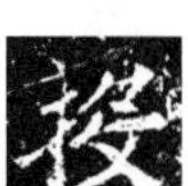 北魏比丘法生造像記	 隋元公墓誌	 東魏姬静墓誌	 北魏元誘妻薛伯徽墓誌	 北魏張正子父母鎮墓石	
 北魏趙盛暨妻索始姜墓誌	 唐等慈寺碑	 隋鞏賓墓誌	 北魏李頤墓誌	 北魏高道悦墓誌	
 北魏元壽安墓誌			 北魏元彝墓誌	 北魏李媛華墓誌	

拔	拓	扭	抗		
 北魏元眖墓誌	 北周拓拔昇墓誌	 北魏李瞻墓誌	 北魏比丘法生造像記	 唐王端墓誌	 東魏公孫略墓誌
 北周拓拔昇墓誌			 北魏高道悦墓誌	 明孔彰墓誌	 東魏杜文雍等十四人造四面佛記
 唐李云卿墓誌			 北魏元暐墓誌		 隋楊景墓誌
 唐楊乘墓誌					 隋董美人墓誌

拘	氐 抵	拆	拖	抽	
 北魏元嵩墓誌	 唐張林墓誌	 唐郝閏墓誌	 北魏王馥墓誌	 北魏趙光墓誌	 元龍川和尚舍利塔誌
				 北魏丘哲墓誌	
				 東魏杜文雍等十四人造四面佛記	

抱

北魏元進墓誌
北魏緱光姬墓誌
北魏丘哲墓誌
東魏寇永墓誌
隋楊居墓誌
隋龍藏寺碑
隋楊异墓誌
唐牛敬福墓誌

拂

北魏趙光墓誌
北魏元斑墓誌

招

北魏吊比干文
北魏元緒墓誌
北魏元璨墓誌
北周叱羅招男墓誌
北宋孫漢筠墓誌

披

北魏高猛妻元瑛墓誌
北魏元頊墓誌

拜

北魏吊比干文
北魏元萇墓誌
北魏程暐墓誌
北魏李頤墓誌
西魏劉阿倪提墓誌
東魏崔混墓誌
東魏敬使君碑
隋劉淵墓誌

挂

東魏崔混墓誌

持

北魏元偃墓誌
北魏李伯欽墓誌
北魏元保洛墓誌
北魏王蕃墓誌
魏孟敬訓墓誌
北魏寇演墓誌
北魏封君妻長孫氏墓誌
北魏元斑墓誌
北魏山徽墓誌
東魏崔混墓誌
北齊河清三年造像記
北周宇文業暨妻周氏墓誌

隋韋壽墓誌

拵 弄

北魏楊乾墓誌

隋元叡妻張摩子墓誌

挺

北魏韓顯宗墓誌

北魏元龍墓誌

北魏寇臻墓誌

北魏吐谷渾璣墓誌

北魏寇演墓誌

北魏楊璉墓誌

北魏元譿墓誌

北魏元昭墓誌

北魏元固墓誌

東魏崔混墓誌

東魏姬静墓誌

北周寇嶠妻薛氏墓誌

隋史射勿墓誌

唐李行淹墓誌

括

北魏元昭墓誌

唐桓思貞墓誌

指

北魏元龍墓誌

北魏高猛墓誌

北魏元昭墓誌

北魏元暐墓誌

北魏薛慧命墓誌

東魏南宗和尚之塔

東魏姬静墓誌

隋田光山妻李氏墓誌

挍

北魏元偃墓誌

北魏元偃墓誌

北魏元彬墓誌

北魏寇演墓誌

東魏姬静墓誌

東魏張瓊墓誌

隋蘇慈墓誌

唐李譽墓誌

掖

北魏嵩高靈廟碑

唐盧季方妻鄭氏墓誌

北宋郭朝威墓誌

拯

北魏封魔奴墓誌

北魏穆紹墓誌

隋張喬墓誌

唐牛崇墓誌

唐房承先妻吴氏墓誌

挈

唐孟璲墓誌

拏

唐王沼墓誌

振

東晋王建之墓誌

北魏元澄妃李氏墓誌

北魏比丘法生造像記

北魏寇臻墓誌

北魏寇臻墓誌

北魏元思墓誌

北魏元緒墓誌

北魏元詮墓誌

魏安樂王第三子給事君妻韓氏墓誌

北魏元萇墓誌

北魏寇憑墓誌

北魏楊璉墓誌

北魏司馬顯姿墓誌

北魏元昭墓誌

北魏元頊墓誌

東魏寇永墓誌

隋劉明暨妻梁氏墓誌

隋楊紀墓誌

唐等慈寺碑

唐張運才墓誌

清徐選墓誌

捍

北魏寇猛墓誌

捉

唐八关齋會報德記

唐崔異墓誌

捐

北魏堯遵墓誌

北魏辛祥墓誌

北魏元謐墓誌

北魏元悌墓誌

挹

北魏楊璉墓誌

北魏元勰墓誌

東魏高湛墓誌

挫

唐馬湛墓誌

挽

北魏元暉墓誌

北魏楊仲宣墓誌

東魏郭肇墓誌

隋龍藏寺碑

隋王笏墓誌

措

唐牛敬福墓誌

掩

北魏趙謐墓誌

唐孫欽墓誌

捷

北魏穆纂墓誌

北魏元舉（景昇）墓誌

北魏元子永墓誌

北魏元誨墓誌

唐馬湛墓誌

唐司徒囗臣墓誌

唐崔渙墓誌

清張丙震暨妻紀氏墓誌

推

東魏高湛墓誌

捨

北魏牛橛造像記

北魏元龍墓誌

北齊文殊般若經碑

采 採

北魏吊比干文

北魏昝雙仁墓誌

北魏元廞墓誌

唐劉干墓誌

授

北魏元暎墓誌

北魏元演墓誌

北魏王紹墓誌

北魏元誘妻薛伯徽墓誌

北魏元譚墓誌

東魏崔混墓誌

北周梁嗣鼎墓誌

隋賀若嵩墓誌

隋元公墓誌

唐郭功墓誌

唐胡恪暨妻張氏墓誌

唐李從偃墓誌

唐崔珦墓誌

捴 摠

北魏元思墓誌

北魏元演墓誌

北魏元徽墓誌

掠

隋楊休墓誌

掖

北魏李伯欽墓誌

北魏張整墓誌

北魏緱光姬墓誌

北周寇嶠妻薛氏墓誌

接

北魏元壽安墓誌

隋梁坦墓誌

唐李昂墓誌

控

北魏于神恩墓誌

隋橋紹墓誌

探

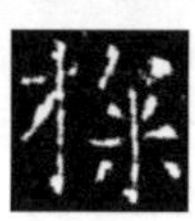
唐李再誠墓誌

掌

北魏元昭墓誌

隋蘇慈墓誌

提

北魏劉根等造像記

唐崔復墓誌

揚 （敭）

東晉爨寶子碑

東晉爨寶子碑

北魏吊比干文

北魏吊比干文

北魏元羽墓誌

東魏高湛墓誌

武周裴敬道墓誌

揖

北魏吊比干文

北魏江文遥母吴氏墓誌

隋龍藏寺碑

唐李復妻王氏墓誌

揭

唐楊温墓誌

搜

北魏元子正墓誌

北魏元泰墓誌

唐郎官石柱記

唐李收墓誌

唐牛公浦妻陳氏墓誌

揜

北魏王紹墓誌

隋楊异墓誌

援

北魏元楨墓誌

北魏元羽墓誌

北魏賀收墓誌

東魏崔混墓誌

東魏姬静墓誌

隋蘇慈墓誌

換

北魏元悌墓誌

北魏元瞻墓誌

東魏姬静墓誌

唐等慈寺碑

唐崔涣墓誌

北宋苻補之墓誌

揔 （總 捴）

北魏吊比干文

北魏元萇墓誌

北魏元隱墓誌

北魏元昭墓誌

北魏李媛華墓誌

北魏元固墓誌

北魏元子正墓誌

北魏元子正墓誌

北魏元天穆墓誌

隋楊异墓誌

隋楊紀墓誌

唐掌君妻賈玉耶墓誌

唐高力牧妻魏氏墓誌

唐郎官石柱記

唐裴賓妻李環墓誌

唐崔鏞墓誌

揄

北魏元淑墓誌

北魏崔敬邕墓誌

北魏元隱墓誌

握

北魏高猛妻元瑛墓誌

揆

北魏李媛華墓誌

搔

唐郝茂光暨妻孫氏墓誌

掾

北魏楊仲彥墓誌

北魏元天穆墓誌

隋楊休墓誌

唐牛藝墓誌

唐程綱墓誌

搆 構

北魏元祐墓誌

北魏元昭墓誌

北魏元醜仁墓誌

隋張怦墓誌

隋田光山妻李氏墓誌

隋于緯墓誌

唐魏基妻王淑墓誌

唐楊行表墓誌

武周崔安敬墓誌

唐臧君妻叱李氏墓誌

唐八关齋會報德記

摸	摺	損	携	摇 搖	搖 揺
 北魏楊暕墓誌	 唐盧倕妻鄭氏墓誌  唐盧士玫妻崔氏墓誌	 北魏元譚墓誌  隋張通墓誌	 唐王承鼎墓誌  唐李系墓誌	 北魏赫連悅墓誌  隋蘇慈墓誌  隋元智妻姬氏墓誌	 北魏吊比干文  東魏張瓊墓誌  隋董美人墓誌

摛	搏	摧		摠	摘
 唐李行淹墓誌	 北魏高貞墓碑  唐楊君墓誌	 北魏寇猛墓誌  北魏元嵩墓誌  北魏王皓墓誌  北魏元萇墓誌	 北魏唐耀墓誌  東魏高湛墓誌  東魏杜文雍等十四人造四面佛記	 唐郭虚己墓誌	 隋宮人蕭氏墓誌

摎

唐崔君妻鄭氏墓誌

擊

北魏劉滋墓誌

北魏元周安墓誌

北魏元顥墓誌

隋高緊墓誌

撓

北魏元過仁墓誌

北魏元卲墓誌

唐程綱墓誌

撫

東晋爨寶子碑

北魏元彬墓誌

北魏元思墓誌

北魏元萇墓誌

北魏李媛華墓誌

北魏楊乾墓誌

北魏元洛神墓誌

北魏元子永墓誌

隋韋壽墓誌

播

北魏楊璉墓誌

北魏司馬昞墓誌

北魏司馬顯姿墓誌

隋張通墓誌

隋李椿妻劉琬華墓誌

擒

唐李譽墓誌

唐郭虛己墓誌

撤

隋蔡君妻張貴男墓誌

隋李静訓墓誌

隋元公墓誌

撰

北魏孟元華墓誌

唐袁齊墓誌

明牛世威墓誌

撥

北魏冠軍將軍妻劉氏墓誌

北魏叔孫協墓誌

搽

北魏元始和墓誌

北魏元顯儁墓誌

北魏王紹墓誌

北魏羅宗墓誌

北魏王壽德墓誌

北魏孟元華墓誌

北魏緱光姬墓誌

北魏陸紹墓誌

北魏李略墓誌

東魏崔混墓誌

隋宋胡墓誌

隋蘇慈墓誌

隋李椿妻劉琬華墓誌

據

北魏趙超宗墓誌

北魏李媛華墓誌

魏元延明墓誌

隋蘇慈墓誌

隋張芳墓誌

擇

北魏內司楊氏墓誌

北魏元洛神墓誌

武周郭蕩墓誌

北宋張子立妻楊氏墓誌

擐

唐楊隱墓誌

撿

魏孟敬訓墓誌

擅

北魏石婉墓誌

北魏元暉墓誌

北魏張問墓誌

北魏王誦墓誌

東魏長孫冏墓碑

隋橋紹墓誌

隋蘇慈墓誌

隋高嗣墓誌

唐盧佀墓誌

唐張涓妻李氏墓誌

擁

北魏吊比干文

北魏王馥墓誌

北魏元爽墓誌

擬

北魏元新成妃李氏墓誌

北魏高猛妻元瑛墓誌

隋史射勿墓誌

隋元公墓誌

擢

北魏元羽墓誌

北魏楊璉墓誌

北魏元賄墓誌

北魏丘哲墓誌

唐崔志約墓誌

擘

北魏吊比干文

擾

隋蘇慈墓誌

攀

北魏趙盛暨妻索始姜墓誌

北魏刁遵墓誌

隋李世洛墓誌

唐陸紹墓誌

攝

北魏元彦墓誌

北魏元萇墓誌

北魏寇演墓誌

東魏元玕墓誌

气部

氛

北魏元懌墓誌

北魏元斑墓誌

北魏苟景墓誌

東魏崔混墓誌

氤

北魏宋靈妃墓誌

北魏高樹生妻韓期頤墓誌

唐李行淹墓誌

氣

東晉司馬芳殘碑

北魏太覺造像

魏孟敬訓墓誌

北魏寇憑墓誌

氣 北魏封君妻長孫氏墓誌
氣 北魏程暐墓誌
氣 北魏元引墓誌
氣 北魏元昭墓誌
氣 北魏韓玫墓誌
氣 北魏賀收墓誌
氣 北魏元洛神墓誌
氣 北魏山徽墓誌
氣 北魏元文墓誌
氣 東魏姬静墓誌
氣 北周建德二年造像題記
氣 北周寇嶠妻薛氏墓誌
氣 隋李盛墓誌
氣 隋高緊墓誌
氣 唐徐師墓誌

氳

氳 北齊姜纂造像記
氳 北齊高善德墓誌

毛部

毾

毾 隋張濤妻李氏墓誌

长（長镸）部

長

長 北魏鄭長猷造像記
長 北魏鄭長猷造像記
長 北魏元壽妃麴氏墓誌
長 北魏寇演墓誌
長 北魏長孫忻墓銘
長 北魏元謐墓誌
長 北魏李媛華墓誌
長 北魏元悛墓誌
長 東魏張略墓誌
長 隋吴素暨妻樊氏墓誌
長 隋張通墓誌

肆

北魏元弼墓誌

北魏長孫盛墓銘

北魏元恭墓誌

東魏李挺命婦元季聰墓誌

片部

片

北魏太妃侯造像記

北魏崔鴻墓誌

北魏張寧墓誌

胖

唐衛君妻董氏墓誌

牒

北魏元懷墓誌

北魏元壽安墓誌

東魏崔混墓誌

唐楊行表墓誌

唐桓思貞墓誌

唐王沼墓誌

牖

北魏顯祖成嬪墓誌

隋龍藏寺碑

隋李椿妻劉琬華墓誌

牘

北魏高道悅墓誌

北魏尹祥墓誌

斤部

斤

北魏高猛妻元瑛墓誌

欣

北魏王壽德墓誌

斯

東晋爨寶子碑

北魏韓顯宗墓誌

北魏元澄妃李氏墓誌

北魏何伯超墓誌

斷

北魏元倪墓誌

北魏李媛華墓誌

北魏元焕墓誌

東魏李挺命婦元季聰墓誌

北魏元倖墓誌

北魏吐谷渾璣墓誌

北魏堯遵墓誌

北魏賈良造像記

新

隋元叡墓誌

武周焦新婦墓誌

北魏奚智墓誌

北魏寇演墓誌

北魏劉阿素墓誌

北魏張玄墓誌

北魏元子正墓誌

北魏范國仁等造像記

東魏崔混墓誌

北魏元謐墓誌

北魏昝雙仁墓誌

北魏丘哲妻鮮于仲兒墓誌

北魏崔鴻墓誌

采 採

北魏元暉墓誌

孚

北魏韓顯宗墓誌

爪

北魏于景墓誌

爪（爫）部

武周杜并墓誌

唐何彦则妻劉五兒墓誌

唐崔君妻鄭氏墓誌

唐程綱墓誌

東魏元湛墓誌

隋王昌暨妻薛氏墓誌

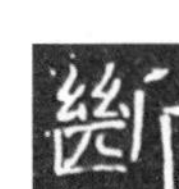
隋元叡妻張摩子墓誌

唐伊阙佛龕碑

爭 争

北魏元昭墓誌

爰

東晉爨寶子碑

南朝宋爨龍顏碑

北魏塔基石函銘刻

北魏元楨墓誌

北魏楊璉墓誌

北魏元暉墓誌

北魏趙光墓誌

北魏元謐墓誌

北魏緱光姬墓誌

北魏高猛妻元瑛墓誌

北魏世宗宣武皇帝嬪李氏墓誌

北魏賀收墓誌

北魏元固墓誌

北魏李略墓誌

北魏張玄墓誌

西魏宇文測墓誌

隋楊紀墓誌

隋衙聞墓誌

隋元惠墓誌

唐宋祐墓誌

唐秦懷道墓誌

唐房承先妻吳氏墓誌

奚

北魏弔比干文

北魏馮迎男墓誌

北魏于仙姬墓誌

北魏王誦墓誌

爲 為

北魏張正子父母鎮墓石

北魏韓顯宗墓誌

北魏高道悅墓誌

北魏元暉墓誌

北魏元悛墓誌

北魏長孫盛墓銘

北魏元文墓誌

東魏杜法師墓誌

隋高潭墓誌

北宋舒氏冢婦李氏墓誌

舜

北魏弔比干文

北魏元暉墓誌

北魏高貞墓碑

北魏慕容纂墓誌

愛

隋李椿妻劉琬華墓誌	東魏杜文雍等十四人造四面佛記	北魏楊乾墓誌	北魏元暉墓誌	北魏元羽墓誌	隋蘇慈墓誌
隋蕭瑒墓誌	隋韓智墓誌	北魏元子正墓誌	北魏元懌墓誌	北魏元緒墓誌	明陳萬鎰王孺人墓誌
隋口徹墓誌	隋董美人墓誌	東魏崔混墓誌	北魏李頤墓誌	北魏元詳墓誌	
	隋張通墓誌	東魏郭肇墓誌	北魏丘哲妻鮮于仲兒墓誌	北魏寇憑墓誌	

爵

隋蕭瑒墓誌	隋宋胡墓誌	北魏高樹生妻韓期頤墓誌	北魏楊乾墓誌	北魏王昌墓誌	北魏元偃墓誌
隋元公墓誌	隋楊寬妻韋始華墓誌	北魏石育妻戴氏墓誌	北魏苟景墓誌	北魏元廣墓誌	北魏元彬墓誌
	隋楊紀墓誌	東魏閭詳墓誌	北魏山徽墓誌	北魏元萇墓誌	北魏韓顯宗墓誌
	隋段摸墓誌	東魏元澄妃馮令華墓誌	北魏元天穆墓誌	北魏李媛華墓誌	北魏趙超宗墓誌

繇

隋鞏賓墓誌

唐李員墓誌

唐郭虛己墓誌

父部

父

北魏何伯超墓誌

北周建德二年造像題記

隋蘇慈墓誌

唐鄭老彭墓誌

斧

唐皇甫敖墓誌

釜

唐陽君妻盧氏墓誌

月（⺝）部

有

北魏李伯欽墓誌

北魏元壽妃麴氏墓誌

北魏王皓墓誌

北魏高道悅墓誌

北魏爾朱襲墓誌

東魏高湛墓誌

肌

唐裴君妻元氏墓記

肓

隋元公墓誌

唐王行通墓誌

唐封泰墓誌

唐藺楚珍墓誌

北宋郭朝威墓誌

肥

魏司馬金龍墓表

北魏常襲妻崔氏墓誌

東魏元凝妃陸順華墓誌

唐張質妻王氏墓誌

股

北魏元暉墓誌

北魏寇慰墓誌

隋蘇慈墓誌

明尹剛墓誌

朋

北魏楊璉墓誌

北魏馮迎男墓誌

北魏緱光姬墓誌

肸

唐等慈寺碑

武周裴敬道墓誌

肫

隋元叡墓誌

肱

北魏寇憑墓誌

服

北魏比丘法生造像記

北魏元龍墓誌

北魏元昭墓誌

北魏元昭墓誌

北魏丘哲墓誌

東魏高湛墓誌

東魏敬使君碑

東魏李挺命婦元季聰墓誌

北齊高淯墓誌

隋孫高墓誌

唐崔和墓誌

育

唐蕭知義墓誌

唐韋微妻裴氏墓誌

胡

北魏李謀墓誌

唐陳阿胡墓誌

背

北魏元懷墓誌

唐鄭恂墓誌

明王齊墓誌

胄

北魏魯普墓誌

北魏元思墓誌

北魏韓玫墓誌

北魏山徽墓誌

北魏張玄墓誌

東魏閭伯生暨妻元仲英墓誌

隋高緊墓誌

唐楊温墓誌

唐李收墓誌

唐袁擇交妻李氏墓誌

胙

武周裴敬道墓誌

朏

唐伊阙佛龕碑

脆

唐王琳墓誌

唐陸士倫墓誌

脂

北魏元暐墓誌

隋楊孝偡墓誌

唐蕭茂本墓誌

明鮑宣墓誌

朕

北魏高道悦墓誌

北魏封魔奴墓誌

北魏楊乾墓誌

胷

北魏元昭墓誌

東魏閭詳墓誌

隋田德墓誌

朓

唐盧處約墓誌

脊

唐等慈寺碑

朔

北魏元偃墓誌

北魏元簡墓誌

北魏趙謐墓誌

北魏元壽妃麴氏墓誌

朗

北魏元羽墓誌

北魏寇憑墓誌

北魏楊璉墓誌

北魏元懌墓誌

唐臧懷亮墓誌

唐裴諝妻盧華墓誌

唐郭良墓誌

北魏元醜仁墓誌

北周宇文業暨妻周氏墓誌

唐孟買墓誌

唐郭懷則墓誌

北魏李頤墓誌

北魏于纂（岐州刺史）墓誌

北魏寇慰墓誌

北魏穆紹墓誌

北魏何伯超墓誌

魏孟敬訓墓誌

北魏程暐墓誌

北魏劉根等造像記

北魏元緒墓誌

北魏元緒墓誌

北魏元保洛墓誌

北魏李元姜墓誌

期 朞

北魏韓顯宗墓誌

北魏崔鴻墓誌

北魏丘哲墓誌

武周郭蕩墓誌

朞 期

北魏元緒墓誌

北魏元誘墓誌

隋張怦墓誌

唐三景法師（韓自明）墓誌

脫

北魏吊比干文

北魏牛橛造像記

隋劉淵墓誌

脤

唐崔涣墓誌

脯

北魏吊比干文

朙 明

東魏李挺妻劉幼妃墓誌

隋田光山妻李氏墓誌

唐魚本墓誌

唐李收墓誌

腴

北魏楊瑱墓誌

北魏陸紹墓誌

東魏元湛妃王令媛墓誌

唐等慈寺碑

腑

唐淳于武斌暨妻左氏墓誌

勝

北魏吊比干文

北魏元龍墓誌

北魏元始和墓誌

北魏寇臻墓誌

北魏元暉墓誌

東魏姬靜墓誌

隋寇奉叔墓誌

隋蘇慈墓誌

隋張喬墓誌

唐路通墓誌

唐馮勝墓誌

腰

北魏元項墓誌

隋王昌暨妻薛氏墓誌

隋梁瓌墓誌

唐盧敬彝墓誌

腹

北魏元遥墓誌

北魏元誘墓誌

唐牛敬福墓誌

膢

北魏司馬顯姿墓誌

腦

武周高足酉墓誌

䐈

隋蕭球墓誌

膂

北魏元忠暨妻司馬妙玉墓誌

北魏元固墓誌

北魏元周安墓誌

唐王全素妻李氏墓誌

膝

北魏王紹墓誌

北魏公孫猗墓誌

隋楊异墓誌

唐李轂墓誌

明杜麟墓誌

腸

北魏薛慧命墓誌

唐吴璘墓誌

滕

東魏元凝妃陸順華墓誌

唐魏基妻王淑墓誌

膠

北魏李璨蘭墓誌

北魏元暉墓誌

臈 臘

北魏高猛妻元瑛墓誌

北宋皮獻臣等題名

膴

北魏高猛妻元瑛墓誌

膰

東魏高婁斤墓誌

膳

隋李静訓墓誌

唐菹氏墓誌

唐楊乗墓誌

羸

隋蘇慈墓誌

臉

北魏王紹墓誌

膽

北魏源延伯墓誌

唐孫欽墓誌

膻

隋蔡君妻張貴男墓誌

臂

北魏于景墓誌

北魏赫連悦墓誌

唐郭羅善妻陳雪墓誌

唐李收墓誌

唐劉中禮墓誌

臑

唐崔復墓誌

鵬

北魏吊比干文

唐盧士玫墓誌

臘 臈

唐張樹生墓誌

嬴

北魏吊比干文

北魏元均之墓誌

北魏元項墓誌

北周韋彪墓誌

臚

北魏高猛妻元瑛墓誌

隋高嗣墓誌

唐魏基妻王淑墓誌

騰

北魏吊比干文

北魏高樹、解伯都等造像記

北魏高道悦墓誌

北魏李媛華墓誌

北魏元固墓誌

唐張慶則墓誌

羸

北魏趙謐墓誌

唐張時譽墓誌

唐劉干墓誌

氏部

氏

東晋王建之墓誌

南朝宋爨龍顔碑

北魏元澄妃李氏墓誌

北魏李伯欽墓誌

氏（底）

北魏元弘嬪侯氏墓誌

北魏寇猛墓誌

北魏楊範墓誌

北魏何伯超墓誌

北魏元飌妻王氏墓誌

北魏寇演墓誌

北魏寇憑墓誌

北魏封君妻長孫氏墓誌

北魏封君妻長孫氏墓誌

北魏李媛華墓誌

唐魚本墓誌

北魏杜祖悅墓誌

帋（紙）

唐袁齊墓誌

欠部

欷

北魏韓顯宗墓誌

欵（款）

北魏寇憑墓誌

隋田德墓誌

武周高足酉墓誌

明顏玉墓誌

款（欵）

唐尉遲敬德墓誌

歇

北魏元萇墓誌

北魏高猛妻元瑛墓誌

東魏崔混墓誌

元龍川和尚舍利塔誌

歌

南朝宋爨龍顏碑

歉

唐張涓妻李氏墓誌

歎 嘆

北魏高道悅墓誌

北魏蘇屯墓誌

隋韋壽墓誌

隋蘇慈墓誌

武周崔嘉墓誌

北宋錢謂妻向氏墓誌

歔

北魏韓顯宗墓誌

北魏緱光姬墓誌

歙

北魏吊比干文

歟

北魏吊比干文

北魏吊比干文

北魏緱光姬墓誌

北魏李劌墓誌

歡 懽

北魏元新成妃李氏墓誌

北魏公孫猗墓誌

隋董美人墓誌

唐梁式墓誌

北魏爾朱紹墓誌

唐桓思貞墓誌

唐郎官石柱記

风（風）部

風

北魏元緒墓誌

北魏寇憑墓誌

北魏寇演墓誌

北魏程暐墓誌

北魏張猛龍碑

北魏張猛龍碑

北魏元誘妻薛伯徽墓誌

北魏于神恩墓誌

隋董美人墓誌

颲

北魏吊比干文

颷

唐蔡希周墓誌

颺

北魏元詳墓誌

北魏高道悦墓誌

䬐

北魏吊比干文

北周元壽安妃盧蘭墓誌

飄

北魏穆纂墓誌

北魏高猛妻元瑛墓誌

北魏元固墓誌

北魏元項墓誌

東魏元湛墓誌

隋董美人墓誌

隋王𢢼墓誌

飆

北魏元暉墓誌

唐李譽墓誌

飆

隋史射勿墓誌

飂

隋李世洛墓誌

殳部

段

北魏牛橛造像記

北魏封魔奴墓誌

北魏封君妻長孫氏墓誌

北魏王翊墓誌

北魏韓顯祖等造像記

東魏崔混墓誌

隋史射勿墓誌

隋段摸墓誌

武周殷平墓誌

唐段夫人墓誌

北宋胡宗師天發神讖碑跋

明王齊墓誌

殷 慇

北魏吊比干文

北魏吊比干文

北魏寇猛墓誌

北魏何伯超墓誌

北魏王紹墓誌

北魏元暉墓誌

北魏高貞墓碑

北魏高猛妻元瑛墓誌

北魏元天穆墓誌

北魏張玄墓誌

北魏穆紹墓誌

北魏元項墓誌

北魏長孫季墓誌

東魏元湛墓誌

北周寇嶠妻薛氏墓誌

隋高潭墓誌

隋蕭妙瑜墓誌

隋田德墓誌

隋蕭瑒墓誌

武周李知本墓誌

唐来景暉墓誌

唐鄭老彭墓誌

唐李誠墓誌

遼韓君墓誌

殺

北魏崔鴻墓誌

唐等慈寺碑

毀 毁

北魏元弼墓誌

北魏元詮墓誌

北魏司馬顯姿墓誌

北魏元暐墓誌

北魏高猛墓誌

北魏元周安墓誌

東魏崔混墓誌

東魏崔混墓誌

唐韋微妻裴氏墓誌

唐宋伯康墓誌

毀 毁

北魏崔敬邕墓誌

北魏寇憑墓誌

北魏元煥墓誌

北魏元彝墓誌

穀 谷

北魏元誘妻馮氏墓誌

北魏元嵩墓誌

北魏元進墓誌

北魏于纂墓誌

殼

唐李潛墓誌

殿

隋董美人墓誌

隋陳暉墓誌

唐何彥則墓誌

唐郭虛己墓誌

北魏楊璉墓誌

北魏程暐墓誌

北魏元昭墓誌

北魏元寧墓誌

武周李知本墓誌

武周裴敬道墓誌

唐郭虛己墓誌

明顏玉墓誌

北魏王馥墓誌

北魏源延伯墓誌

北魏元項墓誌

隋龍藏寺碑

豰

北魏高猛妻元瑛墓誌

唐張師慶墓誌

唐李君誼墓誌

武周馬神威墓誌

唐衛君妻董氏墓誌

唐呂崇一墓誌

唐鄭易墓誌

東魏元朗墓誌

隋田保洛墓誌

隋李肅墓誌

武周殷平墓誌

毅

北魏楊璉墓誌

北魏寇偘墓誌

北魏于神恩墓誌

北魏元項墓誌

北魏王誦墓誌

北魏苟景墓誌

唐呂君妻張氏墓誌

轂

北魏元項墓誌

東魏郭肇墓誌

隋裴覬墓誌

隋蘇慈墓誌

隋王君妻成公氏墓誌

文部

文

北魏高樹、解伯都等造像記

北魏穆纂墓誌

北魏元隱墓誌

北魏元愔墓誌

東魏元湛妃王令媛墓誌

東魏元湛妃王令媛墓誌

隋李景亮墓誌

吝

北魏元謐墓誌

北魏元天穆墓誌

隋楊孝偡墓誌

唐高力牧墓誌

北宋龔德方墓誌

紊

北齊崔芬墓誌

斌

北魏趙盛暨妻索始姜墓誌

隋元統師墓誌

亹 亹

北魏元融妃穆氏墓誌

北魏元暐墓誌

北魏昝雙仁墓誌

北魏元維墓誌

東魏寇永墓誌

方部

方

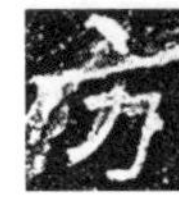
南朝宋爨龍顏碑

北魏寇臻墓誌

北魏寇演墓誌

北魏元暉墓誌

於 (于 扵)

北魏奚智墓誌

北魏李瞻墓誌

北魏元義華墓誌

北魏元泰墓誌

東魏張略墓誌

隋田光山妻李氏墓誌

唐辛謙墓誌

唐張慶則墓誌

斾 (旆)

北魏吊比干文

北魏王壽德墓誌

西魏元欽墓誌

隋賀若嵩墓誌

施

北魏元詮墓誌

北魏楊乾墓誌

北魏唐耀墓誌

東魏姬静墓誌

東魏高湛墓誌

隋來和墓誌

旁

唐孟買墓誌

旆 (斾)

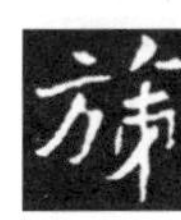
北魏王誦墓誌

東魏敬使君碑

隋楊休墓誌

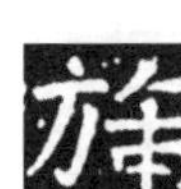
隋高緊墓誌

旄

北魏刁遵墓誌

北魏崔敬邕墓誌

旅 (旅)

北魏元詳造像記

北魏楊大眼造像記

北魏元詮墓誌

北魏王紹墓誌

北魏元暉墓誌

北魏元眗墓誌

北魏李璧墓誌

北魏元壽安墓誌

		旍 旌	斿		
北魏元信墓誌	北魏元嵩墓誌	北魏元詳造像記	北魏劉根等造像記	唐沈全交墓誌	西魏元欽墓誌
北魏元恭墓誌	北魏司馬悅墓誌	北魏元弘嬪侯氏墓誌		唐鄭高墓誌	北周梁嗣鼎墓誌
北齊囗道明墓誌	北魏元進墓誌	北魏王彤墓誌		唐姚栖雲墓誌	隋楊异墓誌
隋李景亮墓誌	北魏寇演墓誌	北魏寇臻墓誌		北宋王遇墓誌	唐封泰墓誌

				族	
北魏山徽墓誌	北魏元寶月墓誌	北魏穆亮妻尉太妃墓誌	北魏元詮墓誌	北魏元楨墓誌	隋宋文成墓誌
東魏崔混墓誌	北魏染華墓誌	北魏趙光墓誌	北魏元演墓誌	北魏趙謐墓誌	隋長孫汪墓誌
東魏郭肇墓誌	北魏寇治墓誌	北魏韓玫墓誌	北魏高宗嬪耿氏墓誌	北魏元融妃穆氏墓誌	唐李譽墓誌
隋張通墓誌	北魏元繼墓誌	北魏元誘妻薛伯徽墓誌	北魏元萇墓誌	北魏李元姜墓誌	

旋

北魏吊比干文

北魏元彬墓誌

北魏穆亮妻尉太妃墓誌

北魏元瞻墓誌

北周宇文業暨妻周氏墓誌

隋陰雲墓誌

北魏張孃墓誌

北魏昝雙仁墓誌

北魏于纂（岐州刺史）墓誌

北周拓拔昇墓誌

旍（旌）

北魏寧陵公主墓誌

北魏元宏（孝文帝）嬪趙充華墓誌

北魏高道悅墓誌

北魏高貞墓碑

唐盧士玫妻崔氏墓誌

唐韋楚和墓誌

唐陳燭墓誌

北宋魏陽君申氏墓誌

隋李静訓墓誌

唐李睿墓誌

唐秦懷道墓誌

唐王景元妻崔氏墓誌

旗

北魏吊比干文

北魏元龍墓誌

北魏元信墓誌

北魏爾朱襲墓誌

唐崔異墓誌

旒

北魏元澄妃李氏墓誌

北魏元誨墓誌

北魏元項墓誌

武周殷平墓誌

唐殷善徵墓誌

唐魏喆妻盧氏墓誌

唐盧重墓誌

旐

北魏元悛墓誌

北魏元醜仁墓誌

北周拓拔昇墓誌

隋王筠墓誌

西魏元欽墓誌

武周郭蕩墓誌

北宋張曙墓誌

火（灬）部

火

北齊姜纂造像記

灰

唐崔儒妻李氏墓誌

唐李山寶墓誌

光 光

北魏侯愔墓誌

唐王琳墓誌

唐狄林墓誌

灼

北魏元緒墓誌

北魏鄯乾墓誌

北魏丘哲墓誌

炳

北魏元暉墓誌

北魏程暐墓誌

烔

北魏李超墓誌

照 炤

北魏元羽墓誌

烈

北魏元弘嬪侯氏墓誌

北魏元顯平妻王氏墓誌

北魏元演墓誌

東魏崔混墓誌

東魏姬静墓誌

東魏高湛墓誌

東魏杜文雍等十四人造四面佛記

唐化度寺塔銘

休 烋

北魏寇臻墓誌

北魏元詳墓誌

北魏王紹墓誌

北魏元懷墓誌

北魏寇憑墓誌

北魏李媛華墓誌

北魏李媛華墓誌

北魏緱光姬墓誌

無	焚	烽	煙 烟	恢 烣	
 北魏元彬墓誌	 北魏王壽德墓誌	 北魏王壽德墓誌	 北魏元悌墓誌	 唐武士穆墓誌	 北魏染華墓誌
 北魏李伯欽墓誌	 唐牛藝墓誌	 北魏源延伯墓誌	 隋楊异墓誌		 北魏賀收墓誌
 北魏元思墓誌	 元張弘範墓誌				 北魏元天穆墓誌
 北魏元緒墓誌					

 北魏元醜仁墓誌	 北魏元子永墓誌	 北魏元洛神墓誌	 北魏元誘妻薛伯徽墓誌	 北魏寇憑墓誌	 北魏元融妃穆氏墓誌
 東魏姬静墓誌	 北魏丘哲墓誌	 北魏唐耀墓誌	 北魏李頣墓誌	 北魏劉阿素墓誌	 北魏元演墓誌
 東魏高湛墓誌	 北魏張玄墓誌	 北魏唐耀墓誌	 北魏于仙姬墓誌	 北魏李媛華墓誌	 北魏高道悅墓誌
 東魏李顯族造像碑	 北魏張玄墓誌	 北魏唐耀墓誌	 北魏崔鴻墓誌	 北魏緱光姬墓誌	 北魏高道悅墓誌

然					
北魏封魔奴墓誌	北魏元彥墓誌	北魏吊比干文	北宋龔德方墓誌	隋宋文成墓誌	東魏杜文雍等十四人造四面佛記
北魏元暐墓誌	北魏吐谷渾璣墓誌	北魏韓顯宗墓誌	明杜俊妻尹氏墓誌	隋元公墓誌	北齊河清三年造像記
北魏元昭墓誌	北魏寇憑墓誌	北魏元弘嬪侯氏墓誌		武周崔釋墓誌	北齊河清三年造像記
北魏劉根等造像記	北魏趙光墓誌	北魏江文遙母吳氏墓誌		唐郎官石柱記	北周建德二年造像題記

炤 照					
北魏李伯欽墓誌	明張美含暨妻楊氏墓誌	隋獨孤儉墓誌	東魏崔混墓誌	北魏賀收墓誌	北魏李媛華墓誌
北魏寇臻墓誌	清張丙震暨妻紀氏墓誌	唐路通墓誌	西魏鄧子詢墓誌	北魏侯愔墓誌	北魏緱光姬墓誌
北魏冠軍將軍妻劉氏墓誌		唐朱令節墓誌	隋田德墓誌	北魏源模墓誌	北魏元懌墓誌
北魏楊璉墓誌		唐鄭老彭墓誌	隋□徹墓誌	北魏丘哲墓誌	北魏高猛妻元瑛墓誌

照		煞		煙 烟	煥
北魏程暐墓誌	北魏張玄墓誌	南朝宋爨龍顏碑	隋王紹先墓誌	北魏元進墓誌	北魏元龍墓誌
北魏李媛華墓誌	東魏高湛墓誌			北魏元新成妃李氏墓誌	北魏元詮墓誌
北魏元斑墓誌	隋楊景墓誌			北魏高道悦墓誌	北魏趙盛暨妻索始姜墓誌
北魏元洛神墓誌	唐李行淹墓誌			北魏高猛妻元瑛墓誌	北魏公孫猗墓誌

煥			煢		熙
北魏賈祥墓誌	北魏赫連悦墓誌	唐蕭君妻李氏墓誌	北魏劉阿素墓誌	唐衛君妻董氏墓誌	東晋爨寶子碑
北魏元斑墓誌	東魏張略墓誌	唐陳燭墓誌	東魏崔鴻妻張玉憐墓誌	唐高望琮墓誌	北魏塔基石函銘刻
北魏寇偘墓誌	隋王紹先墓誌		東魏張略墓誌		北魏元緒墓誌
北魏元略墓誌	隋元公墓誌		隋楊寬妻韋始華墓誌		北魏吐谷渾璣墓誌

熊	薰 熏				
北魏吊比干文	北魏元楨墓誌	明王彧墓誌	唐崔君妻盧氏墓誌	西魏宇文測墓誌	北魏堯遵墓誌
隋楊紀墓誌		清楊俊傑墓誌	唐王駕墓誌	東魏高湛墓誌	北魏寇演墓誌
武周李知本墓誌			唐程進環妻梁氏墓誌	隋李叔蘭墓誌	北魏邑主魏桃樹等造像記
			北宋王榮墓誌	唐盧元福墓誌	北魏乞伏寶墓誌

燒				燕	熟
隋龍藏寺碑	唐曹萬頤妻張氏墓誌	北魏李媛華墓誌	北魏刁遵墓誌	北魏魯普墓誌	北魏元顯儁墓誌
		東魏長孫冏墓碑	北魏高道悦墓誌	北魏元瑛墓誌	北魏劉阿素墓誌
		北周宇文業暨妻周氏墓誌	北魏封君妻長孫氏墓誌	北魏馮會墓誌	東魏杜文雍等十四人造四面佛記
		隋元智妻姬氏墓誌	北魏封君妻長孫氏墓誌	北魏元萇墓誌	

燋

隋楊异墓誌

燉

北魏趙盛暨妻索始姜墓誌

北魏趙盛暨妻索始姜墓誌

北魏元倪墓誌

北魏李媛華墓誌

北魏李劇墓誌

東魏元玕墓誌

熾

北魏元鑽遠墓誌

燈

北魏趙謐墓誌

燡

唐等慈寺碑

燭 爥 矚

北魏高猛妻元瑛墓誌

隋元公墓誌

唐路通墓誌

燬

北魏元卲墓誌

燼

北魏弔比干文

北魏元演墓誌

燿

唐等慈寺碑

爛

北魏元緒墓誌

爥 燭 矚

北魏長孫瑱墓誌

爨

東晉爨寶子碑

南朝宋爨龍顏碑

南朝宋爨龍顏碑

隋楊异墓誌

唐馬湛墓誌

唐桓臣範墓誌

北宋魏陽君申氏墓誌

斗部

斗

北魏元昭墓誌

斜

北魏元天穆墓誌

斟

北魏任榮墓誌

北魏侯掌墓誌

北魏昝雙仁墓誌

北魏于纂墓誌

户部

戶

南朝宋爨龍顏碑

北魏元祐墓誌

北魏元暉墓誌

北魏元昭墓誌

北魏李頤墓誌

東魏張瓊墓誌

唐姚彝墓誌

所

東晉爨寶子碑

北魏吊比干文

北魏寇臻墓誌

北魏奚智墓誌

北魏元顥平妻王氏墓誌

北魏司馬悅墓誌

魏孟敬訓墓誌

北魏高道悅墓誌

北魏高貞墓碑

北魏元懌墓誌

北魏元誘妻薛伯徽墓誌

北魏元寶月墓誌

所（續）

- 北魏李頤墓誌
- 北魏元悛墓誌
- 北魏源模墓誌
- 北魏源延伯墓誌
- 北魏元誨墓誌
- 東魏高湛墓誌
- 東魏張略墓誌
- 東魏成休祖造像記
- 隋□静墓誌
- 隋元叡妻張摩子墓誌
- 隋蘇慈墓誌
- 隋楊君後夫人李氏墓誌
- 唐化度寺塔銘
- 唐張敦墓誌
- 武周高足酉墓誌
- 唐秦懷道墓誌
- 唐王景元妻崔氏墓誌
- 唐郭虚己墓誌
- 唐蕭韶章墓誌
- 唐裴君妻盧氏墓誌
- 明鄧益謙墓誌

戾

- 北魏吊比干文
- 北魏吊比干文
- 北魏劉華仁墓誌
- 北魏元恭墓誌
- 北周獨孤信墓誌
- 唐馬湛墓誌
- 唐裴濛墓誌
- 唐周孟瑶墓誌

肩

- 北魏吊比干文
- 唐李謩墓誌

房

- 隋龍藏寺碑
- 隋董美人墓誌
- 唐房承先妻吴氏墓誌

扃 扃

- 北魏司馬悦墓誌
- 北魏高貞墓碑
- 北魏元泰墓誌
- 唐趙仁本墓誌

扃 扃

- 北魏元詮墓誌
- 北魏王壽德墓誌
- 北魏元纂墓誌
- 東魏崔混墓誌

扆

北魏元詮墓誌

隋蘇慈墓誌

隋楊休墓誌

隋王筠墓誌

扇

北齊河清三年造像記

唐等慈寺碑

唐盧項妻李初墓誌

扈

北魏吊比干文

北魏元龍墓誌

北魏杜祖悅墓誌

唐馬湛墓誌

扉

隋賀若嵩墓誌

心（忄⺗）部

心

北魏元勰墓誌

東魏張略墓誌

忏 懺

北魏王皓墓誌

忘

東晉爨寶子碑

北魏寇憑墓誌

東魏崔混墓誌

東魏元凝妃陸順華墓誌

北周寇嶠妻薛氏墓誌

唐薛頤墓誌

唐封泰墓誌

唐張質妻王氏墓誌

忍

唐王琳墓誌

忤

北魏劉華仁墓誌

忻

北魏長孫忻墓銡

忝

隋夏侯遷墓誌

唐陽君妻盧氏墓誌

忠

北魏楊暉墓誌

東魏高湛墓誌

忽

北魏寇憑墓誌

北魏孟元華墓誌

北魏元禮之墓誌

怽

唐蕭韶章墓誌

怖

北魏元彬墓誌

怗

東魏高湛墓誌

怛

隋獨孤儉墓誌

唐郭羅善妻陳雪墓誌

性

北魏元簡墓誌

魏孟敬訓墓誌

北魏元光墓誌

北魏元配墓誌

北魏王馥墓誌

東魏郭肇墓誌

怊

唐楊行表墓誌

怡

北魏元子正墓誌

怨 (惌)

北魏堯遵墓誌

北魏元昭墓誌

北魏元壽安墓誌

北魏元瞻墓誌

北魏元恭墓誌

隋董美人墓誌

唐李行止墓誌

唐王福墓誌

唐第五修暨妻衛氏墓誌

唐裴賓妻李環墓誌

急

北魏高樹生墓誌

恃

北魏元懌墓誌

恒

北魏元嵩墓誌

北魏何伯超墓誌

魏孟敬訓墓誌

北魏楊胤墓誌

北魏高樹生墓誌

東魏姬静墓誌

隋龍藏寺碑

唐張惟恭墓誌

唐牛敬福墓誌

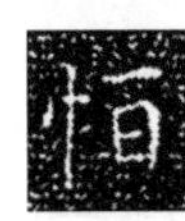
明尹剛墓誌

恈

唐等慈寺碑

恢 烣

北魏寇演墓誌

唐崔沉墓誌

恤 卹

北魏元誘妻馮氏墓誌

魏孟敬訓墓誌

東魏張略墓誌

唐郭虚己墓誌

悅

北魏王誦妻元貴妃墓誌

北魏元洛神墓誌

恂

北魏元懌墓誌

恪

唐趙爽墓誌

協 恊

北魏元羽墓誌

北魏崔敬邕墓誌

北魏秦洪墓誌

東魏崔混墓誌

唐楊行表墓誌

唐崔紹妻盧氏墓誌

恝

明孔彰妻丘氏墓誌

恚

北魏元新成妃李氏墓誌

恐

北魏石婉墓誌

北魏高道悅墓誌

唐辛謙墓誌

唐淳于武斌暨妻左氏墓誌

唐盧燕墓誌

唐郝茂光暨妻孫氏墓誌

恭

北魏元緒墓誌

北魏辛祥妻李慶容墓誌

北魏楊璉墓誌

北魏元倪墓誌

北魏李頤墓誌

北魏于神恩墓誌

北魏元項墓誌

北魏王悅墓誌

東魏郭肇墓誌

隋來和墓誌

隋董美人墓誌

隋宋文成墓誌

唐許杲妻郝默墓誌

唐裴諝妻盧華墓誌

唐崔蘇五墓誌

恵 㥁

北魏元緒墓誌

東魏高湛墓誌

北周寇嶠妻薛氏墓誌

恩

北魏元羽墓誌

北魏楊恩墓誌

北魏楊恩墓誌

北魏元䛒墓誌

北魏張猛龍碑

北魏元鑽遠墓誌

東魏張略墓誌

唐衛璟墓誌

恕

北魏趙光墓誌

悖

北魏吊比干文

北魏元略墓誌

悟

北魏始平公造像記

北魏王皓墓誌

魏孟敬訓墓誌

北齊河清三年造像記

悞

隋□徹墓誌

悁

北魏元瞻墓誌

東魏杜文雍等十四人造四面佛記

悔

武周王神静墓誌

悕

北魏元愔墓誌

北魏元文墓誌

悋

北魏元新成妃李氏墓誌

北魏司馬顯姿墓誌

隋蔡君妻張貴男墓誌

悌

北魏元進墓誌

悛

北魏吊比干文

北魏元悛墓誌

惡 悪

北魏比丘法生造像記

魏孟敬訓墓誌

北魏元祐墓誌

東魏李玄墓誌

患

北魏寇憑墓誌

悠

北魏江文遥母吴氏墓誌

北魏高宗嬪耿氏墓誌

北魏元譿墓誌

北魏高猛墓誌

北魏元謐墓誌

北魏元誘妻薛伯徽墓誌

北魏高猛妻元瑛墓誌

北魏元天穆墓誌

東魏崔混墓誌

隋鞏賓墓誌

隋陳叔興墓誌

唐高佡來墓誌

情

北魏冠軍將軍妻劉氏墓誌

北魏寇演墓誌

北魏王壽德墓誌

北魏孟元華墓誌

北魏崔鴻墓誌

北魏元子正墓誌

北魏元子正墓誌

悵

北魏緱光姬墓誌

惜

北魏吊比干文

北魏崔敬邕墓誌

悽 淒

北魏韓顯宗墓誌

北魏元羽墓誌

北魏張玄墓誌

東魏閭詳墓誌

隋張通墓誌

唐郭虚己墓誌

悼

北魏寇臻墓誌

北魏劉華仁墓誌

北魏緱光姬墓誌

東魏高湛墓誌

唐王福墓誌

惕

北魏崔鴻墓誌

惟

北魏吊比干文

北魏元楨墓誌

北魏元詮墓誌

北魏元引墓誌

北魏李媛華墓誌

東魏張略墓誌

武周殷平墓誌

惆

北魏緱光姬墓誌

惛

北魏吊比干文

惚

東魏張略墓誌

悴

隋董美人墓誌

唐裴譖妻盧華墓誌

惓

北魏元子正墓誌

惋

北魏趙光墓誌

北魏元懌墓誌

北魏高猛妻元瑛墓誌

北魏賀收墓誌

北魏元瞻墓誌

惡 悪

北魏元懌墓誌

唐李皐墓誌

悳（德）

北魏張問墓誌

北魏元誘妻薛伯徽墓誌

北魏崔鴻墓誌

西魏辛術墓誌

隋田悅墓誌

隋元叡墓誌

惠（恵）

北魏元昭墓誌

惑

隋楊休墓誌

唐韋豫墓誌

愜

唐法律禪師（姚常一）塔銘

唐郝茂光暨妻孫氏墓誌

唐崔林妻李氏墓誌

愞

唐鄭鲂墓誌

惻

北魏張整墓誌

慍

南朝宋爨龍顔碑

北魏元周安墓誌

愕

北魏刁遵墓誌

北魏司馬昞墓誌

北魏元昭墓誌

北魏高廣墓誌

北魏元子正墓誌

隋夏侯遷墓誌

愧

北魏楊瑾墓誌

北魏張猛龍碑

東魏公孫略墓誌

隋李世洛墓誌

唐王濟墓誌

愉

北魏元詮墓誌

惇

唐裴君妻盧氏墓誌

唐裴君妻盧氏墓誌

慨

北魏吊比干文

北魏元遥墓誌

愇 韙

北魏王壽德墓誌

惱

隋那提墓誌

感

東晉爨寶子碑

北魏比丘惠感造像記

北魏元懌墓誌

北魏李頤墓誌

愚

北魏太妃侯造像記

北魏元暎墓誌

愁

北魏李頤墓誌

東魏張略墓誌

愆

北魏劉華仁墓誌

北魏封魔奴墓誌

北魏劉根等造像記

北魏元誨墓誌

東魏元朗墓誌

唐王女節墓誌

慈

北魏元緒墓誌

北魏丘哲妻鮮于仲兒墓誌

東魏南宗和尚之塔

東魏郭肇墓誌

唐盧侹妻鄭氏墓誌

愍

北魏劉華仁墓誌

北魏王遺女墓誌

北魏元昭墓誌

東魏張略墓誌

慠

隋橋紹墓誌

慎 眘

魏孟敬訓墓誌

北魏元懌墓誌

北魏高猛妻元瑛墓誌

北魏尹祥墓誌

北魏王馥墓誌

東魏元湛墓誌

唐牛子珍妻趙氏墓誌

愽 博

北魏何伯超墓誌

北魏孟元華墓誌

北魏元暐墓誌

隋吳素暨妻樊氏墓誌

隋宋文成墓誌

唐路通墓誌

愾

東晉爨寶子碑

愴

北魏韓顯宗墓誌

北魏元始和墓誌

北魏李媛華墓誌

東魏姬靜墓誌

隋張通墓誌

慝

北魏馮會墓誌

東魏敬使君碑

唐等慈寺碑

慦 整

北魏元禮之墓誌

北魏赫連悅墓誌

慇 般

北魏封魔奴墓誌

北魏元昭墓誌

東魏元玕墓誌

隋楊居墓誌

愬 訴

唐李多祚墓誌

慬

隋陳暉墓誌

慓

唐蕭齡之墓誌

慢

北魏元新成妃李氏墓誌

慟

東晉爨寶子碑

北魏李伯欽墓誌

北魏堯遵墓誌

北魏高猛妻元瑛墓誌

慘

北魏元緒墓誌

北魏蘇屯墓誌

北齊高善德墓誌

慧

北魏吊比干文

北魏元顯平妻王氏墓誌

北魏王紹墓誌

北魏元懌墓誌

隋王香仁墓誌

慤

東魏郭肇墓誌

隋張子明墓誌

慙

北魏寇治墓誌

感 戚

北魏王紹墓誌

北魏高道悦墓誌

北魏元項墓誌

東魏敬使君碑

唐崔安儼墓誌

慜		慰	憒	憘	憓
 北魏李瞻墓誌	 唐王美暢墓誌	 北魏元倪墓誌	 北魏元光墓誌	 北魏張猛龍碑	 北魏封魔奴墓誌
 北魏吐谷渾璣墓誌		 東魏王僧墓誌		 北魏元懌墓誌	 隋楊异墓誌
 東魏杜法師墓誌					
 北齊高善德墓誌					

憬	慣	憍	憔	憐	憗
 北魏寇演墓誌	 隋長孫汪墓誌	 北魏元新成妃李氏墓誌	 唐李樞墓誌	 北魏元始和墓誌	 唐桓思貞墓誌
					 唐徐君妻郄氏墓誌
					 唐何昌浩墓誌

憩

唐宋劉師墓誌

明解士郁墓誌

憑 凭

北魏吊比干文

北魏寇憑墓誌

北魏于神恩墓誌

北魏元瞻墓誌

東魏高湛墓誌

唐化度寺塔銘

武周殷平墓誌

唐蔡希周墓誌

唐宫人墓誌

懌

北魏元懌墓誌

懈

北魏邢巒妻元純陀墓誌

隋蔡君妻張貴男墓誌

懷 褱

北魏吊比干文

北魏李伯欽墓誌

北魏元嵩墓誌

北魏李淑真墓誌

北魏元謐墓誌

北魏元子正墓誌

北魏丘哲墓誌

東魏張略墓誌

東魏閭詳墓誌

東魏杜文雍等十四人造四面佛記

隋王紹先墓誌

隋皇甫忍墓誌

隋楊异墓誌

隋元惠墓誌

隋宋文成墓誌

隋宋文成墓誌

唐崔渙墓誌

懔

北魏元珽墓誌

懃

北魏江文遥母吴氏墓誌

魏孟敬訓墓誌

北魏元彦墓誌

北魏元萇墓誌

北魏劉華仁墓誌

北魏元昭墓誌

北魏楊乾墓誌

東魏杜文雍等十四人造四面佛記

北周拓拔昇墓誌

隋楊居墓誌

北齊高善德墓誌

懋

北魏元弘嬪侯氏墓誌

北魏元廣墓誌

北魏程暐墓誌

北魏元斑墓誌

隋賀拔毗沙墓誌

唐董收墓誌

唐邠王細人高淑儉墓誌

懦

唐趙應墓誌

懝

北魏高道悦墓誌

濍

明宋榮墓誌

懴 忏

北魏高宗嬪耿氏墓誌

隋郭世昌墓誌

懲

唐楊行表墓誌

懷 懐

北魏崔鴻墓誌

懸

北魏叔孫協墓誌

北魏元子永墓誌

東魏張瓊墓誌

隋衙閒墓誌

唐麻氏墓誌

懽 歡

北魏韓顯祖等造像記

懼

隋鞏賓墓誌

戀

北魏司馬紹墓誌

北魏劉根等造像記

北魏于仙姬墓誌

毋（母）部

母

北魏鄭長猷造像記

北魏廣川王祖母太妃侯造彌勒像記

北魏元弘嬪侯氏墓誌

南朝梁陶遷造四面像

北周叱羅招男墓誌

北齊王惠顒廿人等造像記

唐崔君妻盧氏墓誌

每

北魏堯遵墓誌

北魏緱光姬墓誌

北魏元子正墓誌

北宋魏陽君申氏墓誌

毒

北魏元誘妻薛伯徽墓誌

毓

唐郭羅善妻陳雪墓誌

唐曹萬頤妻張氏墓誌

五畫

示（礻）部

示

東魏杜文雍等十四人造四面佛記

礼 禮

東晉爨寶子碑

北魏元詮墓誌

北魏羅宗墓誌

隋鞏賓墓誌

唐淳于武斌暨妻左氏墓誌

社

北魏元昭墓誌

北魏穆紹墓誌

唐李寶會墓誌

祀

北魏張正子父母鎮墓石

北魏元暉墓誌

祉

北魏長孫瑱墓誌

北魏王誦妻元貴妃墓誌

北魏元昭墓誌

北魏王馥墓誌

祅

唐法律禪師（姚常一）塔銘

祈

北魏吊比干文

祏

北魏李林墓誌

祐

北魏元彬墓誌

北魏元進墓誌

北魏堯遵墓誌

北魏席盛墓誌

唐齊鄐墓誌

祖

北魏高道悅墓誌

北魏元謐墓誌

北魏元愅墓誌

北魏元悛墓誌

東魏姬静墓誌

隋高緊墓誌

唐王行通墓誌

唐李山寶墓誌

神

北魏張正子父母鎮墓石

北魏張正子父母鎮墓石

北魏元始和墓誌

北魏吐谷渾璣墓誌

北魏比丘尼慈香慧政造窟記

北魏高猛妻元瑛墓誌

東魏崔混墓誌

北周寇嶠妻薛氏墓誌

唐趙信福墓誌

祝

北魏吊比干文

祑

隋宮人陳氏墓誌

唐李周南墓誌

唐盧處約妻李氏墓誌

祚

北魏比丘惠感造像記

北魏元寧造像記

北魏染華墓誌

北魏元周安墓誌

祔

北魏元緒墓誌

祇

北魏吊比干文

北魏元廣墓誌

北魏元懷墓誌

北魏寇憑墓誌

北魏元天穆墓誌

隋楊休墓誌

隋元公墓誌

唐郭虛己墓誌

祕 秘

北魏吊比干文

北魏元詮墓誌

裗 旅

北魏元弼墓誌

北魏元龍墓誌

北魏内司楊氏墓誌

北魏于景墓誌

北魏韓震墓誌

東魏高湛墓誌

祥

北魏長孫瑱墓誌

北魏胡明相墓誌

北魏元子正墓誌

北魏爾朱襲墓誌

隋梁坦墓誌

祭

北魏王仁墓誌

北魏于仙姬墓誌

北魏賀收墓誌

北魏王翊墓誌

北魏宋靈妃墓誌

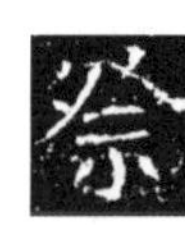
東魏張瓊墓誌

北齊逢哲墓誌

北周崔宣默墓誌

隋楊寬妻韋始華墓誌

隋鞏賓墓誌

隋元叡妻張摩子墓誌

唐陽君妻盧氏墓誌

視

北魏吊比干文

唐康昭墓誌

唐崔弘載墓誌

禝

北魏元斑墓誌

褚

隋李世洛墓誌

祺

隋蕭瑒墓誌

禍

北魏吐谷渾璣墓誌

北魏高道悅墓誌

北魏穆亮妻尉太妃墓誌

北魏楊乾墓誌

北魏元泰墓誌

唐蕭元禮墓誌

唐李景由墓誌

裨

唐曹萬頤妻張氏墓誌

明張鏜墓誌

禄 禄

北魏韓顯宗墓誌

北魏封君妻長孫氏墓誌

北魏元倪墓誌

北魏郭顯墓誌

東魏崔混墓誌

東魏元凝妃陸順華墓誌

北周寇熾墓誌

隋王筠墓誌

禄 禄

東魏元朗墓誌

隋張衡墓誌

禁

北魏元詮墓誌

北魏高道悅墓誌

北魏元暉墓誌

北魏于景墓誌

北魏乞伏寶墓誌

禊

隋蕭妙瑜墓誌

福

北魏塔基石函銘刻

北魏王皓墓誌

北魏元宏（孝文帝）嬪趙充華墓誌

北魏比丘尼慈香慧政造窟記

北魏元懌墓誌

北魏元寧造像記

北魏元鑽遠墓誌

北齊王惠顒廿人等造像記

武周牛陵墓誌

武周李師墓誌

唐韋鉉妻張氏墓誌

唐鄭炅墓誌

禦 御

北魏元固墓誌

北魏元恭墓誌

東魏敬使君碑

隋王善來墓誌

禪 禮

唐多寶塔碑

北魏元昭墓誌

北魏于景墓誌

北魏苟景墓誌

東魏郭肇墓誌

禝 稷

北魏王蕃墓誌

北魏高道悅墓誌

北魏寇憑墓誌

北魏李璧墓誌

禋

北魏王遇墓誌

唐呂建墓誌

禯

武周裴敬道墓誌

禪 禮

北魏元詳墓誌

北魏元愔墓誌

北魏王馥墓誌

隋盧文機墓誌

隋田光山妻李氏墓誌

武周崔嘉墓誌

東魏閭詳墓誌

北周寇嶠妻薛氏墓誌

隋寇熾妻姜敬親墓誌

隋張禮暨妻羅氏墓誌

礼 禮

北魏元彬墓誌

北魏元思墓誌

北魏馮會墓誌

北魏元愔墓誌

唐王女節墓誌

唐陽玄基墓誌

唐石獎墓誌

甘部

甘

東晉爨寶子碑

東魏姬静墓誌

嘗 (嘗)

北魏王遺女墓誌

東魏崔混墓誌

隋韋壽墓誌

北宋劉再思墓誌

石部

石

北魏元暉墓誌

北魏劉阿素墓誌

北魏路敬賓造像記

明王汝卿暨妻胡氏墓誌

研

隋宮人蕭氏墓誌

砌

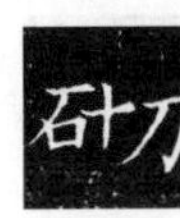
隋董美人墓誌

碎 (碎)

北魏元羽墓誌

北魏長孫瑱墓誌

砥

北魏元廣墓誌

北魏高貞墓碑

北魏元焕墓誌

北魏王誦墓誌

隋來和墓誌

隋李椿妻劉琬華墓誌

唐辛謙墓誌

唐李樞墓誌

北宋張庚墓誌

硤

北魏丘哲墓誌

碑

南朝宋爨龍顔碑

南朝宋爨龍顔碑

北魏鄭文公碑

北魏高貞墓碑

唐李道周墓誌

元龍川和尚舍利塔誌

碎 （碎）

北魏任榮墓誌

北魏元洛神墓誌

碧

北魏秦洪墓誌

唐陽玄基墓誌

碩

唐陳尚仙墓誌

碣

北魏元寶月墓誌

隋蕭瑒墓誌

隋元公墓誌

唐孟買墓誌

磋

北魏元暐墓誌

確

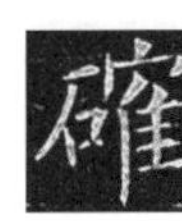
唐李譽墓誌

唐李君妻龐氏墓誌

磐

東晋爨寶子碑

北魏元龍墓誌

磬

魏元延明墓誌

唐張敦墓誌

磻

隋高潭墓誌

磷

北魏王皓墓誌

北魏劉阿素墓誌

礪

北魏王誦墓誌

礙

北魏牛橛造像記

礶

北魏高樹生墓誌

東魏姬静墓誌

隋李景亮墓誌

龙（龍）部

龍 竜

東晉爨寶子碑

北魏嵩高靈廟碑

南朝宋爨龍顔碑

北魏吊比干文

北魏元羽墓誌

北魏李蕤墓誌

北魏元引墓誌

北魏高貞墓碑

北魏李媛華墓誌

北魏呇雙仁墓誌

北魏李劌墓誌

隋龍藏寺碑

隋元叡墓誌

隋鞏賓墓誌

隋賀拔毗沙墓誌

隋李椿妻劉琬華墓誌

隋秦僧迦墓誌

唐淳于武斌暨妻左氏墓誌

武周殷平墓誌

武周許行真妻李氏墓誌

唐徐師墓誌

唐桓思貞墓誌

龏

北魏元弼墓誌

北魏元颺妻王氏墓誌

魏孟敬訓墓誌

北魏李璞蘭墓誌

北魏楊璉墓誌

北魏元珽墓誌

隋張通墓誌

隋張通墓誌

		襲	龔	聾	
 北魏楊乾墓誌	 北魏元詮墓誌	 北魏元羽墓誌	 北魏元龍墓誌	 隋龍藏寺碑	 隋蕭妙瑜墓誌
 北魏于纂（岐州刺史）墓誌	 北魏元廣墓誌	 北魏王彤墓誌			 隋張子明墓誌
 北魏元悌墓誌	 北魏元祐墓誌	 北魏元詳墓誌			 武周崔安敬墓誌
 北魏元悛墓誌	 北魏元暉墓誌	 北魏元詮墓誌			

	業				
 北魏元緒墓誌	 北魏塔基石函銘刻	**业部**	 唐李行止墓誌	 東魏張瓊墓誌	 北魏元繼墓誌
 北魏吴光墓誌	 北魏弔比干文		 唐袁齊墓誌	 北周元壽安妃盧蘭墓誌	 北魏元恭墓誌
 北魏繇光姬墓誌	 北魏太覺造像		 唐曹曇墓誌	 隋元智妻姬氏墓誌	 東魏郭肈墓誌
 北魏李謀墓誌	 北魏太妃侯造像記			 隋韋君妻元咳女墓誌	 東魏閭詳墓誌

(業)

北魏崔鴻墓誌

北齊張思伯造浮圖記

隋元世斌墓誌

隋張喬墓誌

隋宋文成墓誌

隋劉世恭墓誌

隋高瞿墓誌

明李權暨妻劉氏墓誌

巀

南朝宋爨龍顔碑

北魏元楨墓誌

北魏元彬墓誌

北魏王彤墓誌

隋蔡君妻張貴男墓誌

隋高緊墓誌

隋元公墓誌

唐吕建墓誌

叢

武周崔嘉墓誌

目部

盱

唐蕭齡之墓誌

省

北魏寇憑墓誌

北魏于景墓誌

眄

北魏元弼墓誌

北魏元彝墓誌

眇

西魏元欽墓誌

北魏慕容纂墓誌

盻

隋王君妻成公氏墓誌

明 （明）

北魏韓顯宗墓誌

北魏李頤墓誌

眉

北魏秦洪墓誌

北周元壽安妃盧蘭墓誌

眺

北魏吊比干文

隋王通墓誌

眼

北魏楊大眼造像記

眸

北魏元昭墓誌

隋董美人墓誌

眷 （睠）

北魏解伯達造彌勒像記

北魏元龍墓誌

北魏山暉墓誌

北魏程暐墓誌

睇

北魏吊比干文

督

北魏元始和墓誌

北魏元詮墓誌

北魏元萇墓誌

北魏元遥妻梁氏墓誌

北魏元勰墓誌

北魏李媛華墓誌

北魏崔鴻墓誌

北魏元珽墓誌

北魏寇治墓誌

北魏元悛墓誌

東魏高湛墓誌

西魏鄧子詢墓誌

北周拓拔昇墓誌

北周宇文業暨妻周氏墓誌

隋宋胡墓誌

隋賀若嵩墓誌

隋李世洛墓誌

唐楊君墓誌

唐何彦則墓誌

唐薛釗墓誌

睢	睨	睡		睦	
 唐邻王細人高淑儉墓誌	 北魏吊比干文	 北宋閻光度墓誌	 唐蕭君妻李氏墓誌	 北魏元詳墓誌  北魏元萇墓誌  北魏元洛神墓誌  北周叱羅招男墓誌	 唐崔涣墓誌  唐孟玨墓誌  明高甲暨妻齊氏墓誌  明豐厚墓誌

矇 蒙	瞬	瞰	睿	睠 眷	睟
 東魏敬使君碑	 隋高嗣墓誌	 北魏吊比干文	 北魏吊比干文  北魏元始和墓誌  隋宋文成墓誌  唐郎官石柱記	 北魏元光墓誌  北魏元謐墓誌	 北魏元譚墓誌

瞻

北魏元楨墓誌

北魏李瞻墓誌

北魏元顯平妻王氏墓誌

北魏辛祥妻李慶容墓誌

北魏高貞墓碑

北魏元謐墓誌

北魏元昭墓誌

北魏昝雙仁墓誌

北魏元固墓誌

西魏元欽墓誌

東魏姬静墓誌

東魏元凝妃陸順華墓誌

隋解方保墓誌

隋宫人蕭氏墓誌

唐郭素絜墓誌

唐等慈寺碑

唐魚本墓誌

唐郭元貴墓誌

矚

北魏吊比干文

東魏張略墓誌

唐等慈寺碑

田部

男

北魏寇臻墓誌

北魏寇臻墓誌

北魏馮迎男墓誌

隋孟孝敏妻劉氏墓誌

北宋姚夷妻米氏墓誌

旷

唐張具瞻墓誌

畏

後晋馬拯墓誌

毗

東魏敬使君碑

界

北魏牛橛造像記

北魏劉根等造像記

北齊姜纂造像記

思

唐封泰墓誌

留

北魏元羽墓誌

北魏元萇墓誌

北魏元暉墓誌

北魏元項墓誌

東魏李顯族造像碑

隋陳叔興墓誌

隋獨孤儉墓誌

隋鄭譯墓誌

唐李員墓誌

唐李行止墓誌

唐李璹墓誌

唐八关齋會報德記

北宋李晟墓誌

異

北魏元融妃穆氏墓誌

北魏冠軍將軍妻劉氏墓誌

北魏皮演墓誌

北魏緱光姬墓誌

北魏寇慰墓誌

略 畧

北魏寇臻墓誌

北魏程暐墓誌

東魏崔混墓誌

東魏張略墓誌

隋來和墓誌

隋劉淵墓誌

唐桓思貞墓誌

畧 略

東魏閭詳墓誌

隋張伏敬墓誌

累

北魏崔承宗等造像記

北魏牛橛造像記

北魏公孫猗墓誌

北魏劉賢墓誌

隋王筠墓誌

唐張惟恭墓誌

唐吳璘墓誌

當

北魏李元姜墓誌

北魏寇演墓誌

北魏昝雙仁墓誌

北魏韓震墓誌

北魏元醜仁墓誌

東魏崔混墓誌

唐王禕墓誌

壘

北魏元演墓誌

疇

北魏緱光姬墓誌

唐薛賾墓誌

罍

北周元壽安妃盧蘭墓誌

疊

魏安樂王第三子給事君妻韓氏墓誌

皿部

罣 罫

唐李正本墓誌

置 寘

北魏元詳造像記

北魏皮演墓誌

北魏薛慧命墓誌

北魏邢巒妻元純陀墓誌

北魏寇宵墓誌

北魏張玄墓誌

北魏韓震墓誌

隋衙聞墓誌

唐崔渙墓誌

罩

北魏于纂墓誌

蜀

北魏封君妻長孫氏墓誌

罰

罸

唐張敦墓誌

罸

罰

北齊張潔墓誌

罷

北魏李元姜墓誌

北魏程暐墓誌

北魏李略墓誌

罹

唐張敦墓誌

唐李潛墓誌

罻

唐崔異墓誌

羈

北魏于纂墓誌

北周寇嶠妻薛氏墓誌

皿部

盈

北魏元定君墓誌

北魏劉根等造像記

北魏李媛華墓誌

北魏元誘妻薛伯徽墓誌

東魏姬静墓誌

東魏高婁斤墓誌

北周王令猥造像碑

隋楊异墓誌

唐徐浚墓誌

唐李頴墓誌

益

南朝宋爨龍顏碑

北魏楊璉墓誌

隋張通墓誌

武周裴敬道墓誌

唐宋祐墓誌

盛

北魏嵩高靈廟碑

南朝宋爨龍顏碑

北魏吊比干文

北魏寇猛墓誌

北魏元緒墓誌

北魏元融妃穆氏墓誌

北魏章武王妃穆氏墓誌

北魏長孫瑱墓誌

北魏趙盛暨妻索始姜墓誌

北魏趙光墓誌

北魏元緦墓誌

北魏長孫盛墓銡

隋高潭墓誌

隋王乾緒墓誌

隋劉淵墓誌

唐宋祐墓誌

唐陽君妻盧氏墓誌

唐李君妻張氏墓誌

唐吴璘墓誌

盜

東魏姬静墓誌

盟

北魏張正子父母鎮墓石

隋陳叔興墓誌

唐袁齊墓誌

監

北魏劉阿素墓誌

北魏元譿墓誌

北魏劉華仁墓誌

北魏張安姬墓誌

北魏孟元華墓誌

北魏緱光姬墓誌

北魏高猛妻元瑛墓誌

北魏王悦墓誌

隋梁坦墓誌

隋宫人元氏墓誌

隋孟孝敏妻劉氏墓誌

唐郊王細人高淑儉墓誌

盤

武周裴敬道墓誌

盥

北魏李淑真墓誌

盪

北魏王皓墓誌

東魏高湛墓誌

東魏張略墓誌

盭

唐崔逢墓誌

鹽 塩

北魏元宥墓誌

唐陳尚仙墓誌

唐董君妻高氏墓誌

生部

生

北魏崔承宗等造像記

北魏王皓墓誌

北魏王昌墓誌

北魏路敬賓造像記

產

北魏侯剛墓誌

北魏高樹生妻韓期頤墓誌

矢部

矢

北魏王理奴墓誌

北魏元天穆墓誌

知

北魏崔敬邕墓誌

北魏高道悦墓誌

北魏高道悦墓誌

北魏李淑真墓誌

五畫 矢部 矩 短 雉 矯 禾部 利 秀 私

北齊赫連子悅墓誌

隋李世洛墓誌

矩

北魏吊比干文

北魏元昭墓誌

北魏薛慧命墓誌

東魏元玕墓誌

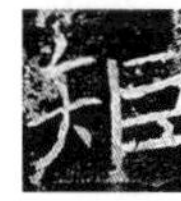
隋龍藏寺碑

隋韓智墓誌

唐張敦墓誌

短

北魏吊比干文

北魏高貞墓碑

東魏元誕墓誌

東魏郭肇墓誌

隋段摸墓誌

雉 鴙

北魏元天穆墓誌

矯

東晉爨寶子碑

北魏元緒墓誌

北魏元謐墓誌

北魏元暐墓誌

唐魚本墓誌

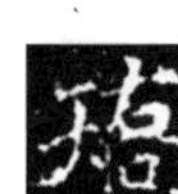
唐韋豫墓誌

禾部

利

北齊文殊般若經碑

秀

魏孟敬訓墓誌

北魏李頤墓誌

隋宋胡墓誌

私

北魏高道悅墓誌

唐曹曇墓誌

和

北魏元簡墓誌

北魏冠軍將軍妻劉氏墓誌

北魏冠軍將軍妻劉氏墓誌

魏孟敬訓墓誌

北魏寇演墓誌

東魏成休祖造像記

北周建德二年造像題記

唐王里奴墓誌

唐常宗元墓誌

季 年

北魏韓顯宗墓誌

北魏楊範墓誌

北魏楊範墓誌

北魏冠軍將軍妻劉氏墓誌

隋橋紹墓誌

隋陳暉墓誌

隋元叡妻張摩子墓誌

隋宋文成墓誌

季

東魏姬静墓誌

委

北魏元緒墓誌

秋

北魏張正子父母鎮墓石

北魏元弘嬪侯氏墓誌

北魏冠軍將軍妻劉氏墓誌

北魏元詮墓誌

北魏趙盛暨妻索始姜墓誌

北魏高道悅墓誌

北魏寇演墓誌

北魏封君妻長孫氏墓誌

北魏程暐墓誌

北魏李頤墓誌

北魏劉賢墓誌

東魏崔混墓誌

隋田光山妻李氏墓誌

唐郭素絜墓誌

唐鄭君妻董氏墓誌

科

北魏元子正墓誌

隋楊景墓誌

唐陽君妻盧氏墓誌

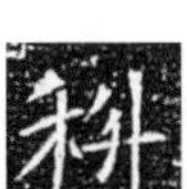
唐嚴仁墓誌

秦

北魏寇演墓誌

北魏張猛龍碑

北魏李頤墓誌

北魏秦洪墓誌

北魏劉賢墓誌

東魏崔混墓誌

北周辛術妻裴氏墓誌

秩

隋李叔蘭墓誌

唐王女節墓誌

後梁韓仲舉妻王氏墓誌

秘 祕

北魏高猛妻元瑛墓誌

北魏穆景胄墓誌

移

北魏吊比干文

北魏元思墓誌

北魏高宗嬪耿氏墓誌

北魏楊璉墓誌

北魏羅宗墓誌

東魏姬靜墓誌

東魏姬靜墓誌

嵇 嵆

唐王福墓誌

唐盧重墓誌

程

北魏程暐墓誌

北魏高猛妻元瑛墓誌

唐王琳墓誌

稀

隋元惠墓誌

後漢張逢墓誌

稅

北魏元暉墓誌

隋張子明墓誌

唐陳阿胡墓誌

稜

隋元公墓誌

武周馬神威墓誌

稚 穉

北魏蘇屯墓誌

北周李稚華墓誌

稔

東魏姬靜墓誌

唐徐浚墓誌

稱

東晉爨寶子碑

北魏元弘嬪侯氏墓誌

北魏元龍墓誌

北魏寇猛墓誌

北魏元進墓誌

北魏元懷墓誌

北魏堯遵墓誌

北魏王遺女墓誌

北魏崔鴻墓誌

北魏元悛墓誌

東魏郭肇墓誌

北周寇嶠妻薛氏墓誌

隋皇甫忍墓誌

隋賀拔毗沙墓誌

隋宮人程氏墓誌

唐房承先妻吴氏墓誌

唐鄭老彭墓誌

唐孟珏墓誌

明牛世威墓誌

稽

北魏吊比干文

北魏高道悦墓誌

北魏寇演墓誌

北魏于纂墓誌

北魏元維墓誌

北齊崔芬墓誌

隋李椿妻劉琬華墓誌

隋史射勿墓誌

隋麻君妻龐畏孃墓誌

隋麻君妻龐畏孃墓誌

唐姚彝墓誌

唐盧悅墓誌

唐李潛墓誌

唐劉中禮墓誌

北宋胡宗師天發神讖碑跋

稯 稷

北魏吊比干文

北魏寇臻墓誌

北魏元引墓誌

隋元智妻姬氏墓誌

唐獨孤君妻薛嫄墓誌

唐楊忠梗墓誌

稼

北魏吊比干文

積

北魏劉華仁墓誌

北魏崔鴻墓誌

東魏高湛墓誌

穆

東晉爨寶子碑

東晉司馬芳殘碑

北魏塔基石函銘刻

北魏元定君墓誌

北魏元定君墓誌

北魏元羽墓誌

北魏寇臻墓誌

北魏寇臻墓誌

北魏元思墓誌

北魏元嵩墓誌

北魏元暎墓誌

北魏李元姜墓誌

北魏元演墓誌

魏孟敬訓墓誌

北魏元懷墓誌

北魏寇演墓誌

北魏趙光墓誌

北魏高猛墓誌

北魏高猛墓誌

北魏李媛華墓誌

北魏李頤墓誌

北魏丘哲妻鮮于仲兒墓誌

北魏元天穆墓誌

東魏元誕墓誌

隋宋胡墓誌

隋寇遵考墓誌

隋韓智墓誌

隋李叔蘭墓誌

隋元公墓誌

唐牛藝墓誌

唐王景元妻崔氏墓誌

明劉韶暨妻武氏墓誌

穜

北魏李頤墓誌

穲 稚

唐韋微妻裴氏墓誌

穡

北魏吊比干文

唐鄭舫墓誌

穢

北魏吊比干文

穠

北魏李淑真墓誌

魏佚名墓誌

隋蕭妙瑜墓誌

隋元智妻姬氏墓誌

唐李董娘墓記

穰

北魏李媛華墓誌

白部

皃 貌

北魏元項墓誌

東魏崔混墓誌

唐陳晃墓誌

唐李臯墓誌

帛

北魏韓顯宗墓誌

東魏姬静墓誌

的

北魏元醜仁墓誌

皇

北魏元緒墓誌

北魏封君妻長孫氏墓誌

東魏慧光法師墓誌

東魏杜文雍等十四人造四面佛記

北齊張道貴墓誌

隋宋文成墓誌

泉

北魏李伯欽墓誌

北魏崔鴻墓誌

北魏侯愔墓誌

東魏姬静墓誌

東魏閭詳墓誌

隋宋胡墓誌

唐封泰墓誌

北宋孫漢筠墓誌

皈

隋口徹墓誌

元龍川和尚舍利塔誌

皋 皐

北魏元昭墓誌

北魏元彝墓誌

魄

北魏元理墓誌

北魏吊比干文

北魏司馬顯姿墓誌

北魏元倪墓誌

隋元公墓誌

唐鄭君妻董氏墓誌

緜 綿

北魏元悛墓誌

北魏元信墓誌

北魏源延伯墓誌

隋田光山妻李氏墓誌

瓜部

瓜

北魏楊璉墓誌

東魏郭肇墓誌

隋張禮暨妻羅氏墓誌

唐郭虚已墓誌

瓞

北魏元暉墓誌

北魏元謐墓誌

北魏赫連悦墓誌

東魏郭肇墓誌

隋張禮暨妻羅氏墓誌

武周屈突季札墓誌

瓠

北魏王鍾兒墓誌

鸟（鳥）部

鳥

北魏吊比干文

北魏元引墓誌

北魏元珽墓誌

東魏崔混墓誌

東魏姬静墓誌

隋宫人程氏墓誌

隋長孫汪墓誌

武周宋智亮墓誌

鳧

北魏張猛龍碑

隋元智妻姬氏墓誌

唐魏基妻王淑墓誌

唐楊行表墓誌

武周崔安敬墓誌

唐李貞庶墓誌

鳩

北魏封君妻長孫氏墓誌

鴃 雉

東魏崔混墓誌

鴛 鵷

北魏元玘墓誌

鴌

唐鄭弘劼墓誌

鴶

北魏元悛墓誌

東魏姬静墓誌

鵝

後唐王禹墓誌

鵠

唐張慶則墓誌

鶚

北魏崔鴻墓誌

鶉

北魏元纂墓誌

鵷 鴛

北魏元謐墓誌

鶡

北齊劉雙仁墓誌

鶵 雛

唐宋劉師墓誌

武周殷平墓誌

唐郊王細人高淑儉墓誌

鵤

唐藺楚珍墓誌

鶴

隋董美人墓誌

唐魏基妻王淑墓誌

唐馬湛墓誌

唐徐師墓誌

唐桓思貞墓誌

唐陶貢墓誌

鷲

北魏劉根等造像記

唐雁塔圣教序

鷊

北魏崔鴻墓誌

鸎

武周王師協暨妻蕭氏墓誌

唐裴謡墓誌

鸞

北魏崔鴻墓誌

北魏薛慧命墓誌

疒部

疚

東魏崔混墓誌

疴 痾

北魏元澄妃李氏墓誌

病

東魏崔混墓誌

隋陳暉墓誌

疾

東晉爨寶子碑

北魏元簡墓誌

北魏元詮墓誌

北魏寇憑墓誌

北魏封君妻長孫氏墓誌

北魏馮迎男墓誌

北魏程暐墓誌

北魏趙僾墓誌

北魏侯愔墓誌

北魏源模墓誌

北魏于君妻和醜仁墓誌

北魏宋虎墓誌

東魏元鷙妃公孫甑生墓誌

隋皇甫紘墓誌

唐鄭恂墓誌

疹

北魏元思墓誌

北魏張安姬墓誌

北魏于仙姬墓誌

隋楊居墓誌

疲

東魏崔混墓誌

唐郭功墓誌

疵

唐崔安儼墓誌

痗

唐蒞氏墓誌

痾（疴）

隋封子繪妻王楚英墓誌

痛

東晋爨寶子碑

南朝宋爨龍顔碑

北魏元澄妃李氏墓誌

北魏魏靈藏等造像記

北魏寇臻墓誌

北魏元詮墓誌

北魏吐谷渾璣墓誌

北魏寇憑墓誌

北魏寇演墓誌

北魏司馬顯姿墓誌

北魏劉華仁墓誌

北魏馮迎男墓誌

北魏韓玫墓誌

北魏高猛妻元瑛墓誌

北魏李頤墓誌

北魏丘哲墓誌

北魏張玄墓誌

東魏崔混墓誌

隋鞏賓墓誌

唐魚本墓誌

唐趙應墓誌

唐第五玄昱墓誌

唐曹曇墓誌

唐崔珀墓誌

唐李頍墓誌

痼

唐王琳墓誌

唐康昭墓誌

痿

唐衛璟墓誌

瘁

北魏元忠暨妻司馬妙玉墓誌

唐王全素妻李氏墓誌

瘗（瘞）

北魏王遺女墓誌

隋董美人墓誌

隋賀拔毗沙墓誌

隋李靜訓墓誌

（續）	瘦	瘞（瘗）	瘠	瘱	瘵
 隋麻君妻龐畏孃墓誌	 北魏元仙墓誌	 北周寇嶠妻薛氏墓誌	 北魏王紹墓誌  隋賀拔毗沙墓誌  唐鄭恂墓誌	 隋董美人墓誌	 唐吕建墓誌

癘	癈（廢）	癭		立	亲（親）
 北魏張安姬墓誌  唐李潜墓誌	 北魏昝雙仁墓誌  隋陳叔興墓誌  唐程綱墓誌	 北魏楊乾墓誌	**立部**	 東晋爨寶子碑	 東魏杜文雍等十四人造四面佛記

竜（龍）

隋董美人墓誌

竝（并 並）

北魏爾朱紹墓誌

唐元寬墓誌

翊

北魏寇演墓誌

童

北魏源模墓誌

竪

北魏元緒墓誌

北魏楊璉墓誌

唐菹氏墓誌

靖

北魏李媛華墓誌

廉（㢘）

明何際可墓誌

竭

北魏太覺造像

北魏元萇墓誌

北魏劉根等造像記

北魏王馥墓誌

隋衙聞墓誌

唐八关齋會報德記

端

北魏元楨墓誌

北魏元簡墓誌

北魏石婉墓誌

北魏元演墓誌

北魏元壽安墓誌

北魏張玄墓誌

東魏高湛墓誌

唐陳尚仙墓誌

颯

北魏崔敬邕墓誌

字	出處
競	北魏元羽墓誌
	北魏元龍墓誌
	北魏赫連悦墓誌
	東魏元朗墓誌

穴部

字	出處
穴	北魏元演墓誌
	北魏元天穆墓誌
	東魏劉懿墓誌
	武周殷平墓誌
	唐高望琮墓誌
究	北魏高道悦墓誌
	北魏楊璉墓誌
	北魏張問墓誌
	唐鄭易墓誌
空	北魏牛橛造像記
	北魏源模墓誌
	北齊河清三年造像記
	唐路通墓誌
穸	北魏元光墓誌
	北魏元倪墓誌
	唐高慈墓誌
穹	北魏崔敬邕墓誌
突	北魏元弼墓誌
	北魏元彬墓誌
	北魏元龍墓誌
	北魏元昭墓誌
	北魏元舉（景昇）墓誌
	東魏元湛墓誌
	北齊穆延和等題記
	隋史射勿墓誌
穿	隋孫高墓誌
	隋宫人何氏墓誌
窀	北魏元彬墓誌
	北魏崔鴻墓誌
	北魏慕容纂墓誌
	北魏元泰墓誌

隋源剛墓誌

唐高慈墓誌

窂

西魏元欽墓誌

北魏元泰墓誌

東魏張瓊墓誌

窆

北魏元思墓誌

北魏楊胤墓誌

北魏元萇墓誌

北魏元譿墓誌

北魏劉華仁墓誌

北魏李淑真墓誌

北魏元誘墓誌

北魏崔鴻墓誌

北魏于景墓誌

北魏元悛墓誌

北魏元泰墓誌

北魏元誨墓誌

魏王悅暨妻郭氏墓誌

東魏王僧墓誌

東魏崔混墓誌

隋王善來墓誌

隋王香仁墓誌

窅

唐盧倕妻鄭氏墓誌

窌

唐陳尚仙墓誌

唐申公妻竇氏墓誌

窈

北魏石婉墓誌

北魏冠軍將軍妻劉氏墓誌

北魏司馬顯姿墓誌

北魏盧令媛墓誌

北魏元悛墓誌

窕

北魏元新成妃李氏墓誌

北魏司馬顯姿墓誌

北魏盧令媛墓誌

北魏元悛墓誌

北魏邢巒妻元純陀墓誌

唐朱君妻臧子真墓誌

窗

北宋赫連瑨墓誌

窘

北魏吊比干文

唐楊乘墓誌

䆟

北魏元壽妃麴氏墓誌

窮 竆

北魏元楨墓誌

北魏李元姜墓誌

北魏元昭墓誌

北魏劉根等造像記

東魏姬静墓誌

東魏杜文雍等十四人造四面佛記

隋蘇慈墓誌

窺 闚

魏元延明墓誌

北魏元鑽遠墓誌

唐魚本墓誌

窵

北魏高樹生墓誌

窹 寤

北魏元隱墓誌

東魏杜法師墓誌

唐李樞妻唐氏墓誌

竄

北魏元瞻墓誌

隋元公墓誌

唐賈伯卿墓誌

唐袁王妃張氏墓誌

唐崔儒妻李氏墓誌

北宋張庚墓誌

竆 窮

北魏崔鴻墓誌

東魏李挺命婦元季聰墓誌

竅

北魏吊比干文

北魏崔鴻墓誌

竊

北魏吊比干文

北魏元進墓誌

北魏元隱墓誌

魏元延明墓誌

隋李椿妻劉琬華墓誌

唐李昂墓誌

北宋胡宗師天發神讖碑跋

明張弘化墓誌

疋（⺪）部

疋 四

唐陽玄基墓誌

唐郭虚己墓誌

唐高望琮墓誌

胥

北魏吊比干文

北魏穆紹墓誌

東魏李挺命婦元季聰墓誌

唐李頍墓誌

疏

唐魏基妻王淑墓誌

唐楊行表墓誌

武周許行真妻李氏墓誌

明孔彰墓誌

楚

北魏高樹、解伯都等造像記

北魏元詮墓誌

北魏高道悦墓誌

北魏叔孫協墓誌

北魏王壽德墓誌

北魏李媛華墓誌

隋宋胡墓誌

唐許澄墓誌

皮部

皷 鼓

北魏高樹生墓誌

東魏元湛妃王令媛墓誌

癶部

癸

北魏元簡墓誌

北魏李頤墓誌

東魏長孫冏墓碑

西魏辛術墓誌

隋封子繪妻王楚英墓誌

隋盧文機墓誌

隋蘇慈墓誌

唐徐師墓誌

明鄧鶴母王氏墓誌

登

北魏解伯達造彌勒像記

北魏寇臻墓誌

北魏元緒墓誌

北魏于仙姬墓誌

北魏崔鴻墓誌

隋蘇慈墓誌

唐陸士倫墓誌

唐崔翰墓誌

明宋榮墓誌

發 髮

東晉爨寶子碑

北魏塔基石函銘刻

北魏元彬墓誌

北魏韓顯宗墓誌

北魏元澄妃李氏墓誌

北魏寇猛墓誌

北魏元光墓誌

北魏元萇墓誌

北魏王誦妻元貴妃墓誌

北魏司馬顯姿墓誌

北魏崔鴻墓誌

北魏崔鴻墓誌

北魏荀景墓誌

東魏高湛墓誌

北齊口道明墓誌

北周寇嶠妻薛氏墓誌

隋張業墓誌

武周崔安敬墓誌

唐盧重墓誌

明王璋暨妻李氏墓誌

矜

北魏李元姜墓誌

北魏元新成妃李氏墓誌

北魏王壽德墓誌

西魏元欽墓誌

唐盧倕妻鄭氏墓誌

明黄鐘妻白氏墓誌

北魏元新成妃李氏墓誌

北魏高猛墓誌

北魏高猛妻元瑛墓誌

東魏元鷙妃公孫甑生墓誌

柔

北魏吊比干文

北魏元弘嬪侯氏墓誌

北魏李元姜墓誌

北魏王普賢墓誌

矛部

清張丙震暨妻紀氏墓誌

民國韓復榘母李氏墓誌

務

北魏元天穆墓誌

隋梁瓌墓誌

隋那提墓誌

北魏趙盛暨妻索始姜墓誌

北魏元暉墓誌

北魏馮迎男墓誌

北魏昝雙仁墓誌

東魏張略墓誌

隋元公墓誌

六畫

耒部

耕

北魏劉根等造像記

唐等慈寺碑

唐張文墓誌

唐何彥則墓誌

耗

唐鄭易墓誌

老（耂）部

老

北魏穆纂墓誌

北魏李淑真墓誌

北魏高貞墓碑

北魏元昭墓誌

東魏張略墓誌

隋王乾緒墓誌

考

北魏寇臻墓誌

北魏叔孫協墓誌

北魏李超墓誌

唐王琳墓誌

孝

北魏李超墓誌

北魏丘哲墓誌

東魏崔混墓誌

東魏杜文雍等十四人造四面佛記

北周梁嗣鼎墓誌

隋元公墓誌

者

北魏任榮墓誌

北魏元悌墓誌

東魏成休祖造像記

耆

北魏劉根等造像記

東魏李顯族造像碑

北周寇嶠妻薛氏墓誌

隋裴遺業墓誌

取	耶	耳		耋	
 北魏塔基石函銘刻	 東晋王建之墓誌	 北魏李頤墓誌	耳部	 北魏于仙姬墓誌	 武周郭蕩墓誌
 北魏于景墓誌	 北魏元演墓誌	 武周李知本墓誌			 唐崔和墓誌
 北魏源模墓誌					
 北魏元泰墓誌					

	聊	聆	聃	耿	耻
 唐王琳墓誌	 北魏吊比干文	 北魏吊比干文	 北宋王棨墓誌	 北魏劉根等造像記	 北魏寇憑墓誌
 唐盧君妻李氏墓誌	 北魏程暐墓誌			 唐褚庭詢墓誌	 東魏崔混墓誌
 北宋姚爽妻米氏墓誌	 北魏崔鴻墓誌				
	 東魏長孫冏墓碑				

聳

唐崔君妻盧氏墓誌

聘

北魏王馥墓誌

北魏元鑽遠墓誌

隋楊寬妻韋始華墓誌

隋蘇慈墓誌

隋施太妃墓誌

聡 聰

北魏石婉墓誌

北魏元顯平妻王氏墓誌

北魏劉華仁墓誌

北魏馮迎男墓誌

北魏元誘妻薛伯徽墓誌

北魏唐耀墓誌

東魏崔混墓誌

隋橋紹墓誌

聚

東魏劉懿墓誌

隋鞏賓墓誌

隋張喬墓誌

唐郭羅善妻陳雪墓誌

武周李知本墓誌

唐崔安儼妻李氏墓誌

唐魏喆妻盧氏墓誌

北宋閻光度墓誌

智

北魏薛慧命墓誌

唐邠王細人高淑儉墓誌

唐陽君妻盧氏墓誌

唐崔君妻鄭氏墓誌

唐裴向墓誌

唐韓肅妻崔嫘墓誌

聰 聡

唐韓孝恭玄堂銘

聲

北魏李伯欽墓誌

北魏寇臻墓誌

北魏元緒墓誌

北魏元悦墓誌

北魏馮會墓誌

北魏元彦墓誌

北魏元萇墓誌

北魏寇憑墓誌

聯

北魏元澄妃李氏墓誌
北魏太妃侯造像記
北魏寇臻墓誌
北魏元嵩墓誌

唐秦懷道墓誌
唐王琳墓誌
清王壽墓誌

東魏高湛墓誌
東魏張略墓誌
隋張喬墓誌
唐吕君妻張氏墓誌

北魏元子正墓誌
東魏元玕墓誌
東魏王僧墓誌
東魏杜法師墓誌

北魏李媛華墓誌
北魏緱光姬墓誌
北魏高猛妻元瑛墓誌
北魏元洛神墓誌

北魏元暉墓誌
北魏司馬昞墓誌
北魏叔孫協墓誌
北魏元倪墓誌

職

北魏元昭墓誌

聳

北魏王壽德墓誌
北魏元昭墓誌
武周崔安敬墓誌
明王齊墓誌

隋張禮暨妻羅氏墓誌
隋衙聞墓誌
唐姚彝墓誌
唐郎官石柱記

東魏寇永墓誌
東魏郭肇墓誌
北周拓拔昇墓誌
隋寇遵考墓誌

北魏司馬顯姿墓誌
北魏元暐墓誌
北魏賈祥墓誌
北魏穆紹墓誌

北魏司馬悦墓誌
北魏李元姜墓誌
北魏王紹墓誌
北魏元暉墓誌

聽

北魏高道悅墓誌

北魏寇憑墓誌

北魏賈祥墓誌

北魏李超墓誌

北魏楊乾墓誌

隋楊异墓誌

隋田德墓誌

唐等慈寺碑

唐楊行表墓誌

臣部

臣

北魏塔基石函銘刻

北魏吊比干文

西魏辛術墓誌

唐竇伯陽妻郭氏墓誌

卧

北魏邢巒妻元純陀墓誌

臧

北魏江文遥母吴氏墓誌

隋于緯墓誌

唐李行止墓誌

唐王琳墓誌

唐盧克乂墓誌

唐袁齊墓誌

唐盧處約妻李氏墓誌

唐樊驤墓誌

臨

東晋王建之墓誌

北魏元演墓誌

北魏王紹墓誌

北魏寇憑墓誌

北魏元暉墓誌

北魏元悛墓誌

北魏丘哲墓誌

東魏敬使君碑

北周梁嗣鼎墓誌

隋蘇慈墓誌

隋口徹墓誌

明孔彰墓誌

襾（西）部

西

北魏吊比干文

北魏元弼墓誌

北魏元演墓誌

北魏寇演墓誌

北魏丘哲墓誌

隋長孫汪墓誌

唐淳于武斌暨妻左氏墓誌

要

北魏高道悅墓誌

覃

唐董收墓誌

覆

北魏元始和墓誌

北魏寇臻墓誌

北魏劉華仁墓誌

北魏王壽德墓誌

北魏高猛墓誌

北魏元懌墓誌

北魏元暐墓誌

北魏楊乾墓誌

西魏元欽墓誌

北魏李彰墓誌

隋元叡妻張摩子墓誌

隋夏侯遷墓誌

唐雁塔圣教序

覇 霸

北魏吊比干文

北魏王馥墓誌

北魏元子正墓誌

東魏高湛妻閭叱地連墓誌

唐盧士玫妻崔氏墓誌

明尹剛墓誌

覈 核

北魏高猛妻元瑛墓誌

而部

而

北魏元羽墓誌

魏孟敬訓墓誌

北魏寇演墓誌

北魏元暉墓誌

北魏高貞墓碑

北魏元誘妻薛伯徽墓誌

北魏世宗宣武皇帝嬪李氏墓誌

北魏元壽安墓誌

北魏丘哲墓誌

東魏元寶建墓誌

唐盧倕妻鄭氏墓誌

耎

唐崔復墓誌

页（頁）部

順

北魏元偃墓誌

北魏元顯平妻王氏墓誌

北魏昝雙仁墓誌

北魏元醜仁墓誌

北魏楊仲宣墓誌

東魏崔鴻妻張玉憐墓誌

東魏姬靜墓誌

頑

北魏王壽德墓誌

北魏元寶月墓誌

北魏元瞻墓誌

頓

北魏穆亮墓誌

隋元叡妻張摩子墓誌

唐蘇君妻陶氏墓誌

民國張鈺墓誌

頒

北魏劉阿素墓誌

北魏李媛華墓誌

唐孟璲墓誌

頙		領	預	頏	頌
 唐袁齊墓誌	 隋蘇慈墓誌	 北魏元始和墓誌  北魏寇憑墓誌  北魏于景墓誌  北齊王憐妻趙氏墓誌	 北魏張正子父母鎮墓石  北魏元瞻墓誌  東魏崔混墓誌  東魏閭詳墓誌	 唐盧士玫妻崔氏墓誌	 北魏李頤墓誌  東魏杜文雍等十四人造四面佛記

頣 頣	頸		頤 頥	熲	頴
 北魏高猛妻元瑛墓誌  隋口静墓誌  明張調元墓誌	 北魏元暐墓誌	 唐曹萬頤妻張氏墓誌	 北魏李頤墓誌  東魏慧光法師墓誌  隋淳于儉墓誌  唐宋令徹墓誌	 遼韓君墓誌	 東魏敬使君碑  唐盧克乂墓誌

頻

北魏趙超宗墓誌

北魏元暉墓誌

隋楊异墓誌

隋蘇慈墓誌

隋田德墓誌

武周郭蕩墓誌

武周殷平墓誌

頳（頳）

北魏元子正墓誌

頹（頹）

北魏劉根等造像記

北魏李頤墓誌

北魏爾朱紹墓誌

頜

武周殷平墓誌

頴（穎）

北魏元子永墓誌

隋橋紹墓誌

唐韋某妻賈氏玄堂誌

唐李復妻王氏墓誌

穎（頴）

北魏元羽墓誌

北魏元顯平妻王氏墓誌

北魏寇憑墓誌

北魏元恭墓誌

隋寇遵考墓誌

題

隋田光山妻李氏墓誌

唐王女節墓誌

顒

東魏杜文雍等十四人造四面佛記

顔

東晉爨寶子碑

南朝宋爨龍顔碑

北魏元緒墓誌

北魏石婉墓誌

北魏劉阿素墓誌

北魏穆纂墓誌

北魏高猛墓誌

北魏元煥墓誌

隋賀拔毗沙墓誌
唐宋懿墓誌
唐李仁墓誌

顛

唐常君墓誌
唐李樞妻唐氏墓誌
唐盧敬彝墓誌

願

南朝宋爨龍顔碑
北魏崔承宗等造像記
北魏元祥造像記
北魏高慧造彌勒像銘

北魏始平公造像記
北魏解伯達造彌勒像記
北魏比丘惠感造像記
北魏寇猛墓誌

北魏李淑真墓誌
北魏賈良造像記
北魏元昭墓誌
北魏劉根等造像記

東魏姬静墓誌
東魏成休祖造像記
北齊淳于元皓造像記
北周梁嗣鼎墓誌

隋封子繪妻王楚英墓誌
唐張采墓誌
唐陽君妻盧氏墓誌
唐鄭魴墓誌

類

北魏元澄妃李氏墓誌
北魏甄凱墓誌
北魏元項墓誌
東魏杜文雍等十四人造四面佛記

唐孫藏墓誌
唐陽君妻盧氏墓誌
明宋榮墓誌

顥

北魏爾朱袭墓誌

顧

北魏吊比干文
北魏元弼墓誌
北魏元新成妃李氏墓誌
北魏元誘妻薛伯徽墓誌

北魏元周安墓誌
北魏乞伏寶墓誌
東魏高湛墓誌

顯

東晉爨寶子碑
北魏比丘惠感造像記
北魏寇臻墓誌
北魏元緒墓誌
北魏寇演墓誌
北魏李頤墓誌
北魏李彰墓誌
東魏王僧墓誌
隋橋紹墓誌
武周殷平墓誌

至部

至

北魏元暉墓誌
北魏杜祖悅墓誌

致 緻

北魏塔基石函銘刻
北魏吊比干文
北魏元龍墓誌
北魏吐谷渾璣墓誌
北魏元隱墓誌
北魏源模墓誌
東魏崔混墓誌
東魏姬靜墓誌
東魏杜文雍等十四人造四面佛記
唐楊行表墓誌
唐李行止墓誌
唐裴君妻元氏墓記
唐開成石經

臻

北魏寇臻墓誌
北魏何伯超墓誌
北魏寇偘墓誌
唐崔蘇五墓誌

虍（虎）部

虎

東漢蒼山畫像石題記
北魏元龍墓誌
北魏元保洛墓誌
北魏元詮墓誌

虐					
北魏刁遵墓誌	唐朱令節墓誌	隋楊休墓誌	北魏元恭墓誌	北魏張問墓誌	北魏趙盛暨妻索始姜墓誌
北魏元邵墓誌		隋梁瓌墓誌	北魏石育妻戴氏墓誌	北魏侯剛墓誌	北魏王壽德墓誌
北魏元瞻墓誌		隋高緊墓誌	東魏崔混墓誌	北魏元子正墓誌	北魏元昭墓誌
北魏元顥墓誌		隋張伏敬墓誌	隋宋胡墓誌	北魏赫連悅墓誌	北魏李媛華墓誌

		虔		彪	
隋蘇慈墓誌	北魏羅宗妻陸蒺藜墓誌	北魏趙光墓誌	唐崔儒墓誌	北魏元嵩墓誌	北魏元徽墓誌
隋蘇慈墓誌	北魏赫連悅墓誌	北魏封魔奴墓誌	北宋牛孝恭墓誌	北魏何伯超墓誌	隋李世洛墓誌
北齊高善德墓誌	北魏宋靈妃墓誌	北魏世宗宣武皇帝嬪李氏墓誌	清徐選墓誌	北魏元煥墓誌	唐楊温墓誌
隋元智妻姬氏墓誌	北周元壽安妃盧蘭墓誌	北魏趙億墓誌		北魏和邃墓誌	

虛

武周崔嘉墓誌

唐宋祐墓誌

北魏吊比干文

北魏吊比干文

北魏元定君墓誌

北魏吐谷渾璣墓誌

北魏刁遵墓誌

北魏楊璉墓誌

北魏元譿墓誌

北魏劉根等造像記

北魏元子正墓誌

東魏杜法師墓誌

東魏李挺命婦元季聰墓誌

東魏杜文雍等十四人造四面佛記

隋橋紹墓誌

隋劉淵墓誌

隋張喬墓誌

隋宋文成墓誌

唐徐嶠墓誌

唐郭虛己墓誌

唐房承先妻吴氏墓誌

北宋朱方新砌十字市街起初井記

虖 呼 乎

明張鐣墓誌

處

東晉爨寶子碑

北魏牛橛造像記

北魏高慧造彌勒像銘

北魏元龍墓誌

北魏元顯儁墓誌

北魏吐谷渾璣墓誌

北魏元暉墓誌

北魏王遺女墓誌

北魏李媛華墓誌

北魏元纂墓誌

北魏崔鴻墓誌

北魏元過仁墓誌

北魏元子正墓誌

東魏張瓊墓誌

北齊文殊般若經碑

隋田保洛墓誌

隋楊孝偡墓誌

唐魚本墓誌

武周郭蕩墓誌

唐李貞庶墓誌

唐崔安儼妻李氏墓誌

明王齊墓誌

号 號

北魏王彤墓誌

北魏元始和墓誌

北魏鄭先生夫人墓誌

北魏元緒墓誌

北魏石婉墓誌

北魏長孫瑱墓誌

北魏王紹墓誌

北魏趙盛暨妻索始姜墓誌

北魏刁遵墓誌

北魏崔敬邕墓誌

北魏元悟妻高英墓誌

北魏劉華仁墓誌

北魏張安姬墓誌

北魏丘哲妻鮮于仲兒墓誌

北魏秦洪墓誌

北魏元彝墓誌

北周寇熾墓誌

隋張通墓誌

隋楊孝偡墓誌

隋衙聞墓誌

武周李知本墓誌

唐李復墓誌

唐崔涣墓誌

唐吕建墓誌

唐李餘墓誌

唐張媛墓誌

唐徐君妻郄氏墓誌

北宋張曙墓誌

北宋李晟墓誌

明顔玉墓誌

明王齊墓誌

虞

北魏弔比干文

北魏寇演墓誌

北魏寇治墓誌

東魏元湛墓誌

東魏張瓊墓誌

隋陳暉墓誌

隋楊紀墓誌

唐孟璲墓誌

虜

北魏元萇墓誌

北魏崔敬邕墓誌

北魏寇憑墓誌

北魏寇演墓誌

北魏孟元華墓誌	東魏閭詳墓誌	北魏爾朱紹墓誌	唐郭功墓誌	唐陶貢墓誌	隋獨孤儉墓誌
		號			虘
北魏李略墓誌	隋□静墓誌	東魏郭肇墓誌	唐衛君妻董氏墓誌	唐郭虚己墓誌	
北魏丘哲墓誌		武周郭蕩墓誌	唐尉亮妻慕容氏墓誌	唐李道周墓誌	
東魏郭肇墓誌		武周郭蕩墓誌	唐姚彝墓誌	唐李周南妻崔氏墓誌	

膚	慮	盧		虧	
北魏元朗墓誌	北魏元弘嬪侯氏墓誌	北魏元暉墓誌	唐李宙妻盧氏墓誌	北魏元詮墓誌	北魏元維墓誌
隋宋胡墓誌	北魏元引墓誌	北魏李媛華墓誌		北魏王紹墓誌	隋孫高墓誌
	北魏韓玫墓誌	北周韋彪墓誌		北魏元懷墓誌	隋郭世昌墓誌
	武周郭蕩墓誌	唐盧倕妻鄭氏墓誌		北魏公孫猗墓誌	隋張濤妻李氏墓誌

隋李肅墓誌

隋元智妻姬氏墓誌

唐馬湛墓誌

唐五品亡宫墓誌

虫部

虫

唐崔弘載墓誌

虬（虯）

西魏辛術墓誌

唐楊乘墓誌

虯（虬）

東魏高湛墓誌

虹

東魏敬使君碑

虵

北魏元倪墓誌

隋賀蘭祥妻劉氏墓誌

北齊高善德墓誌

蚤

東漢永建五年食堂刻石

唐吴德鄘妻趙氏墓誌

蚡

隋田保洛墓誌

蛋（蜿）

唐陶貢妻裴氏墓誌

蛻

南朝宋爨龍顔碑

蜂

西魏劉阿倪提墓誌

唐楊雲墓誌

六畫 虫部 蝅蜯蜻蜺蜿蝶蝗蝦蟥螻蠁蟴

蝅（蠶）	蜯	蜻	蜺	蜿（蜑）	蝶
 北周元壽安妃盧蘭墓誌  隋陰雲墓誌	 東魏崔混墓誌	 北魏韓震墓誌	 唐孫藏墓誌	 北魏吊比干文	 唐宋晏妻趙氏墓誌

蝗	蝦	蟥	螻	蠁	蟴
 北魏席盛墓誌	 北魏李蕤墓誌	 北魏山徽墓誌	 唐宮人墓誌	 武周裴敬道墓誌	 北魏司馬顯姿墓誌

蟬

南朝宋爨龍顏碑

北魏王紹墓誌

北魏元暉墓誌

隋李景亮墓誌

武周殷平墓誌

蟠

隋楊居墓誌

武周王文殊墓誌

蠄

北魏吊比干文

北魏高猛墓誌

蠖

武周王文殊墓誌

蟾

北宋武珣墓誌

蟻

唐宮人墓誌

蠕

北魏元萇墓誌

北魏元萇墓誌

蠱

武周崔嘉墓誌

蠶 蚕

隋賀蘭祥妻劉氏墓誌

蠹

唐徐浚墓誌

蠻

北魏元弼墓誌

北魏寇憑墓誌

北魏寇演墓誌

北魏穆纂墓誌

東魏高湛墓誌

肉部

肉 宍

明張弘化墓誌

缶部

缶

東魏元諶妃王令媛墓誌

唐袁義全妻郭氏墓誌

唐崔君妻盧氏墓誌

缺

北魏高道悅墓誌

北魏寇憑墓誌

北魏元暐墓誌

隋田保洛墓誌

唐鄭恂墓誌

明張香墓誌

罄

唐郎官石柱記

唐陽君妻盧氏墓誌

唐崔逢墓誌

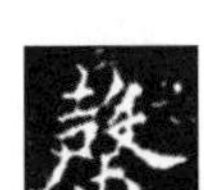
後梁韓仲舉妻王氏墓誌

罇

武周崔嘉墓誌

唐張思鼎墓誌

舌部

乱 亂

北魏高珪墓誌

東魏姬静墓誌

甜

北魏王遺女墓誌

辭 辤辝辭

北魏元弼墓誌

北魏元澄妃李氏墓誌

北魏李元姜墓誌

北魏元颺妻王氏墓誌

東魏崔混墓誌

竹（⺮）部

竹

北魏寇治墓誌

北魏丘哲墓誌

笄

魏孟敬訓墓誌

北魏司馬顯姿墓誌

唐袁義全妻郭氏墓誌

唐曹萬頤妻張氏墓誌

笑 咲

隋李世洛墓誌

隋高緊墓誌

唐陳尚仙墓誌

唐張質墓誌

竿

北魏劉阿素墓誌

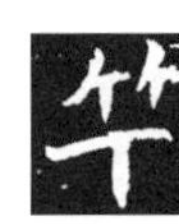
北魏叔孫協墓誌

北魏元誨墓誌

北魏元鑽遠墓誌

隋元叡墓誌

筀

隋張怦墓誌

符

隋皇甫紘墓誌

第

北魏司馬顯姿墓誌

北魏元昭墓誌

北周寇嶠妻薛氏墓誌

笳

北魏元暉墓誌

筐

武周殷平墓誌

等

南朝宋爨龍顏碑

北魏韓顯宗墓誌

北魏韓曳雲等造像記

北魏王紹墓誌

北魏元新成妃李氏墓誌

北魏劉阿素墓誌

北魏李淑真墓誌

北魏緱光姬墓誌

東魏崔混墓誌

東魏張略墓誌

東魏杜文雍等十四人造四面佛記

北齊河清三年造像記

北齊王惠顒廿人等造像記

北周建德二年造像題記

唐徐師墓誌

唐来景暉墓誌

筑 築

武周宋智亮墓誌

策

北魏元宏（孝文帝）嬪趙充華墓誌

北魏劉阿素墓誌

北魏崔鴻墓誌

北魏于神恩墓誌

北齊赫連子悅墓誌

隋張業墓誌

唐封泰墓誌

唐鄭君妻董氏墓誌

唐陽君妻盧氏墓誌

筵

北魏王誦妻元貴妃墓誌

北魏元洛神墓誌

東魏元誕墓誌

東魏崔混墓誌

唐宋令徽墓誌

答

北魏始平公造像記

唐崔逢墓誌

筋

隋蔡君妻張貴男墓誌

唐馬湛墓誌

唐盧士玫墓誌

笥

北齊高善德墓誌

筆

北魏元暉墓誌

北魏崔鴻墓誌

唐董收墓誌

武周崔釋墓誌

筭

北魏崔鴻墓誌

後晉馬拯墓誌

筮

北魏辛祥妻李慶容墓誌

北魏元詮墓誌

北魏于景墓誌

北魏元昉墓誌

北魏唐耀墓誌

北魏元泰墓誌

北魏王悅墓誌

武周許行真妻李氏墓誌

唐裴濛墓誌

筦 管

北魏秦洪墓誌

節 節

北魏韓顯宗墓誌

北魏元懌墓誌

北魏寇治墓誌

北魏穆紹墓誌

北魏穆紹墓誌

東魏郭肇墓誌

隋鞏賓墓誌

唐朱令節墓誌

北宋劉再思墓誌

管 筦

北魏高猛妻元瑛墓誌

隋蘇慈墓誌

箒	篋	箱	範（范）	範	範
北齊高善德墓誌	隋元叡妻張摩子墓誌	北魏元鑒墓誌	北魏元緒墓誌	北魏封君妻長孫氏墓誌	北魏元維墓誌
	隋李世洛墓誌	北魏元昭墓誌	北魏楊範墓誌	北魏高猛妻元瑛墓誌	東魏間詳墓誌
		北魏元鑽遠墓誌	魏孟敬訓墓誌	北魏元洛神墓誌	北齊路衆暨妻潘氏墓誌
			北魏趙光墓誌	北魏元卲墓誌	北周寇嶠妻薛氏墓誌

範	箴	箭	篇	篆	篆
隋宋文成墓誌	北魏元珽妻穆玉容墓誌	北齊劉雙仁墓誌	隋裴遺業墓誌	北魏高猛妻元瑛墓誌	唐王女節墓誌
唐郭虚己墓誌	北周元壽安妃盧蘭墓誌			北魏李超墓誌	明黄鐘妻白氏墓誌
唐崔元夫墓誌	唐陽君妻盧氏墓誌			北魏薛慧命墓誌	
				西魏元欽墓誌	

篤

北魏趙謐墓誌

北魏何伯超墓誌

魏孟敬訓墓誌

北魏寇憑墓誌

北魏高猛墓誌

北魏李頤墓誌

東魏崔混墓誌

東魏郭肇墓誌

築 筑

唐崔茂宗墓誌

唐鄭易墓誌

明孔彰墓誌

篪

唐路元亮妻孟氏墓誌

箋

南朝宋爨龍顔碑

唐魚本墓誌

簪

北魏何伯超墓誌

北魏楊璉墓誌

東魏元玕墓誌

隋賀蘭祥妻劉氏墓誌

隋盧文機墓誌

隋蔡君妻張貴男墓誌

簟

唐王君愕妻張廉穆墓誌

簡

北魏魯普墓誌

簣

隋張忏墓誌

籀

北魏元過仁墓誌

唐魯軌墓誌

簾

東魏崔混墓誌

簫

北魏元昭墓誌

北魏元懌墓誌

籍

北魏韓顯宗墓誌

東魏元朗墓誌

唐張敦墓誌

唐常宗元墓誌

籌

東魏敬使君碑

隋鞏賓墓誌

纂 纂

武周裴敬道墓誌

籙

北魏元演墓誌

北魏元昭墓誌

隋元惠墓誌

籠

北魏元昭墓誌

籯

唐朱令節墓誌

唐魚本墓誌

籲

唐李寶會墓誌

臼部

臼

唐宋劉師墓誌

兒

東晉爨寶子碑

北魏鄭長猷造像記

北魏丘哲妻鮮于仲兒墓誌

北齊逄哲墓誌

北齊穆延和等題記

隋韋壽墓誌

唐崔逢妻李氏墓誌

北宋王彭墓誌

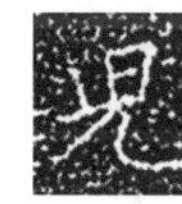
明金諒墓誌

春

北魏元略墓誌

舃（舄）

隋楊孝偡墓誌

唐柳君墓誌

舄（舄）

唐楊行表墓誌

舅

北魏趙光墓誌

北魏元洛神墓誌

北魏宋靈妃墓誌

隋楊寬妻韋始華墓誌

隋田保洛墓誌

唐王琳墓誌

唐韋微妻裴氏墓誌

唐崔林妻李氏墓誌

唐鄭恂墓誌

明方母王氏墓誌

自部

自

北魏元澄妃李氏墓誌

北魏元萇墓誌

北魏崔鴻墓誌

東魏郭肇墓誌

臬

北魏元嵩墓誌

息

北魏何伯超墓誌

北魏崔鴻墓誌

東魏張略墓誌

臯

唐郭虚己墓誌

唐八关齋會報德記

唐韋微妻裴氏墓誌

血部

血

北魏趙盛暨妻索始姜墓誌

北魏元昭墓誌

北魏元祀墓誌

北魏乞伏寶墓誌

武周李知本墓誌

卹 恤

唐殷善徵墓誌

唐何澄墓誌

北宋李晟墓誌

衆

北魏高慧造彌勒像銘

北魏比丘法生造像記

北魏元龍墓誌

北魏奚智墓誌

北魏李元姜墓誌

北魏司馬顯姿墓誌

北魏馮迎男墓誌

北魏元昭墓誌

北魏李頤墓誌

北魏元顥墓誌

東魏慧光法師墓誌

南朝梁陶遷造四面像

東魏法儀六十人等造像記

東魏元朗墓誌

隋宋胡墓誌

隋蘇慈墓誌

唐雁塔圣教序

唐王端墓誌

明解孺人劉氏墓誌

舟部

舟

北魏長孫瑱墓誌

北魏王壽德墓誌

北魏程暐墓誌

北魏元子正墓誌

東魏高盛墓碑

東魏崔混墓誌

東魏李挺命婦元季聰墓誌

般

北魏元過仁墓誌

北齊文殊般若經碑

唐来景暉妻蕭大通墓誌

航

唐等慈寺碑

唐路通墓誌

色部

色

北魏高道悦墓誌

北魏李媛華墓誌

北魏元邵墓誌

唐曹萬頣妻張氏墓誌

艷 豔

北魏石婉墓誌

北魏元珽妻穆玉容墓誌

北魏崔鴻墓誌

東魏姬静墓誌

隋董美人墓誌

唐鄭易墓誌

齐（齊）部

齊

北魏元思墓誌

北魏元演墓誌

北魏劉阿素墓誌

北魏李媛華墓誌

北魏繎光姬墓誌

北魏比丘尼僧達造像記

北魏崔鴻墓誌

北魏楊乾墓誌

北魏寇治墓誌

北魏元誨墓誌

北魏劉賢墓誌

東魏高湛墓誌

東魏高湛墓誌

東魏閻詳墓誌

北齊淳于元皓造像記

北齊文殊般若經碑

隋安備墓誌

隋楊景墓誌

隋皇甫忍墓誌

隋鞏賓墓誌

隋李椿妻劉琬華墓誌

隋王香仁墓誌

唐程綱墓誌

齋

北魏元祥造像記

北魏劉華仁墓誌

隋郭世昌墓誌

衣（衤）部

衣

南朝宋爨龍顔碑

隋宋胡墓誌

唐王琳墓誌

初

北魏元澄妃李氏墓誌

北魏楊璉墓誌

北魏司馬顯姿墓誌

北魏馮迎男墓誌

北魏染華墓誌

隋寇奉叔墓誌

隋夏侯遷墓誌

唐秦懷道墓誌

唐裴向墓誌

明賈瓚母周重蓮墓誌

衽

北魏高道悅墓誌

衿

北魏李伯欽墓誌

北魏元暉墓誌

北魏賈祥墓誌

隋楊异墓誌

袂

北魏吊比干文

北魏元壽安墓誌

袖

東魏閭詳墓誌

唐郎官石柱記

袟（袠）

隋李世洛墓誌

裁	袴	袋		被	袨
 北魏元緒墓誌	 北魏高貞墓碑	 唐郭虛己墓誌	 北魏趙僊墓誌	 北魏元龍墓誌	 隋董美人墓誌
 北魏王紹墓誌	 北周韋彪墓誌		 東魏姬静墓誌	 北魏元融妃穆氏墓誌	
 北魏楊乾墓誌	 隋蕭瑒墓誌		 北齊任遜墓誌	 北魏元勰墓誌	
 北魏高樹生妻韓期頤墓誌	 唐王禕墓誌			 北魏緱光姬墓誌	

裔	裘	裕	補	裂	
 南朝宋爨龍顏碑	 北魏高樹生妻韓期頤墓誌	 北魏元纂墓誌	 北魏弔比干文	 北魏元澄妃李氏墓誌	 東魏崔混墓誌
 北魏弔比干文		 北魏楊乾墓誌	 北魏元萇墓誌	 東魏閭詳墓誌	 唐董禮墓誌
 北魏寇臻墓誌					
 北魏寇猛墓誌					

北魏元演墓誌
北魏元廣墓誌
北魏堯遵墓誌
北魏寇憑墓誌
北魏寇演墓誌
北魏楊璉墓誌
北魏羅宗墓誌
北魏李頤墓誌
北魏秦洪墓誌
北魏李略墓誌
北魏王悅墓誌
東魏閭詳墓誌
隋高潭墓誌
隋盧文機墓誌
隋楊孝偡墓誌
隋王君妻成公氏墓誌
唐胡恪暨妻張氏墓誌
唐第五玄昱墓誌
唐崔儒妻李氏墓誌
唐康昭墓誌
唐李轂墓誌

裝
東魏敬使君碑
唐超寂墓誌

裾
隋裴遺業墓誌

裳
東魏崔混墓誌
隋賀蘭祥妻劉氏墓誌
唐王琳墓誌

製（制）
北魏賈祥墓誌
北魏高猛妻元瑛墓誌
北魏唐耀墓誌

褐
北魏元弼墓誌
北魏王仁墓誌
北魏劉滋墓誌
北魏崔鴻墓誌
北魏染華墓誌
北魏元固墓誌
東魏姬静墓誌
東魏敬使君碑

（續）

北周崔宣靖墓誌

隋王昌暨妻薛氏墓誌

隋楊昇墓誌

隋蕭球墓誌

隋元惠墓誌

武周崔玄泰墓誌

唐何彥則墓誌

唐崔安儼墓誌

唐房承先妻吳氏墓誌

複 復

北魏元譿墓誌

褘

北魏李伯欽墓誌

褫

北魏王瑆奴墓誌

北魏源模墓誌

褵

北齊高善德墓誌

唐邠王細人高淑儉墓誌

襚

隋楊素妻鄭祁耶墓誌

襁

唐韋微妻裴氏墓誌

襟

北魏程暐墓誌

唐路通墓誌

襜

唐孫藏墓誌

唐郭羅善妻陳雪墓誌

襦

北魏公孫猗墓誌

隋蕭瑒墓誌

唐郭佐思墓誌

羊（⺶⺷）部

羊

北魏高道悦墓誌

明張美含暨妻楊氏墓誌

羌

唐郭虛己墓誌

差

北魏張玄墓誌

武周李准墓誌

美 美

北魏李元姜墓誌

北魏崔鴻墓誌

北魏崔鴻墓誌

北魏崔鴻墓誌

東魏姬静墓誌

北齊崔頠墓誌

隋盧文機墓誌

唐秦懷道墓誌

姜

北周寇熾墓誌

隋長孫汪墓誌

羞

唐陶貢妻裴氏墓誌

唐曹萬頤妻張氏墓誌

羑 美羔

北魏元羽墓誌

北魏元弘嬪侯氏墓誌

北魏元演墓誌

北魏元懷墓誌

北魏比丘尼慈香慧政造窟記

北魏元暉墓誌

北魏元暐墓誌

北魏高貞墓碑

北魏元醜仁墓誌

東魏元朗墓誌

唐王全素妻李氏墓誌

羔 羙

東魏高盛墓碑

着

北魏元弘嬪侯氏墓誌

魏孟敬訓墓誌

北魏王遺女墓誌

北魏楊乾墓誌

羝

隋楊孝偡墓誌

盖 蓋

北魏源模墓誌

翔

東晉爨寶子碑

北魏弔比干文

隋鞏賓墓誌

隋高緊墓誌

唐張林墓誌

羨

北魏元詮墓誌

義

東晉司馬芳殘碑

北魏韓顯宗墓誌

北魏趙謐墓誌

北魏王彤墓誌

北魏元緒墓誌

魏孟敬訓墓誌

北魏寇憑墓誌

北魏元謐墓誌

北魏元熙墓誌

北魏元纂墓誌

北魏高猛妻元瑛墓誌

北魏世宗宣武皇帝嬪李氏墓誌

北魏高廣墓誌

北魏于神恩墓誌

北魏元悛墓誌

北魏王馥墓誌

北魏元子正墓誌

東魏元玕墓誌

東魏崔混墓誌

東魏高湛墓誌

北周寇熾墓誌

隋宋胡墓誌

隋梁坦墓誌

隋楊寬妻韋始華墓誌

隋禽昌伯妻宇文氏墓誌

隋田保洛墓誌

武周李准墓誌

唐李君妻龐氏墓誌

群 羣

北魏塔基石函銘刻

北魏解伯達造彌勒像記

北魏趙光墓誌

北齊王惠顒廿人等造像記

隋高緊墓誌

羣 群

南朝宋爨龍顏碑

北魏元楨墓誌

北魏山暉墓誌

北魏元昭墓誌

北魏源延伯墓誌

唐鄭高暨妻崔氏墓誌

羯

北魏楊順墓誌

羲

北魏吊比干文

隋段摸墓誌

羹

西魏元欽墓誌

譱 善

北魏韓顯宗墓誌

北魏韓顯宗墓誌

北魏崔鴻墓誌

米部

籽

北魏何伯超墓誌

粉

北魏李元姜墓誌

北魏元光墓誌

北魏元洛神墓誌

粋（粹）

北魏吊比干文

北魏吊比干文

北魏馮會墓誌

北魏王遺女墓誌

魏元延明墓誌

料

唐契苾夫人墓誌

粧

北齊高善德墓誌

唐茝氏墓誌

唐韓憬妻李氏墓誌

粲

北魏元愔墓誌

隋宋文成墓誌

精

北魏吊比干文

北魏元鸞墓誌

北魏元演墓誌

北魏李媛華墓誌

北魏元懌墓誌

粹（粋）

東晉爨寶子碑

北魏元宏（孝文帝）嬪趙充華墓誌

北魏羅宗墓誌

東魏張略墓誌

唐郭虛己墓誌

唐樊驤墓誌

糅

魏孟敬訓墓誌

糗

唐鄭魴墓誌

糟

唐宋劉師墓誌

糧

隋楊休墓誌

聿（⺻⺺）部

聿

北魏尹祥墓誌

北魏崔鴻墓誌

隋劉明及暨梁氏墓誌

書

東晉爨寶子碑

北魏韓顯宗墓誌

北魏元弘嬪侯氏墓誌

北魏元緒墓誌

北魏元暉墓誌

北魏李媛華墓誌

北魏元暐墓誌

北魏李頤墓誌

北魏崔鴻墓誌

北魏崔鴻墓誌

唐王琳墓誌

明杜麟墓誌

晝

北魏吊比干文

北魏李伯欽墓誌

北魏吐谷渾璣墓誌

隋元智妻姬氏墓誌

唐嚴觀墓誌

畫

隋張伏敬墓誌

肇 肈

北魏寧陵公主墓誌

北魏何伯超墓誌

北魏王昌墓誌

北魏元光墓誌

北魏元新成妃李氏墓誌

北魏楊璉墓誌

北魏于纂（岐州刺史）墓誌

北魏元子正墓誌

東魏郭肇墓誌

隋鄭譯墓誌

唐秦懷道墓誌

唐多寶塔碑

肇（肈）

北周辛術妻裴氏墓誌

北周崔宣靖墓誌

隋來和墓誌

隋鞏賓墓誌

隋賀拔毗沙墓誌

武周李師墓誌

肅

東晉爨寶子碑

北魏吊比干文

北魏司馬悅墓誌

北魏王紹墓誌

北魏元彥墓誌

北魏元暉墓誌

北魏李淑真墓誌

北魏元謐墓誌

北魏元昭墓誌

北魏韓玫墓誌

北魏元誘妻薛伯徽墓誌

北魏元誘妻薛伯徽墓誌

北魏高猛妻元瑛墓誌

北魏元固墓誌

北魏元洛神墓誌

東魏姬靜墓誌

東魏張略墓誌

北周叱羅招男墓誌

隋鞏賓墓誌

隋蔡君妻張貴男墓誌

隋李椿妻劉琬華墓誌

隋梁瓌墓誌

唐張敦墓誌

唐孫藏墓誌

武周宋智亮墓誌

唐何彥則墓誌

唐呂建墓誌

唐呂建墓誌

唐呂建墓誌

唐陶貢妻裴氏墓誌

唐張希進暨妻申屠氏墓誌

唐李宙妻盧氏墓誌

北宋韓正彥側室艾氏墓誌

盡

北魏太覺造像

北魏張猛龍碑

北魏元倪墓誌

北魏元謐墓誌

北魏李媛華墓誌

北魏崔鴻墓誌

東魏崔混墓誌

北齊裴良墓誌

艮部

艱 囏

北魏弔比干文

北魏王遺女墓誌

隋元叡墓誌

羽部

羽

東晉爨寶子碑

北魏李頤墓誌

北魏崔鴻墓誌

羾

唐盧行質妻趙氏墓誌

羿

唐韓肅妻崔嫚墓誌

習

北魏楊範墓誌

北魏楊仲彦墓誌

隋龍藏寺碑

唐王女節墓誌

唐崔翰墓誌

清王璹墓誌

翥

北魏爾朱襲墓誌

東魏敬使君碑

翟

隋蕭妙瑜墓誌

隋□徹墓誌

翠

北魏李元姜墓誌

北魏堯遵墓誌

北魏元昭墓誌

北魏元斑墓誌

翱

北魏元顯儁墓誌

北魏元誨墓誌

翫

北魏元顯儁墓誌

北魏源延伯墓誌

東魏崔混墓誌

翩

北魏司馬悅墓誌

北魏元頊墓誌

唐裴諝妻盧華墓誌

唐裴諝妻盧華墓誌

翦

東晉爨寶子碑

北魏元愅墓誌

翣

唐王君妻鄭氏墓誌

北齊高善德墓誌

武周崔安敬墓誌

唐徐惲墓誌

翽

北魏高貞墓碑

翻 飜

唐等慈寺碑

翹

北魏寇猛墓誌

東魏敬使君碑

武周崔安敬墓誌

翼

北魏元緒墓誌

北魏寇憑墓誌

北魏于神恩墓誌

北魏寇慰墓誌

唐趙仁本墓誌

翳

北魏吊比干文

北魏元光墓誌

北魏昝雙仁墓誌

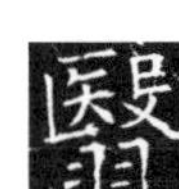
唐伊阙佛龕碑

翾

北魏吊比干文

北魏王基墓誌

糸（纟糹）部

紇 紇

北魏赫連悦墓誌

隋高潭墓誌

唐李譽墓誌

唐何昌浩墓誌

糾 糺

北魏元暐墓誌

紈

北魏高貞墓碑

北魏乞伏寶墓誌

級

北魏劉根等造像記

紀

北魏李頤墓誌

東魏崔混墓誌

唐崔君妻盧氏墓誌

唐孫欽墓誌

素

北魏元舉（長融）墓誌

北魏元信墓誌

北魏赫連悦墓誌

隋張通墓誌

索

北魏王皓墓誌

北魏趙盛暨妻索始姜墓誌

北周韋彪墓誌

隋王乾緒墓誌

唐陳阿胡墓誌

紘

隋李椿妻劉琬華墓誌

純

北魏山暉墓誌

北魏元祐墓誌

北魏楊乾墓誌

東魏閭詳墓誌

納

魏孟敬訓墓誌

紛

北魏楊大眼造像記

北魏元暐墓誌

東魏崔混墓誌

東魏姬静墓誌

紙 帋

唐封泰墓誌

明尹剛墓誌

明何際可墓誌

紐

北魏刁遵墓誌

唐伊阙佛龕碑

紱

北魏元詮墓誌

北魏元謐墓誌

隋宋文成墓誌

唐封泰墓誌

唐常君墓誌

組

北魏李媛華墓誌

紳

東魏高湛墓誌

唐李正本墓誌

唐鄭舫墓誌

細

北魏王遺女墓誌

終

北魏元彬墓誌

北魏蘇標墓誌

北魏寇憑墓誌

北魏元暉墓誌

北魏封君妻長孫氏墓誌

北魏張猛龍碑

北魏元誘妻薛伯徽墓誌

北魏高猛妻元瑛墓誌

東魏元凝妃陸順華墓誌

北周寇嶠妻薛氏墓誌

隋口静墓誌

隋高嗣墓誌

紫	潔 絜		紹	紼	
 北魏元羽墓誌	 東晉爨寶子碑	 東魏成休祖造像記	 北魏高樹、解伯都等造像記	 北魏韓顯宗墓誌	 唐張敦墓誌
 北魏元弘嬪侯氏墓誌	 東魏張瓊墓誌		 北魏羅宗墓誌	 北魏元進墓誌	 唐郭良墓誌
 北魏劉阿素墓誌			 北魏穆纂墓誌	 北周賀屯植墓誌	
 北魏劉華仁墓誌			 北魏元纂墓誌		

絶	絳	給	結		
 北魏牛橛造像記	 北周拓拔昇墓誌	 北魏封君妻長孫氏墓誌	 北魏李媛華墓誌	 隋楊休墓誌	 北魏李頤墓誌
 北魏太覺造像	 唐五品亡宫墓誌	 隋張衡墓誌	 東魏高湛墓誌	 武周王文殊墓誌	 北魏元固墓誌
 北魏王紹墓誌	 唐嚴仁墓誌		 唐盧僅妻鄭氏墓誌	 唐宫人墓誌	 北魏于神恩墓誌
 北魏崔鴻墓誌					 隋楊昇墓誌

絶（續）
東魏崔混墓誌
隋元叡妻張摩子墓誌
唐八关齋會報德記

統	
北魏長孫瑱墓誌	隋李叔蘭墓誌
北魏皮演墓誌	唐李譽墓誌
北魏鞠彦雲墓誌	
隋賀若嵩墓誌	

絲
北魏馮會墓誌
北魏元恭墓誌
隋鄭譯墓誌
唐第五玄昱墓誌

継（繼）	
北魏塔基石函銘刻	北魏元恭墓誌
北魏楊恩墓誌	東魏姬静墓誌
北魏公孫猗墓誌	東魏張瓊墓誌
北魏元纂墓誌	北周寇熾墓誌
隋張喬墓誌	
唐裴思乂墓誌	
唐董禮墓誌	

綍
北魏元壽安墓誌

經			
北魏元定君墓誌	北魏元固墓誌	東魏高湛墓誌	唐郭虚己墓誌
北魏石婉墓誌	北魏元信墓誌	隋元叡墓誌	
北魏元暉墓誌	北魏元子正墓誌	隋郭世昌墓誌	
北魏元昭墓誌	東魏崔混墓誌	唐薛頣墓誌	

絹	絺	綌	綏		緊
北魏元詮墓誌	北魏高宗嬪耿氏墓誌	北魏辛祥妻李慶容墓誌	北魏元彬墓誌	唐盧偓妻鄭氏墓誌	明孔彰墓誌
	北魏昝雙仁墓誌	北魏昝雙仁墓誌	北魏元融妃穆氏墓誌		
	北周元壽安妃盧蘭墓誌	北周元壽安妃盧蘭墓誌	北魏寇演墓誌		
		唐陳尚仙墓誌	北魏韓震墓誌		

緒	綾	綺	緋	綱	
北魏寇憑墓誌	隋史射勿墓誌	唐王行通墓誌	唐鄭舫墓誌	北魏吊比干文	北魏穆紹墓誌
東魏杜法師墓誌				北魏侯掌墓誌	北魏長孫季墓誌
東魏高婁斤墓誌				西魏元欽墓誌	東魏慧光法師墓誌
				北魏爾朱紹墓誌	東魏李挺墓誌

	網	緺	維	綿 緜	
隋長孫汪墓誌	北魏元騰墓誌	東魏郭肇墓誌	北魏元萇墓誌	北魏元彬墓誌	北魏賈祥墓誌
唐郎官石柱記				北魏元顯儁墓誌	北魏寇偘墓誌
唐崔涣墓誌				北魏山暉墓誌	東魏郭肇墓誌
唐程綱墓誌				北魏高道悦墓誌	

綸	綬	綣	綜	綴	緇
東魏高湛墓誌	隋宮人程氏墓誌	北魏于神恩墓誌	北魏王遇墓誌	東魏崔混墓誌	北魏王皓墓誌
隋蘇慈墓誌	唐崔涣墓誌				東魏元朗墓誌
					北宋安崇禮墓誌

緤

北魏吊比干文

練

唐鄭紡墓誌

緾

北魏元彬墓誌

北魏元詮墓誌

北魏馮迎男墓誌

北魏元暐墓誌

北魏元子正墓誌

隋元叡妻張摩子墓誌

緝

北魏王紹墓誌

北魏高道悅墓誌

北魏寇演墓誌

北魏皮演墓誌

北魏元晭墓誌

北魏張猛龍碑

北魏張問墓誌

北魏元瞻墓誌

北魏元誨墓誌

北魏元醜仁墓誌

唐等慈寺碑

緱

北魏程暐墓誌

北魏緱光姬墓誌

緩

隋盧文機墓誌

隋張業墓誌

唐盧克乂墓誌

總 總

武周高足酋墓誌

唐王美暢墓誌

唐蔣鐩墓誌

編

唐李轂墓誌

緣

北魏石婉墓誌

北魏緱光姬墓誌

北魏元顥墓誌

唐雁塔圣教序

縑	致 緻	縉	縃	緯	
 北魏元暉墓誌	 北宋張子立墓誌	 北魏崔鴻墓誌	 北魏王彤墓誌	 北魏元暉墓誌	 唐郭虚己墓誌
 隋裴遺業墓誌		 東魏高湛墓誌	 北魏緱光姬墓誌	 北魏元泰墓誌	
 武周崔嘉墓誌		 唐李正本墓誌	 北魏元暐墓誌	 唐魚本墓誌	
		 唐鄭舫墓誌	 唐李誠墓誌	 唐蕭茂本墓誌	

縵	縷	緸	績	繁	縶
 唐李譽墓誌	 唐王琳墓誌	 北魏元隱墓誌	 北魏元弘嬪侯氏墓誌	 東魏高湛墓誌	 隋蘇慈墓誌
 唐王琳墓誌			 北魏元子正墓誌	 隋李君妻祖氏墓誌	
			 東魏高湛墓誌		
			 唐李正本墓誌		

總 （緫 揔）

北魏元暉墓誌

縱

北魏吊比干文

北魏王紹墓誌

北周寇嶠妻薛氏墓誌

隋姚太暨妻袁氏墓誌

唐朱令節墓誌

武周趙行本墓誌

繆

北魏元融妃穆氏墓誌

北魏元暉墓誌

北魏元誘墓誌

唐崔紹妻盧氏墓誌

繞

北魏李頣墓誌

隋李世洛墓誌

繐

北魏賀收墓誌

繢

北魏元緒墓誌

隋董美人墓誌

織

北魏元洛神墓誌

北魏元醜仁墓誌

唐許杲妻郝默墓誌

繈

東魏敬使君碑

繩

北魏高道悅墓誌

北魏元徽墓誌

唐石獎墓誌

繾

北魏元暉墓誌

繹

北魏宋靈妃墓誌

繡

北魏内司楊氏墓誌

纊

北魏元弼墓誌

繼 継

北魏元昭墓誌

北魏元懌墓誌

北魏崔鴻墓誌

武周許行真妻李氏墓誌

明孔彰妻丘氏墓誌

纖

唐崔君妻盧氏墓誌

續

北魏崔鴻墓誌

纓

北魏韓玫墓誌

北魏賈祥墓誌

北魏于神恩墓誌

北魏丘哲墓誌

北魏乞伏寶墓誌

纔 才

隋楊孝偡墓誌

隋張芳墓誌

唐牛藝墓誌

唐朱令節墓誌

北宋王彭墓誌

纕

唐程綱墓誌

七畫

麦（麥）部

麴 曲

北魏元壽妃麴氏墓誌

走部

走

東魏崔混墓誌

隋□徹墓誌

赴

北魏李頤墓誌

北周寇嶠妻薛氏墓誌

唐王琳墓誌

起

北魏元羽墓誌

北魏王紹墓誌

北魏李淑真墓誌

北魏賈祥墓誌

北魏楊乾墓誌

北魏于景墓誌

北魏寇治墓誌

東魏高盛墓碑

東魏崔混墓誌

東魏高湛墓誌

東魏閭伯昇暨妻元仲英墓誌

東魏李挺墓誌

東魏郭肇墓誌

隋張通墓誌

隋衙聞墓誌

隋元君妻崔氏墓誌

隋于緯墓誌

隋裴覬墓誌

武周劉廣宗妻岑平等墓誌

北宋閻光度墓誌

北宋劉再思墓誌

明張鏜墓誌

越

北魏吊比干文

北魏元楨墓誌

北魏元彬墓誌

北魏元澄妃李氏墓誌

北魏趙超宗墓誌

北魏高道悅墓誌

北魏李媛華墓誌

北魏元暐墓誌

北魏丘哲墓誌

東魏公孫略墓誌

隋楊休墓誌

唐齊鄱墓誌

趄

北魏丘哲墓誌

超

北魏何伯超墓誌

北魏寇憑墓誌

北魏公孫猗墓誌

北魏李頤墓誌

北魏元子正墓誌

東魏高湛墓誌

北齊高善德墓誌

趍 趨

北魏王紹墓誌

北魏元譚墓誌

隋楊异墓誌

赵

北魏丘哲墓誌

趙

北魏李瞻墓誌

北魏羅宗墓誌

北魏元謐墓誌

北魏公孫猗墓誌

東魏法儀六十人等造像記

東魏公孫略墓誌

隋田光山妻李氏墓誌

唐李潛墓誌

趣

北魏牛橛造像記

北魏解伯達造彌勒像記

北魏李瞻墓誌

北魏元昭墓誌

趨 趍

北魏元爽墓誌

趫

隋史射勿墓誌

赤部

赤

北魏楊暕墓誌

北魏元泰墓誌

東魏元湛墓誌

隋梁瓌墓誌

隋元智妻姬氏墓誌

郝

北魏劉根等造像記

赦

北魏高道悅墓誌

唐崔涣墓誌

赫

北魏解伯達造彌勒像記

北魏高貞墓碑

北魏高猛墓誌

北魏寇治墓誌

西魏元欽墓誌

北魏李略墓誌

北魏李略墓誌

東魏元湛墓誌

赭

北魏韓玫墓誌

豆部

豊

北魏塔基石函銘刻

北魏張孃墓誌

隋獨孤儉墓誌

唐路通墓誌

豔 艷

明孔彰妻丘氏墓誌

酉部

酉

北魏元偃墓誌

北魏寇臻墓誌

北魏元緒墓誌

北魏張安姬墓誌

北魏元固墓誌

隋蕭紹墓誌

隋王善來墓誌

唐王君愕妻張廉穆墓誌

唐杜舉墓誌

酎

北魏元子正墓誌

酌

北魏高猛妻元瑛墓誌

配

北魏嵩高靈廟碑

北魏趙光墓誌

唐曹萬頤妻張氏墓誌

明鄧鶴母王氏墓誌

酏

北魏高猛妻元瑛墓誌

醉 醉

唐徐漪墓誌

酬

北魏比丘法生造像記

酷

北魏元光墓誌

酸

北魏寇臻墓誌

北魏元演墓誌

北魏元光墓誌

北魏趙盛暨妻索始姜墓誌

醢	丑 醜	咸 醎	醉 醉		
 北魏吊比干文	 北魏元思墓誌  北魏馮迎男墓誌  北魏于景墓誌  東魏敬使君碑	 唐李懷墓誌	 唐李貞庶墓誌	 唐路通墓誌  唐鮑冲墓誌	 北魏封魔奴墓誌  北魏程暐墓誌  北魏楊乾墓誌  東魏高湛墓誌

	醺	醴	醮		醫
	 明鄧益謙墓誌	 北魏高猛妻元瑛墓誌	 魏安樂王第三子給事君妻韓氏墓誌  北魏宋靈妃墓誌  北齊高善德墓誌	 唐鍾離英倩墓誌  唐盧克乂墓誌  唐崔儒妻李氏墓誌  唐張質妻王氏墓誌	 北魏吐谷渾璣墓誌  北魏張安姬墓誌  北魏于仙姬墓誌  唐朱令節墓誌

辰部

辰

北魏吊比干文

北魏元定君墓誌

北魏元嵩墓誌

北魏趙光墓誌

北魏劉阿素墓誌

北魏元謐墓誌

北魏元昭墓誌

北魏元纂墓誌

北魏昝雙仁墓誌

北魏崔鴻墓誌

北魏元悛墓誌

北魏元項墓誌

東魏公孫略墓誌

隋董美人墓誌

隋李静訓墓誌

唐睿宗妃王芳媚墓誌

辱

北魏司馬顯姿墓誌

北魏李淑真墓誌

北魏緱光姬墓誌

唐路通墓誌

唐牛藝墓誌

唇 脣

隋梁瓌墓誌

脣 唇

北魏元暉墓誌

北魏穆紹墓誌

北魏元爽墓誌

隋蘇慈墓誌

農

北魏寇臻墓誌

北魏楊範墓誌

北魏元謐墓誌

北魏楊乾墓誌

北魏楊乾墓誌

北魏楊仲彦墓誌

北魏元恭墓誌

東魏姬静墓誌

東魏張略墓誌

東魏李挺命婦元季聰墓誌

隋寇奉叔墓誌

隋陳暉墓誌

豕部

豢

唐董士墓誌

里部

里（裹）

隋張怦墓誌

武周崔玄泰墓誌

野

北魏韓顯宗墓誌

北魏元緒墓誌

北魏司馬顯姿墓誌

北魏元周安墓誌

隋宋文成墓誌

足（⻊）部

足

北魏山暉墓誌

北魏元暉墓誌

北魏高樹生墓誌

唐袁齊墓誌

距

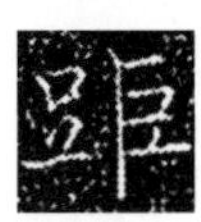

明黄鐘妻白氏墓誌

明賈瓚母周重蓮墓誌

明劉韶暨妻武氏墓誌

趾

北魏于纂（岐州刺史）墓誌

唐魏基妻王淑墓誌

明尹剛墓誌

跋

北魏杜祖悦墓誌

北魏于神恩墓誌

北魏源延伯墓誌

唐馬浩墓誌

跌

北魏高樹生墓誌

	路	跳	跨	跱	跎
北魏路敬賓造像記 北魏賀收墓誌 北魏元悛墓誌 東魏郭肇墓誌	北魏楊大眼造像記 北魏元始和墓誌 北魏元緒墓誌 北魏寇憑墓誌	北魏張正子父母鎮墓石	北魏張猛龍碑 北魏元昭墓誌 北魏爾朱襲墓誌 唐路通墓誌	唐郎官石柱記	唐韋晃墓誌

踈				迹 跡	
北魏高照容墓誌 東魏敬使君碑 隋董美人墓誌	東魏姬靜墓誌 東魏敬使君碑 北周張子開造像記	北魏丘哲妻鮮于仲兒墓誌 北魏楊乾墓誌 北魏元周安墓誌 北魏源模墓誌	北魏寇演墓誌 北魏楊璉墓誌 北魏咎雙仁墓誌 北魏尹祥墓誌	北魏吊比干文 北魏趙謐墓誌 北魏元緒墓誌 北魏何伯超墓誌	隋段摸墓誌 隋夏侯遷墓誌

跼（局）

武周崔玄泰墓誌

踐

北魏塔基石函銘刻

北魏吊比干文

北魏崔敬邕墓誌

北魏高貞墓碑

東魏敬使君碑

隋宋胡墓誌

隋董美人墓誌

唐王君愕妻張廉穆墓誌

唐楊行表墓誌

踟

北魏元泰墓誌

踪（蹤）

明王彧墓誌

踠

唐董收墓誌

蹀

北魏吊比干文

踵

北魏寇演墓誌

北魏尹祥墓誌

踰（逾）

北魏趙光墓誌

北魏丘哲墓誌

東魏敬使君碑

踼

北魏張安姬墓誌

東魏杜文雍等十四人造四面佛記

唐多寶塔碑

蹈

北魏王彤墓誌

北魏元融妃穆氏墓誌

北魏辛祥妻李慶容墓誌

北魏王昌墓誌

北魏崔鴻墓誌

北魏穆景胄墓誌

北魏山徽墓誌

唐王宣墓誌

蹌

唐郎官石柱記

蹔

北魏寇憑墓誌

北魏丘哲墓誌

武周郭蕩墓誌

唐盧重墓誌

蹟 迹

明王璋暨妻李氏墓誌

蹤 踪

北魏元簡墓誌

北魏王馥墓誌

北魏元子正墓誌

蹝

北魏元悛墓誌

隋夏侯遷墓誌

蹶

東魏敬使君碑

明黄鐘妻白氏墓誌

蹻

隋楊异墓誌

蹯

北魏元憙墓誌

躁

唐王進墓誌

明鄧益謙墓誌

躅

北魏元崇業墓誌

躃

北魏張安姬墓誌

隋□徹墓誌

躊

北魏吊比干文

蹕

北魏王壽德墓誌

躋

北魏元勰墓誌

北魏寇治墓誌

北魏元文墓誌

躍

北魏吊比干文

北魏馮會墓誌

東魏杜文雍等十四人造四面佛記

蹟

北魏王遺女墓誌

躔

唐張慶則墓誌

躐

北魏元詮墓誌

躡

北魏元顯平妻王氏墓誌

東魏元朗墓誌

北周寇嶠妻薛氏墓誌

邑（阝右）部

邑

北魏元弼墓誌

北魏高樹、解伯都等造像記

北魏元顯平妻王氏墓誌

北魏王壽德墓誌

北魏李頤墓誌

北魏元文墓誌

東魏杜文雍等十四人造四面佛記

東魏杜文雍等十四人造四面佛記

北周宇文業暨妻周氏墓誌

唐李貞庶墓誌

邙

北魏冠軍將軍妻劉氏墓誌

北魏趙盛暨妻索始姜墓誌

北魏元懌墓誌

北魏賀收墓誌

北魏元舉（景昇）墓誌

隋王香仁墓誌

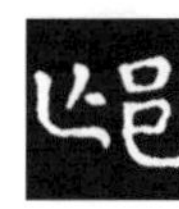
隋高緊墓誌

唐蕭君妻李氏墓誌

唐王琳墓誌

唐張具瞻墓誌

明鄧鶴母王氏墓誌

邦 挹

東晉爨寶子碑

南朝宋爨龍顏碑

北魏刁遵墓誌

北魏崔敬邕墓誌

北魏堯遵墓誌

北魏楊璉墓誌

北魏鞠彥雲墓誌

北魏于景墓誌

北魏陸紹墓誌

東魏崔鷫墓誌

邢

北魏李媛華墓誌

東魏李挺墓誌

邠

唐孟璲墓誌

那

北魏光州靈山寺塔下銘

北魏高樹、解伯都等造像記

北魏元龍墓誌

北魏元過仁墓誌

東魏杜文雍等十四人造四面佛記

隋皇甫忍墓誌

唐伊闕佛龕碑

唐阿史那婆羅門墓誌

唐王那羅寶墓誌

挹 邦

北魏趙光墓誌

北魏高貞墓碑

北魏公孫猗墓誌

北魏崔鴻墓誌

北魏慕容纂墓誌
北魏元天穆墓誌
北魏穆紹墓誌
西魏宇文測墓誌

東魏李挺妻劉幼妃墓誌
隋陳暉墓誌

邸

北魏馮會墓誌
北魏元暐墓誌
北魏元隱墓誌
北魏元誘妻薛伯徽墓誌

東魏公孫略墓誌
唐封泰墓誌
唐崔志約墓誌

邵

北魏世宗宣武皇帝嬪李氏墓誌
北魏于纂墓誌
北周寇嶠妻薛氏墓誌
北宋孫漢筠墓誌

郄

北魏元隱墓誌

郊

唐吕建墓誌

郎 郒

北魏元進墓誌
北魏鞠彦雲墓誌
北魏李頤墓誌
北魏高廣墓誌

北魏于神恩墓誌
北魏楊順墓誌
明何際可墓誌

郒 郎

北魏韓顯宗墓誌
北魏封魔奴墓誌
北魏崔鴻墓誌
北魏崔鴻墓誌

隋高緊墓誌

郢

北魏韓顯宗墓誌
北魏寇臻墓誌
北魏元勰墓誌

郡

北魏元簡墓誌

北魏寇臻墓誌

北魏楊範墓誌

北魏高道悅墓誌

北魏寇憑墓誌

北魏李媛華墓誌

北魏崔鴻墓誌

北魏李彰墓誌

北魏元文墓誌

北齊高善德墓誌

隋張衡墓誌

隋劉世恭墓誌

武周李知本墓誌

都

東晉爨寶子碑

北魏堯遵墓誌

北魏寇演墓誌

北魏趙光墓誌

北魏封君妻長孫氏墓誌

北魏李媛華墓誌

北魏公孫猗墓誌

北魏于神恩墓誌

北魏元天穆墓誌

北周寇嶠妻薛氏墓誌

鄀

隋楊紀墓誌

郵

北魏崔鴻墓誌

唐盧處約妻李氏墓誌

郭

東魏郭肇墓誌

隋張喬墓誌

清張建德墓誌

鄉

鄉

南朝宋爨龍顏碑

北魏元理墓誌

魏司馬金龍墓表

北魏寇猛墓誌

北魏元思墓誌

北魏元詳墓誌

北魏楊範墓誌

北魏元光墓誌

北魏元萇墓誌

北魏高道悅墓誌

北魏劉華仁墓誌

北魏元引墓誌

北魏李媛華墓誌

北魏李媛華墓誌

北魏元璨墓誌

北魏李頤墓誌

北魏李頤墓誌

北魏楊仲彥墓誌

北魏陸紹墓誌

北魏唐耀墓誌

北魏李略墓誌

北魏穆紹墓誌

北周叱羅招男墓誌

北齊路衆暨妻潘氏墓誌

隋來和墓誌

隋韓智墓誌

隋鞏賓墓誌

唐孫繼和墓誌

遼韓君墓誌

鄂

隋龍藏寺碑

唐趙信福墓誌

唐齊鄺墓誌

鄃

東魏崔混墓誌

鄉 鄉

北魏鞠彥雲墓誌

北魏李彰墓誌

東魏高湛墓誌

鄒

北魏王紹墓誌

北魏元暐墓誌

北魏唐耀墓誌

鄗

北魏元萇墓誌

鄙

北魏元新成妃李氏墓誌

鄰 隣

北魏李媛華墓誌

北魏元醜仁墓誌

唐張文墓誌

唐陳尚仙墓誌

鄯

唐何彥則墓誌

鄱

東晋王建之墓誌

鄲

北魏元固墓誌

鄣

東魏敬使君碑

鄘

北魏吊比干文

鄺

隋張伏敬墓誌

鄴

北魏李伯欽墓誌

隋盧文機墓誌

隋蘇慈墓誌

隋元惠墓誌

鄧

隋蘇慈墓誌

唐陶貢妻裴氏墓誌

唐郭虛己墓誌

鄭

北魏元悌墓誌

東魏高湛墓誌

隋鄭譯墓誌

唐王英墓誌

南朝宋爨龍顏碑

北魏鄭長猷造像記

北魏鄭文公碑

北魏李媛華墓誌

鄕

東魏元凝妃陸順華墓誌

隋田保洛墓誌

身部

身

東魏公孫略墓誌

東魏張略墓誌

武周杜幷墓誌

唐桓臣範墓誌

射（躲）

東晉王建之墓誌

北魏元弼墓誌

北魏元暉墓誌

北魏元暐墓誌

北魏元崇業墓誌

北魏元纂墓誌

北周崔宣靖墓誌

隋韋君妻元咳女墓誌

躬（船）

北魏吊比干文

北魏元楨墓誌

北魏寇演墓誌

北魏元昭墓誌

北魏高猛妻元瑛墓誌

隋鞏賓墓誌

北宋臨海郡太君鐔氏墓誌

躭

隋李景亮墓誌

隋史射勿墓誌

躰（體）

北魏元鑒妃吐谷渾墓誌

北魏元鑒妃吐谷渾氏墓誌

東魏閭詳墓誌

唐李抒暨妻盧氏合葬墓銘

躳（躬）

北魏李淑真墓誌

躾（射）

武周李准墓誌

軀

北魏崔承宗造像記

北魏吊比干文

北魏韓顯宗墓誌

北魏鄭長猷造像記

悉

北魏元暉墓誌

東魏慧光法師墓誌

唐李濛墓誌

唐李玄就墓誌

采部

采

隋董美人墓誌

軀

隋張子明墓誌

北魏元引墓誌

北魏元纂墓誌

北魏元信墓誌

北魏王馥墓誌

北齊淳于元皓造像記

後梁山可球造像記

番

北魏元纂墓誌

釋

北魏吊比干文

北魏馮迎男墓誌

北魏于神恩墓誌

北魏元舉（景昇）墓誌

東魏法儀六十人等造像記

北周崔宣靖墓誌

隋□静墓誌

隋橋紹墓誌

隋張喬墓誌

隋夏侯遷墓誌

唐雁塔圣教序

元龍川和尚舍利塔誌

谷部

谷 穀

北魏王仁墓誌

北魏寇演墓誌

北魏劉根等造像記

隋李君妻祖氏墓誌

隋張濤妻李氏墓誌

欲

北魏李頤墓誌

唐賈伯卿墓誌

明郭文光墓誌

谿

唐李譽墓誌

唐張師慶墓誌

豸部

豹

東魏敬使君碑

東魏張略墓誌

唐郭羅善妻陳雪墓誌

貂

北魏元祐墓誌

北魏元𨙸墓誌

北魏元彝墓誌

隋元叡妻張摩子墓誌

貌 皃

武周郭蕩墓誌

南朝宋爨龍顔碑

東魏元湛墓誌

隋楊孝偡墓誌

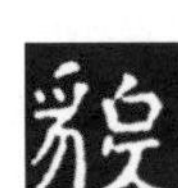
隋高緊墓誌

唐張具瞻墓誌

貔

隋韓智墓誌

龟（龜）部

龜

北魏元彬墓誌

北魏元詮墓誌

北魏寇憑墓誌

北魏元暉墓誌

北魏元謐墓誌

北魏劉根等造像記

北魏元暐墓誌

北魏李劇墓誌

西魏元欽墓誌

北魏石育妻戴氏墓誌

東魏王僧墓誌

東魏敬使君碑

北周拓拔昇墓誌

隋賀若嵩墓誌

隋李叔蘭墓誌

隋王君妻成公氏墓誌

隋元公墓誌

武周崔嘉墓誌

武周王師協暨妻蕭氏墓誌

武周殷平墓誌

唐秦懷道墓誌

唐王伯禮妻丘法主墓誌

唐蘇君妻裴氏墓誌

唐崔渙墓誌

唐袁擇交妻李氏墓誌

唐裴濛墓誌

角部

角

北魏高珪墓誌

斛

北魏元詮墓誌

東魏姬静墓誌

隋張芳墓誌

鮮 解

北魏解伯達造彌勒像記

北魏封魔奴墓誌

北魏韓玫墓誌

北魏慕容纂墓誌

北魏長孫盛墓誌

東魏寇永墓誌

東魏姬静墓誌

東魏杜文雍等十四人造四面佛記

隋蘇慈墓誌

唐麻氏墓誌

解 (解)

北魏鞠彦雲墓誌

北魏張玄墓誌

南朝梁陶遷造四面像

東魏崔混墓誌

東魏郭肇墓誌

北周拓拔昇墓誌

隋張禮暨妻羅氏墓誌

唐皇甫文房墓誌

武周裴敬道墓誌

唐何彦則墓誌

唐沈全交墓誌

唐房承先妻吴氏墓誌

唐房從會墓誌

唐崔儒妻李氏墓誌

唐王全素墓誌

觴

西魏元欽墓誌

隋衙閏墓誌

言部

討

隋史射勿墓誌

託

北魏元彬墓誌

北魏高道悦墓誌

北魏路敬賓造像記

北魏元斑墓誌

東魏杜文雍等十四人造四面佛記

訖

北魏劉根等造像記

訓

南朝宋爨龍顏碑

北魏元昭墓誌

北魏元斑墓誌

隋高緊墓誌

隋長孫汪墓誌

唐袁王妃張氏墓誌

訊

北魏元楨墓誌

唐李潛墓誌

記

北魏封君妻長孫氏墓誌

北魏元誘妻薛伯徽墓誌

隋秦僧迦墓誌

詎

北魏吊比干文

北魏緱光姬墓誌

北齊高善德墓誌

隋楊休墓誌

設

北魏元祐墓誌

北魏元騰墓誌

北魏李媛華墓誌

隋董美人墓誌

唐化度寺塔銘

唐張敦墓誌

訣

北魏高猛妻元瑛墓誌

隋元智妻姬氏墓誌

唐王琳墓誌

評

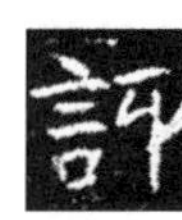
北魏元舉（景昇）墓誌

北魏山徽墓誌

訴 愬

北魏吊比干文

北魏刁遵墓誌

北魏崔敬邕墓誌

唐蕭知義墓誌

唐張具瞻墓誌

唐盧僅妻鄭氏墓誌

詠 咏

東晋爨寶子碑

北魏元緦墓誌

詔

北魏塔基石函銘刻

北魏元偃墓誌

北魏楊乾墓誌

誄

東晉爨寶子碑

北魏高猛妻元瑛墓誌

北魏元邵墓誌

隋陳暉墓誌

詩

元師弼墓誌

誠

南朝宋爨龍顏碑

北魏塔基石函銘刻

北魏鄭長猷造像記

北魏元詮墓誌

隋高緊墓誌

誕

東晉爨寶子碑

北魏元定君墓誌

北魏元誘妻馮氏墓誌

北魏元始和墓誌

北魏寇猛墓誌

北魏元融妃穆氏墓誌

北魏元顯平妻王氏墓誌

北魏封君妻長孫氏墓誌

北魏元誘妻薛伯徽墓誌

北魏于神恩墓誌

北魏元子正墓誌

隋李景亮墓誌

隋田光山妻李氏墓誌

武周崔安敬墓誌

唐狄林墓誌

詮

北魏元詮墓誌

北魏元萇墓誌

北魏李略墓誌

北齊張潔墓誌

詭

北魏元邵墓誌

隋龍藏寺碑

唐張慶則墓誌

詣

北魏杜祖悅墓誌

隋龍藏寺碑

唐康昭墓誌

諍

唐楊行表墓誌

該

北魏元暉墓誌

詳

北魏塔基石函銘刻

唐封泰墓誌

詡

北魏元定君墓誌

誓

東魏趙君妻姜氏墓誌

東魏張略墓誌

隋元叡妻張摩子墓誌

唐鄭弘劼墓誌

誡

北魏石婉墓誌

北魏薛慧命墓誌

東魏崔鴻妻張玉憐墓誌

隋田保洛墓誌

隋獨孤儉墓誌

唐萇氏墓誌

誌 志

魏孟敬訓墓誌

北魏元悛墓誌

北魏元信墓誌

誣

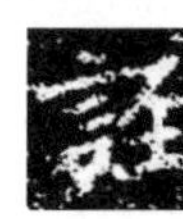
北魏李超墓誌

唐鄭易墓誌

唐李抒暨妻盧氏合葬墓銘

誤

明王齊墓誌

說

北魏吊比干文

北魏李瞻墓誌

東魏杜文雍等十四人造四面佛記

誦

北魏寇憑墓誌

諸

北魏元定君墓誌

北魏元詮墓誌

東魏劉懿墓誌

諾

北魏元曄墓誌

北魏羅宗妻陸蒺藜墓誌

諛

北魏元略墓誌

誰

北魏元暉墓誌

論

北魏寇憑墓誌

調

北魏元暎墓誌

隋元叡墓誌

諂

東魏張略墓誌

諒

北魏王紹墓誌

北魏元曄墓誌

北魏元信墓誌

談

北魏寇憑墓誌

北魏崔鴻墓誌

誼

北魏侯愔墓誌

謀

北魏蘇屯墓誌

東魏崔混墓誌

隋陳暉墓誌

隋蘇慈墓誌

諜

隋元叡墓誌

唐魚本墓誌

唐盧敬彝墓誌

唐裴濛墓誌

唐盧重墓誌

字	出處
諫	北魏弔比干文
諧	北魏高道悦墓誌；北魏元子正墓誌
謔	北魏元泰墓誌；武周崔玄泰墓誌；武周崔釋墓誌
謁	北魏内司楊氏墓誌；北魏孟元華墓誌；北魏王馥墓誌；隋蘇慈墓誌
謂	北魏寇演墓誌
諤	隋陳暉墓誌
諭	隋田光山妻李氏墓誌
諮	北魏常襄妻崔氏墓誌
諱	北魏韓顯宗墓誌；北魏元定君墓誌；北魏元詳墓誌；北魏楊範墓誌；北魏元詮墓誌；北魏王蕃墓誌；北魏元萇墓誌；北魏寇演墓誌；北魏孟元華墓誌；北魏李頣墓誌；北魏于仙姬墓誌；北魏昝雙仁墓誌；北魏楊乾墓誌；北魏元悛墓誌；北魏源延伯墓誌；東魏長孫冏墓碑

講	諝				
 北魏李瞻墓誌  魏元延明墓誌  唐来景暉墓誌  唐郭虛己墓誌	 唐殷善徵墓誌  唐盧克乂墓誌	 北宋劉君墓誌	 唐袁齊墓誌  唐鄭易墓誌  唐李潜墓誌  唐孟珏墓誌	 隋宋文成墓誌  武周董弘墓誌  唐李景由墓誌  唐李濛墓誌	 東魏間詳墓誌  隋高潭墓誌  隋李世洛墓誌  隋李椿妻劉琬華墓誌

謟	謠	謝	謜	謨	
 北魏高猛墓誌	 唐宋祐墓誌	 北魏元引墓誌  北魏楊乾墓誌  隋陳暉墓誌	 唐康昭墓誌	 北魏韓顯宗墓誌  北魏元懌墓誌	 明尹剛墓誌

謗

隋龍藏寺碑

謚

北魏寇臻墓誌

北魏元詮墓誌

北魏元譿墓誌

北魏元昭墓誌

北魏元固墓誌

北魏爾朱紹墓誌

西魏宇文測墓誌

東魏張瓊墓誌

北周武氏皇帝阿史那氏墓誌

唐豆盧軌墓誌

唐郭虚己墓誌

謙

北魏元暉墓誌

北魏元子正墓誌

隋田保洛墓誌

隋楊休墓誌

隋張濤妻李氏墓誌

唐辛謙墓誌

武周崔玄泰墓誌

謐

北魏趙謐墓誌

北魏元謐墓誌

謹

北魏元偃墓誌

魏孟敬訓墓誌

北魏元進墓誌

北魏耿壽姬墓誌

東魏張瓊墓誌

北周寇嶠妻薛氏墓誌

隋仁壽元年舍利塔銘

隋張怦墓誌

隋衙聞墓誌

唐崔珀墓誌

唐孟珏墓誌

元張遇夫妻墓誌

明何際可墓誌

謾

唐鄭舫墓誌

謬

北魏元壽妃麴氏墓誌

北魏于纂墓誌

警

元張弘範墓誌

譙

北魏寇臻墓誌

北魏寇演墓誌

識

東晉王建之墓誌

東晉司馬芳殘碑

北魏吊比干文

北魏王彤墓誌

北魏元顯平妻王氏墓誌

魏孟敬訓墓誌

北魏元昭墓誌

北魏崔鴻墓誌

北魏楊乾墓誌

北齊王惠顒廿人等造像記

唐房承先妻吴氏墓誌

證

北齊文殊般若經碑

譎

北魏元譚墓誌

隋龍藏寺碑

譏

北魏楊乾墓誌

東魏姬静墓誌

譽

北魏寇臻墓誌

北魏元融妃穆氏墓誌

北魏元彦墓誌

北魏堯遵墓誌

北魏賈祥墓誌

北魏高猛妻元瑛墓誌

東魏寇永墓誌

東魏高湛墓誌

東魏張略墓誌

北周寇嶠妻薛氏墓誌

隋董美人墓誌

隋蘇慈墓誌

隋高緊墓誌

護

北魏堯遵墓誌

北魏高道悅墓誌

北魏寇憑墓誌

東魏崔鶼墓誌

東魏張略墓誌

唐来景暉墓誌

唐臧懷亮墓誌

唐張顥妻崔氏墓誌

譯

隋鄭譯墓誌

唐雁塔圣教序

議

北魏嵩高靈廟碑

北魏元萇墓誌

北魏寇憑墓誌

北魏寇演墓誌

北魏元舉（長融）墓誌

北齊文殊般若經碑

譬

北魏楊乾墓誌

北魏元泰墓誌

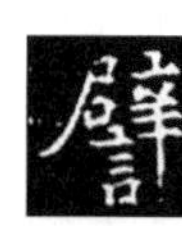
東魏杜文雍等十四人造四面佛記

隋陳遵墓誌

唐伊闕佛龕碑

唐開成石經

譓

北魏元譓墓誌

讃 讚

北魏寇演墓誌

讌 宴

北魏高猛墓誌

識

北齊高善德墓誌

唐李譽墓誌

讒

北魏孟元華墓誌

唐韓孝恭玄堂銘

讓

北魏元鑒妃吐谷渾墓誌

北魏元珽墓誌

北魏元維墓誌

東魏高湛墓誌

東魏張瓊墓誌

東魏杜文雍等十四人造四面佛記

隋楊寬妻韋始華墓誌

隋張子明墓誌

讚（讃）

北魏塔基石函銘刻

北魏元羽墓誌

北魏司馬悅墓誌

北魏刁遵墓誌

讜

北魏元昭墓誌

辛部

辛

北魏李元姜墓誌

北魏山暉墓誌

東魏杜文雍等十四人造四面佛記

隋張子明墓誌

辜

北魏元恭墓誌

唐徐浚墓誌

唐盧行質妻趙氏墓誌

辝（辞 辭）

北魏爾朱紹墓誌

辟（闢）

北魏元暉墓誌

北魏元維墓誌

東魏崔混墓誌

辤（辞 辭）

北魏元賄墓誌

北魏薛慧命墓誌

北魏元天穆墓誌

隋吳素暨妻樊氏墓誌

		辭 （辞 辤 辝）		辨	
 隋賀拔毗沙墓誌	 北魏李頤墓誌	 北魏吊比干文	 西魏元欽墓誌	 北魏李伯欽墓誌	 唐劉中禮墓誌
 北齊高善德墓誌	 北魏于仙姬墓誌	 北魏元楨墓誌	 唐開成石經	 北魏王遺女墓誌	
 明丘妙德墓誌	 北魏元斑墓誌	 北魏元勰墓誌		 北魏元誘妻薛伯徽墓誌	
 明孔彰妻丘氏墓誌	 北魏丘哲墓誌	 北魏元纂墓誌		 北魏楊乾墓誌	
				辯	
		 唐李秀炎墓誌	 隋蕭瑒墓誌	 北魏和邃墓誌	 明劉韶暨妻武氏墓誌
			 唐王美暢墓誌	 北魏元文墓誌	
			 唐李行止墓誌	 東魏高婁斤墓誌	
			 唐郎官石柱記	 隋龍藏寺碑	

八畫

青部

青（青）

北魏高猛妻元瑛墓誌

明何際可墓誌

青（青）

北魏崔鴻墓誌

北魏崔鴻墓誌

北魏元子正墓誌

静（静）

北魏寇演墓誌

北魏楊璉墓誌

北魏楊乾墓誌

北魏元固墓誌

東魏姬静墓誌

隋龍藏寺碑

隋董美人墓誌

武周殷平墓誌

靜（静）

北魏元謐墓誌

卓部

乹（乾）

北魏張正子父母鎮墓石

北魏寇臻墓誌

北魏元詳墓誌

北魏元光墓誌

北魏楊乾墓誌

北魏穆景胄墓誌

唐魏基妻王淑墓誌

乾（乹）

北魏高宗嬪耿氏墓誌

北魏崔鴻墓誌

北魏楊乾墓誌

戟

北魏王壽德墓誌

東魏敬使君碑

隋楊孝偡墓誌

隋楊紀墓誌

隋宋文成墓誌

朝

北魏韓顯宗墓誌
北魏張整墓誌
北魏元演墓誌
北魏何伯超墓誌
北魏元懷墓誌
北魏寇憑墓誌
北魏元暉墓誌
北魏元賄墓誌
北魏李媛華墓誌
北魏李頤墓誌
北魏崔鴻墓誌
北魏丘哲墓誌
北魏穆紹墓誌
北魏元爽墓誌
東魏姬静墓誌
東魏郭肇墓誌
隋口徹墓誌
唐魚本墓誌

幹 榦

北魏元羽墓誌
北魏元思墓誌
北魏長孫瑱墓誌
北魏馮迎男墓誌
北魏元周安墓誌
北魏張玄墓誌
北魏韓震墓誌
隋楊孝偡墓誌
唐孫藏墓誌
唐盧元福墓誌

榦 幹

北魏元天穆墓誌
北魏元鑽遠墓誌
唐崔嗣墓誌
唐高力牧墓誌

翰

北魏元弼墓誌
北魏元顯儁墓誌
北魏王普賢墓誌
北魏王壽德墓誌
西魏元欽墓誌
北魏張玄墓誌
東魏杜法師墓誌
東魏崔混墓誌

東魏高湛墓誌

隋蕭瑒墓誌

武周殷平墓誌

韓

北魏元顯平妻王氏墓誌

北魏元暉墓誌

北魏王壽德墓誌

北魏鞠彥雲墓誌

北魏韓玫墓誌

東魏張略墓誌

東魏郭肇墓誌

北周拓拔昇墓誌

隋楊休墓誌

唐趙仁本墓誌

明張淮墓誌

雨部

雨

東魏崔混墓誌

雪

北魏李元姜墓誌

北魏封君妻長孫氏墓誌

東魏郭肇墓誌

武周崔嘉墓誌

雲 云

南朝宋爨龍顏碑

北魏韓顯宗墓誌

北魏元羽墓誌

北魏寇憑墓誌

北魏元寶月墓誌

東魏崔混墓誌

東魏姬静墓誌

北齊口道明墓誌

電

北魏高道悅墓誌

北魏元譿墓誌

雷

北魏元騰墓誌

零

北魏緱光姬墓誌

北魏元固墓誌

東魏杜文雍等十四人造四面佛記

霛（靈）

隋楊异墓誌

隋李椿妻劉琬華墓誌

唐楊徹墓誌

唐徐師墓誌

唐崔君妻盧氏墓誌

唐李誠墓誌

唐劉干墓誌

震

東晉爨寶子碑

北魏楊大眼造像記

北魏元詮墓誌

北魏元暉墓誌

唐孟玨墓誌

霄

北魏元楨墓誌

北魏元緒墓誌

北魏張玄墓誌

北魏高樹生墓誌

唐盧侄妻鄭氏墓誌

霏

東魏崔混墓誌

霍

北魏元子正墓誌

霜

南朝宋爨龍顏碑

北魏劉阿素墓誌

北魏程暐墓誌

北魏元昭墓誌

東魏崔混墓誌

東魏姬静墓誌

霞

北魏元演墓誌

北魏元彦墓誌

北魏元萇墓誌

東魏崔混墓誌

隋口静墓誌

隋董美人墓誌

隋田德墓誌

唐化度寺塔銘

霣

北魏高道悅墓誌

北魏高貞墓碑

北魏王翊墓誌

北魏元文墓誌

霧

北魏元詮墓誌

東魏高湛墓誌

北周拓拔昇墓誌

霸 覇

東魏敬使君碑

北周韋彪墓誌

唐李覽墓誌

唐郭虛己墓誌

露

北魏弔比干文

北魏元緒墓誌

北魏楊䞇墓誌

北魏李淑真墓誌

北魏緱光姬墓誌

東魏崔混墓誌

東魏張略墓誌

隋鞏賓墓誌

隋鞏賓墓誌

隋元惠墓誌

霽

北魏元緒墓誌

靈 霊

北魏張正子父母鎮墓石

北魏嵩高靈廟碑

北魏穆亮墓誌

北魏元弘嬪侯氏墓誌

北魏元始和墓誌

北魏元顯平妻王氏墓誌

北魏元詮墓誌

北魏高宗嬪耿氏墓誌

北魏李璨蘭墓誌

北魏寇憑墓誌

北魏司馬顯姿墓誌

北魏李淑真墓誌

北魏程暐墓誌

北魏元倪墓誌

北魏元誘妻薛伯徽墓誌

北魏高猛妻元瑛墓誌

北魏李頤墓誌

北魏于仙姬墓誌

北魏崔鴻墓誌

北魏元洛神墓誌

北魏源模墓誌

北魏山徽墓誌

北魏寇霄墓誌

北魏元文墓誌

北魏宋靈妃墓誌

東魏王僧墓誌

東魏高湛墓誌

東魏閭伯昇暨妻元仲英墓誌

東魏杜文雍等十四人造四面佛記

隋賀蘭祥妻劉氏墓誌

隋源剛墓誌

隋楊寬妻韋始華墓誌

隋董美人墓誌

隋仁壽元年舍利塔銘

隋劉淵墓誌

隋史射勿墓誌

隋張喬墓誌

隋姚太暨妻袁氏墓誌

唐化度寺塔銘

唐淳于武斌暨妻左氏墓誌

武周李師墓誌

明宋榮墓誌

非部

非

北魏寇臻墓誌

北魏元彥墓誌

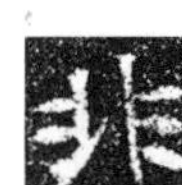
東魏崔混墓誌

東魏高湛墓誌

隋張通墓誌

悲

北魏劉華仁墓誌

北魏元引墓誌

北魏李媛華墓誌

東魏高湛墓誌

東魏閭伯昇暨妻元仲英墓誌

東魏張略墓誌

東魏張略墓誌

裴

武周裴敬道墓誌

輩

輩

北魏元誘妻薛伯徽墓誌

齒（齒）部

齒

北魏高貞墓碑

西魏元欽墓誌

隋皇甫忍墓誌

隋張濤妻李氏墓誌

隋田光山妻李氏墓誌

唐崔鏞墓誌

齔

北魏趙光墓誌

北魏楊乾墓誌

北魏元壽安墓誌

北魏元固墓誌

北魏元瞻墓誌

東魏慧光法師墓誌

隋田保洛墓誌

唐元鏞妻王氏墓誌

齡

北魏元定君墓誌

北魏王遇墓誌

魏安樂王第三子給事君妻韓氏墓誌

北魏緱光姬墓誌

北魏元誘妻薛伯徽墓誌

北魏于仙姬墓誌

北魏昝雙仁墓誌

北魏源模墓誌

東魏寇永墓誌

隋張禮暨妻羅氏墓誌

隋薛保興墓誌

隋宋文成墓誌

齠

北魏王紹墓誌

北魏元進墓誌

北魏趙光墓誌

北魏高貞墓碑

北魏賈祥墓誌

北魏楊乾墓誌

北魏王馥墓誌

北周寇嶠妻薛氏墓誌

唐朱令節墓誌

黽（黽）部

黿

西魏元欽墓誌

鼃

唐張慶則墓誌

隹部

雋

唐齊鄯墓誌

隻

隋元叡妻張摩子墓誌

雄

北魏司馬悅墓誌

北魏王皓墓誌

北魏元萇墓誌

北魏王壽德墓誌

北魏高廣墓誌

隋張芳墓誌

明張准墓誌

集

魏孟敬訓墓誌

北魏杜祖悅墓誌

北魏元洛神墓誌

東魏高湛墓誌

雒

北魏冠軍將軍妻劉氏墓誌

北魏王蕃墓誌

隋韋君妻元咳女墓誌

雖

北魏吊比干文

北魏韓顯宗墓誌

北魏元演墓誌

北魏高道悅墓誌

北魏寇演墓誌

北魏王遺女墓誌

北魏于仙姬墓誌

北魏昝雙仁墓誌

雜	鶵 雛	雞	瞿		
 北魏高道悅墓誌  北魏元維墓誌  隋史崇基墓誌  唐陽玄基墓誌	 北魏元子正墓誌  唐陽玄基墓誌	 隋元叡墓誌	 唐嚴觀墓誌	 北魏張寧墓誌  東魏元湛墓誌  隋張濤妻李氏墓誌	 北魏崔鴻墓誌  北魏元憙墓誌  北魏高廣墓誌  北魏元醜仁墓誌

	難	雍 雝			離
 北魏程暐墓誌  北魏崔鴻墓誌  北魏元洛神墓誌  東魏杜文雍等十四人造四面佛記	 北魏吊比干文  北魏王紹墓誌  北魏元暉墓誌  北魏馮迎男墓誌	 北魏韓顯宗墓誌  北魏元天穆墓誌	 隋口静墓誌  北齊高善德墓誌	 北魏高貞墓碑  北魏緱光姬墓誌  北魏寇治墓誌  東魏杜文雍等十四人造四面佛記	 東漢永建五年食堂刻石  北魏吊比干文  北魏元詮墓誌  魏安樂王第三子給事君妻韓氏墓誌

阪	厄 阨		阜		
 唐等慈寺碑	 唐盧克乂墓誌	 唐伊阙佛龕碑	 北魏元暉墓誌  北魏緱光姬墓誌  北魏元懌墓誌  東魏敬使君碑	**阜（阝左）部**	 隋王君妻成公氏墓誌  明孔彰墓誌

陌	陋	陀	附	阻	阿
 北魏高猛妻元瑛墓誌	 北魏何伯超墓誌	 北魏元徽墓誌	 北魏元彬墓誌  北魏劉根等造像記	 北魏元進墓誌	 北周武氏皇帝阿史那氏墓誌

降

北魏寧陵公主墓誌

北魏王紹墓誌

北魏元祐墓誌

北魏韓玫墓誌

北魏元誘妻薛伯徽墓誌

北魏高猛妻元瑛墓誌

北魏世宗宣武皇帝嬪李氏墓誌

北魏元斑墓誌

北魏賀收墓誌

北魏元洛神墓誌

東魏崔混墓誌

東魏高湛墓誌

東魏郭肇墓誌

隋高潭墓誌

隋裴遺業墓誌

隋陳叔興墓誌

隋元公墓誌

陔

唐魚本墓誌

限

北魏高道悅墓誌

東魏姬静墓誌

陛

北魏劉根等造像記

東魏郭肇墓誌

東魏杜文雍等十四人造四面佛記

陟

北魏吊比干文

北魏寇猛墓誌

北魏緱光姬墓誌

東魏崔混墓誌

隋鞏賓墓誌

升 陞

隋宫人何氏墓誌

除

北魏元偃墓誌

北魏元偃墓誌

北魏太妃侯造像記

北魏寇演墓誌

（續）

北魏公孫猗墓誌

北魏李頤墓誌

東魏張略墓誌

陸

北魏吊比干文

北魏司馬悅墓誌

北魏高貞墓碑

北魏李媛華墓誌

北魏元固墓誌

陵

北魏吊比干文

北魏牛橛造像記

北魏元彬墓誌

北魏元詮墓誌

北魏何伯超墓誌

北魏元暉墓誌

北魏劉阿素墓誌

北魏元謐墓誌

北魏元悛墓誌

隋張濤妻李氏墓誌

武周李知本墓誌

唐宮人墓誌

陬

北周崔宣靖墓誌

陳

北魏高貞墓碑

隋田光山妻李氏墓誌

陲

明顏玉墓誌

陰 隂

北魏吊比干文

北魏元羽墓誌

北魏元始和墓誌

北魏王壽德墓誌

北魏丘哲妻鮮于仲兒墓誌

北魏元周安墓誌

北魏唐耀墓誌

北周叱羅招男墓誌

隋李叔蘭墓誌

隋楊君後夫人李氏墓誌

隋長孫汪墓誌

唐李譽墓誌

（陰）

唐姚彝墓誌

唐李潛墓誌

陶

北魏元新成妃李氏墓誌

北魏唐耀墓誌

西魏元欽墓誌

南朝梁陶遷造四面像

東魏郭肇墓誌

唐等慈寺碑

唐劉娘子墓誌

唐皇甫文房墓誌

唐淳于武斌暨妻左氏墓誌

唐李正本墓誌

唐魏喆妻盧氏墓誌

唐鄭忠佐墓誌

陷

北周寇熾墓誌

隋龍藏寺碑

唐契苾夫人墓誌

唐盧佋墓誌

陪

唐裴向墓誌

隋

北魏高道悅墓誌

北周乙弗紹墓誌

隋梁暄墓誌

隋元叡墓誌

隋韓智墓誌

隋元叡妻張摩子墓誌

隋蘇慈墓誌

隋宮人李氏墓誌

隋田光山妻李氏墓誌

隋麻君妻龐畏孃墓誌

隋蕭球墓誌

唐牛崇墓誌

唐陳尚仙墓誌

唐郭虛己墓誌

陽

北魏吊比干文

北魏元簡墓誌

北魏韓顯宗墓誌

北魏李伯欽墓誌

北魏元鸞墓誌

北魏元詳墓誌

北魏楊範墓誌

北魏元萇墓誌

北魏寇演墓誌

北魏楊璉墓誌

北魏程暐墓誌

北魏李媛華墓誌

北魏秦洪墓誌

北魏元悛墓誌

北魏王馥墓誌

東魏閭詳墓誌

唐張運才墓誌

隅

武周殷平墓誌

隂 陰

北魏元始和墓誌

北魏元引墓誌

北魏崔鴻墓誌

唐楊徹墓誌

唐盧偓妻鄭氏墓誌

隆

東晉爨寶子碑

北魏塔基石函銘刻

北魏崔承宗等造像記

北魏元彬墓誌

北魏趙謐墓誌

北魏比丘惠感造像記

北魏李伯欽墓誌

北魏元思墓誌

北魏元顯平妻王氏墓誌

北魏崔敬邕墓誌

北魏元珽妻穆玉容墓誌

北魏趙光墓誌

北魏司馬顯姿墓誌

北魏元謐墓誌

北魏劉根等造像記

北魏緱光姬墓誌

北魏王誦墓誌

北魏慕容纂墓誌

北魏元誨墓誌

北魏元醜仁墓誌

北魏元恭墓誌

北周寇熾墓誌

隋侗聞墓誌

隋張濤妻李氏墓誌

隆
- 明朱訏滐壙誌
- 明趙珙暨妻甄氏墓誌
- 明張調元墓誌
- 清楊俊傑墓誌

隔
- 北魏元暐墓誌
- 北魏于景墓誌
- 唐朱和妻南宮氏墓誌

隙 （隟）
- 北魏源模墓誌
- 明張香墓誌

隘
- 北魏吊比干文

隱
- 北魏高慧造彌勒像銘
- 北魏元暐墓誌
- 北魏王馥墓誌
- 隋李世洛墓誌

際
- 北魏嵩高靈廟碑
- 北魏高道悅墓誌
- 北魏王壽德墓誌
- 北魏元昭墓誌
- 北魏元暐墓誌
- 北魏元周安墓誌
- 東魏高湛墓誌
- 北齊文殊般若經碑
- 隋蘇慈墓誌
- 武周殷平墓誌

隟 （隙）
- 北魏元瞻墓誌
- 隋李景亮墓誌
- 唐李宙妻盧氏墓誌

隨
- 北魏吊比干文
- 北魏司馬悅墓誌
- 北魏寇憑墓誌
- 北魏元子正墓誌
- 東魏公孫略墓誌
- 北周寇嶠妻薛氏墓誌
- 北周梁嗣鼎墓誌
- 唐張慶則墓誌
- 唐曹萬頤妻張氏墓誌

隤

唐張慶則墓誌

隣 鄰

北魏寇演墓誌

北魏元曄墓誌

隋韓智墓誌

隋衙聞墓誌

隋高嗣墓誌

唐楊行表墓誌

隧

北魏元楨墓誌

北魏辛祥妻李慶容墓誌

隋董美人墓誌

武周崔嘉墓誌

險

北魏元緒墓誌

北魏元過仁墓誌

明鄧益謙墓誌

隰

北魏元邔墓誌

隱

北魏李瑧蘭墓誌

北魏元懌墓誌

北魏元壽安墓誌

北魏元瞻墓誌

西魏元欽墓誌

北魏元天穆墓誌

東魏劉目連造像記

唐等慈寺碑

唐雁塔圣教序

唐張慶則墓誌

唐崔安儼墓誌

明劉韶暨妻武氏墓誌

隴

北魏何伯超墓誌

北魏緱光姬墓誌

北魏元均之墓誌

北魏王馥墓誌

隋李叔蘭墓誌

唐郭良墓誌

金部

金

東晉爨寶子碑

北魏寇臻墓誌

北魏楊璉墓誌

北魏元纂墓誌

北魏胡明相墓誌

北魏元悛墓誌

北魏爾朱紹墓誌

北魏爾朱紹墓誌

北魏元恭墓誌

西魏劉阿倪提墓誌

東魏崔混墓誌

隋□静墓誌

隋高緊墓誌

隋高嗣墓誌

針

東魏杜文雍等十四人造四面佛記

釭

北魏元詮墓誌

鉅 巨

北魏王馥墓誌

北魏元醜仁墓誌

鈴

唐楊行表墓誌

欽

北魏韓顯宗墓誌

北魏李伯欽墓誌

北魏元誘妻薛伯徽墓誌

東魏姬静墓誌

鈎

唐李行止墓誌

鉞

北魏元嵩墓誌

北魏元顯平妻王氏墓誌

北魏丘哲墓誌

鈿

北魏李媛華墓誌

鉉

北魏元羽墓誌

北魏元纂墓誌

銅

北魏元固墓誌

鉤

北魏王馥墓誌

銓

北魏王遇墓誌

北魏高道悅墓誌

北魏元暉墓誌

北魏元瞻墓誌

明王齊墓誌

銘

北魏元弼墓誌

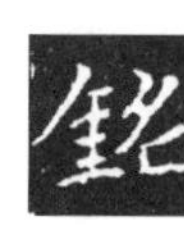
北魏韓顯宗墓誌

北魏韓顯宗墓誌

北魏元定君墓誌

北魏元羽墓誌

北魏元弘嬪侯氏墓誌

北魏楊範墓誌

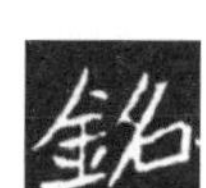
北魏王蕃墓誌

北魏王皓墓誌

北魏封君妻長孫氏墓誌

北魏張問墓誌

北魏元纂墓誌

北魏元固墓誌

東魏郭肇墓誌

東魏郭肇墓誌

東魏隗天念墓誌

隋鞏賓墓誌

隋張怦墓誌

隋高緊墓誌

隋張衡墓誌

隋秦僧迦墓誌

銀

北魏丘哲妻鮮于仲兒墓誌

北魏丘哲墓誌

銷

隋張怦墓誌

鋤

明尹倫墓誌

鋗

唐齊鄿墓誌

鋒

北魏穆紹墓誌

北周元壽安妃盧蘭墓誌

鋭

北魏元祐墓誌

隋元公墓誌

錯

北魏嵩高靈廟碑

東魏公孫略墓誌

錢

北魏王皓墓誌

錫

北魏元楨墓誌

北魏韓顯宗墓誌

北魏元定君墓誌

北魏趙謐墓誌

北魏元懷墓誌

北魏緱光姬墓誌

北魏于神恩墓誌

隋盧文機墓誌

錦

北魏元緒墓誌

北魏寇演墓誌

録

東晉爨寶子碑

北魏楊恩墓誌

北魏元萇墓誌

北魏刁遵墓誌

北魏楊璉墓誌

北魏李略墓誌

東魏張瓊墓誌

唐程綱墓誌

鑒 鑒

北魏寇臻墓誌

北魏元彦墓誌

北魏高道悦墓誌

北魏緱光姬墓誌

隋鞏賓墓誌

隋田光山妻李氏墓誌

唐張運才墓誌

唐申屠踐忠墓誌

鍔

唐魏基妻王淑墓誌

鍾

北魏元壽妃麴氏墓誌

北魏元詮墓誌

魏孟敬訓墓誌

北魏崔敬邕墓誌

北魏元誘妻薛伯徽墓誌

北魏元泰墓誌

鎮

北魏元楨墓誌

北魏元楨墓誌

北魏元偃墓誌

北魏李伯欽墓誌

北魏寇臻墓誌

北魏何伯超墓誌

北魏元萇墓誌

北魏元譿墓誌

北魏封君妻長孫氏墓誌

北魏劉滋墓誌

北魏叔孫協墓誌

北魏李媛華墓誌

東魏崔混墓誌

東魏姬静墓誌

東魏張略墓誌

隋蘇慈墓誌

隋段摸墓誌

唐楊温墓誌

遼韓君墓誌

鎸

北魏元過仁墓誌

北魏元略墓誌

北魏王馥墓誌

東魏杜文雍等十四人造四面佛記

北周拓拔昇墓誌

唐曹萬頤妻張氏墓誌

鎩

東魏崔混墓誌

鎖

北魏元天穆墓誌

鏗

北魏元煥墓誌

鏤

北魏元簡墓誌

北魏楊胤墓誌

北魏堯遵墓誌

北魏元昭墓誌

北魏賈祥墓誌

鏕

北魏程暐墓誌

北魏秦洪墓誌

北魏韓震墓誌

北魏元醜仁墓誌

唐陳燭墓誌

鏡

北魏元鑒妃吐谷渾墓誌

北魏高道悅墓誌

北魏楊璉墓誌

北魏叔孫協墓誌

北魏高猛妻元瑛墓誌

隋衙闡墓誌

唐韋微妻裴氏墓誌

鏑

北周元壽安妃盧蘭墓誌

鏘

東晉爨寶子碑

北魏元煥墓誌

鑄

北魏元暉墓誌

北魏劉根等造像記

北魏元固墓誌

武周殷平墓誌

鑒 鑑

北魏元暉墓誌

鏽

唐元鏽妻王氏墓誌

鐵

北魏元昭墓誌

唐伊闕佛龕碑

鐙

隋董美人墓誌

鐔

唐張慶則墓誌

鑣

北魏崔敬邕墓誌

鑪

北魏王馥墓誌

隋元公墓誌

鑽

北魏元龍墓誌

鑿

唐等慈寺碑

唐等慈寺碑

唐鄭舫墓誌

鱼（魚）部

魚

北魏寇演墓誌

北魏李頤墓誌

唐魏基妻王淑墓誌

唐封泰墓誌

唐魚本墓誌

唐盧士玫墓誌

唐王嗣本墓誌

唐鄭魴墓誌

唐鄭魴墓誌

唐崔立方妻李氏墓誌

魯

北魏元懷墓誌

北魏張猛龍碑

北魏薛慧命墓誌

東魏崔混墓誌

唐張慶則墓誌

唐齊瓛墓誌

魴

唐鄭魴墓誌

鮑

北魏高道悅墓誌

北魏元昭墓誌

鮫

東魏崔混墓誌

東魏崔混墓誌

鮮

北魏元萇墓誌

北魏崔鴻墓誌

唐陶貢妻裴氏墓誌

北宋安崇禮墓誌

鯁

東魏敬使君碑

鯨

北魏楊大眼造像記

東魏敬使君碑

唐王琳墓誌

鰲

東魏敬使君碑

鰥

北魏元昭墓誌

隋元公墓誌

唐王琳墓誌

唐王全素妻李氏墓誌

鱗

北魏元緒墓誌

北魏元暐墓誌

北魏高貞墓碑

北魏元固墓誌

唐朱令節墓誌

鱣

唐劉中禮墓誌

鱛

北魏李頤墓誌

隶部

隸（隸）

隋李叔蘭墓誌

隋李世洛墓誌

唐朱令節墓誌

北宋宋可度墓誌

明鄧鶴母王氏墓誌

隸（隸）

北魏寇猛墓誌

北魏王普賢墓誌

北魏寇憑墓誌

北魏于纂（岐州刺史）墓誌

隋張通墓誌

北齊高善德墓誌

唐豆盧軌墓誌

唐陳阿胡墓誌

唐崔君妻盧氏墓誌

唐裴諝妻盧華墓誌

唐李收墓誌

唐韓憬妻李氏墓誌

明王彧墓誌

明劉韶暨妻武氏墓誌

九畫

革部

革

北魏元羽墓誌

北魏寇臻墓誌

北魏元緒墓誌

北魏高道悦墓誌

北魏王馥墓誌

隋孫高墓誌

唐楊行表墓誌

明孔彰墓誌

勒

北魏牛橛造像記

北魏元楨墓誌

北魏高慧造彌勒像銘

北魏元詳造像記

北魏比丘惠感造像記

北魏太妃侯造像記

北魏寇臻墓誌

北魏馮會墓誌

北魏高猛墓誌

北魏元文墓誌

南朝梁陶遷造四面像

唐孫欽墓誌

北宋郭朝威墓誌

明黄鐘妻白氏墓誌

明顔玉墓誌

清徐選墓誌

靶

唐郊王細人高淑儉墓誌

鞑

北魏長孫盛墓銡

鞏

北魏寧陵公主墓誌

北周乙弗紹墓誌

唐崔紹妻盧氏墓誌

唐崔元夫墓誌

鞍

東魏姬静墓誌

鞞

北魏元龍墓誌

鞠（鞠）

北周寇嶠妻薛氏墓誌

唐韋微妻裴氏墓誌

鞮

北魏元保洛墓誌

唐楊行表墓誌

鞫（鞠）

唐楊行表墓誌

鞶

隋蔡君妻張貴男墓誌

隋李静訓墓誌

唐韋微妻裴氏墓誌

韁

北魏吊比干文

骨部

骨

北魏元弘嬪侯氏墓誌

北魏韓玫墓誌

北魏元洛神墓誌

骸

北魏元昵墓誌

髓（髓）

北魏張安姬墓誌

唐郭虚己墓誌

髓（髓）

唐八关齋會報德記

體（躰）

北魏吊比干文

北魏元懷墓誌

北魏穆纂墓誌

北魏李媛華墓誌

體

北魏元璨墓誌

北魏元寶月墓誌

北魏元寶月墓誌

北魏崔鴻墓誌

北魏邢巒妻元純陀墓誌

北魏赫連悅墓誌

東魏郭肇墓誌

香部

香

北魏比丘尼慈香慧政造窟記

北魏苟景墓誌

馛

北魏石婉墓誌

馥

北魏吊比干文

北魏趙謐墓誌

北魏冠軍將軍妻劉氏墓誌

北魏元詮墓誌

北魏吐谷渾璣墓誌

北魏劉阿素墓誌

北魏劉華仁墓誌

北魏王馥墓誌

北魏元徽墓誌

北魏宋靈妃墓誌

唐郭功墓誌

馨

北魏元楨墓誌

北魏元定君墓誌

北魏元泰安墓誌

北魏元緒墓誌

北魏元廣墓誌

東魏張瓊墓誌

北宋閻光度墓誌

鬼部

鬼

北魏吊比干文

北魏元倪墓誌

北齊張潔墓誌

唐郭遠墓誌

魂

- 北魏吊比干文
- 北魏元演墓誌
- 北魏楊璉墓誌
- 北魏元倪墓誌
- 隋宋胡墓誌
- 後唐張文寶墓誌

魁

- 北魏王壽德墓誌
- 武周崔安敬墓誌
- 唐執失善光墓誌
- 唐楊忠梗墓誌

魅

- 北魏張正子父母鎮墓石

魏

- 南朝宋爨龍顏碑
- 北魏崔承宗等造像記
- 北魏元祥造像記
- 北魏元偃墓誌
- 北魏元定君墓誌
- 北魏寇臻墓誌
- 北魏寇臻墓誌
- 北魏鄭先生夫人墓誌
- 北魏元思墓誌
- 北魏元壽妃麴氏墓誌
- 北魏石婉墓誌
- 北魏楊範墓誌
- 北魏元詮墓誌
- 北魏何伯超墓誌
- 北魏張永墓誌
- 北魏王皓墓誌
- 北魏高道悅墓誌
- 北魏寇演墓誌
- 北魏寇演墓誌
- 北魏比丘尼慈香慧政造窟記
- 北魏高貞墓碑
- 北魏元隱墓誌
- 北魏李媛華墓誌
- 北魏李頤墓誌
- 北魏路敬賓造像記
- 北魏元斑墓誌
- 北魏于景墓誌
- 北魏于神恩墓誌
- 北魏穆景冑墓誌
- 北魏李略墓誌
- 北魏張玄墓誌
- 北魏元項墓誌

北魏李林墓誌

東魏寇永墓誌

東魏法儀六十人等造像記

東魏郭肇墓誌

東魏張瓊墓誌

隋梁坦墓誌

隋蘇慈墓誌

隋王君妻成公氏墓誌

魎

北魏張正子父母鎮墓石

魍

北魏張正子父母鎮墓石

魑

北魏張正子父母鎮墓石

食（飠）部

食

北魏元謐墓誌

北魏元懌墓誌

北周元壽安妃盧蘭墓誌

隋龍藏寺碑

飢

北魏元詮墓誌

飭

明杜俊妻尹氏墓誌

飲

北魏元緒墓誌

隋張怦墓誌

飾 餝

唐李嚳墓誌

唐李君妻裴氏墓誌

唐孫欽墓誌

餁

明董母王孺人墓誌

餇

北魏元楨墓誌

餝（飾）

北魏王紹墓誌

北魏高照容墓誌

北魏元謐墓誌

餘

北魏韓顯宗墓誌

北魏崔鴻墓誌

北魏丘哲墓誌

東魏崔混墓誌

隋口徹墓誌

餕

唐裴君妻盧氏墓誌

餽（饋）

唐李昂墓誌

餼

北魏元詮墓誌

饉

北魏元詮墓誌

北魏元壽安墓誌

饗

北魏張正子父母鎮墓石

饒

北魏王昌墓誌

北魏張猛龍碑

北魏于仙姬墓誌

北魏崔鴻墓誌

隋蘇慈墓誌

北宋張曙墓誌

饋 餽

唐韓憬妻李氏墓誌

饘

隋李叔蘭墓誌

音部

音

北魏崔鴻墓誌

章

北魏元詳墓誌

北魏李頤墓誌

竟

北魏比丘惠感造像記

北魏楊乾墓誌

北魏元略墓誌

隋淳于儉墓誌

唐契苾夫人墓誌

韶

北魏元始和墓誌

北魏元緒墓誌

北魏羅宗墓誌

北魏元懌墓誌

隋宮人元氏墓誌

唐化度寺塔銘

韺

唐盧燕墓誌

韻

北魏吊比干文

北魏元暉墓誌

響

東晉爨寶子碑

北魏元楨墓誌

北魏始平公造像記

北魏元羽墓誌

北魏元緒墓誌

北魏元詮墓誌

北魏寇憑墓誌

北魏羅宗墓誌

北魏元譿墓誌

北魏司馬顯姿墓誌

北魏元隱墓誌

北魏李媛華墓誌

北魏李略墓誌

北魏韓震墓誌

北魏元顥墓誌

東魏杜文雍等十四人造四面佛記

首部

首

唐崔凝墓誌

馘

武周殷平墓誌

十畫

髟部

髦

北魏元隱墓誌

北魏楊濟墓誌

北魏元瑱墓誌

隋楊孝偡墓誌

唐郭素絜墓誌

髣

北魏緱光姬墓誌

北魏韓震墓誌

隋封子繪妻王楚英墓誌

隋李静訓墓誌

髮 發

北魏弔比干文

魏孟敬訓墓誌

北魏元隱墓誌

北魏元悌墓誌

北魏元鑒妃吐谷渾氏墓誌

東魏元朗墓誌

北周元壽安妃盧蘭墓誌

隋李静訓墓誌

隋施太妃墓誌

隋史射勿墓誌

武周李師墓誌

唐秦懷道墓誌

唐李行淹墓誌

髴

北魏緱光姬墓誌

北魏韓震墓誌

隋李静訓墓誌

髫

北魏司馬顯姿墓誌

隋李静訓墓誌

武周張思寶墓誌

唐元鏞妻王氏墓誌

唐曹萬頤妻張氏墓誌

鬚 須

北魏元瞻墓誌

鬟

隋董美人墓誌

鬢

東魏元朗墓誌

隋宮人蕭氏墓誌

鬣

唐魚本墓誌

唐崔安儼妻李氏墓誌

鬲部

融

北魏元簡墓誌

北魏李蕤墓誌

北魏寇臻墓誌

北魏元萇墓誌

北魏崔敬邕墓誌

北魏寇演墓誌

北魏楊乾墓誌

唐朱令節墓誌

唐封泰墓誌

翮

東晉爨寶子碑

北魏元譿墓誌

北魏程暐墓誌

東魏崔混墓誌

高部

高

南朝宋爨龍顏碑

北魏元簡墓誌

北魏楊暐墓誌

十一畫

黃部

黃

東晉爨寶子碑

北魏元暉墓誌

北魏趙光墓誌

北魏李媛華墓誌

北魏崔鴻墓誌

北魏崔鴻墓誌

北魏王翊墓誌

東魏高盛墓碑

東魏崔混墓誌

唐張慶則墓誌

武周崔嘉墓誌

武周崔嘉墓誌

唐崔渙墓誌

麻部

麻

北魏何伯超墓誌

北魏高猛妻元瑛墓誌

摩

隋□徹墓誌

磨

北魏劉阿素墓誌

靡

北魏吊比干文

北魏元澄妃李氏墓誌

北魏趙光墓誌

唐鄭寶貴墓誌

魔

隋龍藏寺碑

鹿部

鹿

北魏元龍墓誌

隋劉世恭墓誌

隋夏侯遷墓誌

鄜

唐段夫人墓誌

麈

北魏魯普墓誌

北魏元彬墓誌

北魏江文遥母吴氏墓誌

北魏元謐墓誌

北魏元洛神墓誌

北魏苟景墓誌

東魏高湛墓誌

隋王紹先墓誌

隋鞏賓墓誌

隋高緊墓誌

麓

北魏高猛墓誌

麗

北魏吊比干文

北魏元誘妻馮氏墓誌

北魏楊大眼造像記

北魏元嵩墓誌

魏安樂王第三子給事君妻韓氏墓誌

北魏高猛妻元瑛墓誌

北魏元斑墓誌

北魏元洛神墓誌

北魏元子永墓誌

東魏長孫冏墓碑

隋鞏賓墓誌

隋梁瓌墓誌

唐郭羅善妻陳雪墓誌

唐崔立方妻李氏墓誌

唐楊乘墓誌

麒

北魏元顯平妻王氏墓誌

麟					
 北魏韓顯宗墓誌  北魏元顯平妻王氏墓誌  唐樊氏六娘七娘九娘墓誌  唐樊氏六娘七娘九娘墓誌	 唐徐君妻郄氏墓誌				

十二畫

鼎部

鼎

北魏元羽墓誌

北魏元緒墓誌

北魏元遥墓誌

北魏元遥墓誌

北魏王遺女墓誌

北魏元過仁墓誌

北周宇文業暨妻周氏墓誌

北周韋彪墓誌

隋鞏賓墓誌

隋楊异墓誌

隋蘇慈墓誌

隋元惠墓誌

隋元公墓誌

唐高仫來墓誌

唐楊行表墓誌

武周崔嘉墓誌

武周殷平墓誌

唐陳尚仙墓誌

唐陳尚仙墓誌

唐王承鼎墓誌

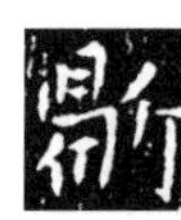
唐呂崇一墓誌

唐王駕墓誌

明宋榮墓誌

明喬應科墓誌

鼐

明宋榮墓誌

黑部

墨

北魏元誘妻薛伯徽墓誌

默

北魏吊比干文

北魏王紹墓誌

北魏賈祥墓誌

北魏元瞻墓誌

北魏丘哲墓誌

東魏王僧墓誌

東魏張略墓誌

唐李毅墓誌

黔

北魏吊比干文

北魏元楨墓誌

北魏楊璉墓誌

北魏元昭墓誌

隋李世洛墓誌

點

東晋筆陣圖

北魏元維墓誌

黜

北魏于纂墓誌

東魏元湛墓誌

黛

北魏李元姜墓誌

唐邠王細人高淑儉墓誌

黠

唐石獎墓誌

黨

北魏元昭墓誌

北魏宋虎墓誌

西魏辛術墓誌

隋高嗣墓誌

武周崔玄泰墓誌

明杜俊妻尹氏墓誌

黮

唐等慈寺碑

黯

北魏王紹墓誌

黍部

黍

北齊高建妻王氏墓誌

十三畫

鼓部

鼓 鼓

北魏張安姬墓誌

北魏元天穆墓誌

東魏李挺妻劉幼妃墓誌

隋楊居墓誌

隋蘇慈墓誌

唐孟買墓誌

唐盧君妻李氏墓誌

鼙

隋龍藏寺碑

十四畫

鼻部

鼻

魏元延明墓誌

北宋劉再思墓誌

北宋張子立妻楊氏墓誌